DOCUMENT DE TRAVAIL DE LA BANQUE MONDIALE NO. 157

Mieux former la population active pour préparer l'avenir

La transformation de l'enseignement post-fondamental à Madagascar

Sajitha Bashir

Département pour le Développement Humain de la Région Afrique

BANQUE MONDIALE
Washington, D.C.

Copyright © 2009
Banque internationale pour la reconstruction et le développement/Banque mondiale
1818 H Street, N.W.
Washington, D.C. 20433 (États-Unis d'Amérique)
Tous droits réservés
Fabriqué aux États-Unis d'Amérique
Premier tirage: décembre 2008

 Fabriqué à partir de papier recyclé

1 2 3 4 5 11 10 09 08

Les documents de travail de la Banque mondiale sont publiés pour faire connaître les résultats des travaux de la Banque mondiale à la communauté de développement dans les meilleurs délais possibles. Ce document n'a donc pas été imprimé selon les méthodes employées pour les textes officiels. Certaines sources citées dans le texte peuvent être des documents officieux qui ne sont pas à la disposition du public.

Les constatations, interprétations et conclusions qu'on trouvera dans le présent rapport n'engagent que les auteurs et ne doivent être attribuées en aucune manière à la Banque mondiale, à ses institutions affiliées ou aux membres de son Conseil des administrateurs, ni aux pays qu'ils représentent.

La Banque mondiale ne garantit pas l'exactitude des données citées et décline toute responsabilité quant aux conséquences de leur utilisation. Les frontières, les couleurs, les dénominations et toute autre information figurant sur les cartes n'impliquent, de la part du Groupe de la Banque mondiale, aucun jugement quant au statut juridique d'un territoire quelconque et ne signifient nullement que le Groupe reconnaît ou accepte ces frontières.

Le contenu de cette publication fait l'objet d'un copyright. La copie et/ou la transmission de passages ou de l'ensemble de la publication sans autorisation peut être une violation de la loi en vigueur. La Banque mondiale encourage la diffusion de ses travaux et accorde normalement cette autorisation sans tarder et, si la reproduction répond à des fins non commerciales, à titre gratuit.

L'autorisation de copier des passages à des fins d'enseignement doit être obtenue auprès de: Copyright Clearance Center, Inc., 222 Rosewood Drive, Danvers, MA 01923 (États-Unis d'Amérique), Tel: 978-750-8400, Fax: 978-750-4470, www.copyright.com.

Pour toutes autres requêtes sur les droits et licences, y compris les droits subsidiaires, veuillez vous adresser au Bureau des Publications, Banque mondiale, 1818 H Street, N.W., Washington, DC 20433 (États-Unis d'Amérique). Fax: 202-522-2422, courriel: pubrights@worldbank.org.

ISBN-13: 978-0-8213-7820-5
eISBN: 978-0-8213-7821-2
ISSN: 1726-5878   DOI: 10.1596/978-0-8213-7820-5

Table des matières

Avant-propos.. vii
Remerciements.. ix
Acronymes et abréviations... xi
Résumé analytique... xiii

1. Introduction... 1
2. Taux de scolarisation et d'achèvement—Les tendances 9
3. Éducation—Relations avec le marché du travail....................... 19
4. Qualifications pour le marché du travail—Améliorer la pertinence et la qualité dans l'enseignement post-fondamental 33
5. Accès et équité de l'enseignement post-fondamental................ 55
6. Partenariats pour la croissance—Innovation et formation en cours d'emploi.. 71
7. Adaptations aux changements—Problèmes et réformes de la gestion des dépenses et des finances publiques............................. 83
8. Changement d'orientation—Réforme de la gestion et de la gouvernance...... 99
9. Un cadre stratégique pour l'enseignement post-fondamental à Madagascar... 107

Appendice: La reforme de l'enseignement fondamental a madagascar—Leçons et implications pour l'enseignement post-fondamental 117
Annexe statistique... 125
Références... 137

Tableaux

1. Madagascar—Taux net de scolarisation par niveau de revenu en 2001 et 2005 (%) 17
2. Besoins de qualifications des secteurs de croissance et offre de main-d'œuvre.. 35
3. Types de financement public pour les écoles privées 69
4. Position de Madagascar dans l'indice de compétitivité mondiale, 2007/08 72
5. Position de Madagascar dans l'ICM pour l'enseignement supérieur et la formation, 2007 73

6. Position de Madagascar dans l'ICM en matière d'innovation, 2007............73
7. Indicateurs d'innovation pour les entreprises manufacturières du secteur formel de madagascar, 2005 76
8. Facteurs qui déterminent la décision de former les employés dans le secteur industriel formel, 2004......................79
9. Facteurs qui déterminent la formation et l'impact sur les rémunérations, secteur industriel 2005..................................80
10. Affectation des dépenses publiques de l'éducation par sous-secteur, 2002–2007..85
11. Affectation des dépenses d'investissement dans l'éducation par sous-secteur, 2002–07 86
12. Dépenses publiques de fonctionnement par élève, par niveau d'enseignement, à prix constants, base 2006...........................88
13. Deux scénarii pour la régulation gouvernementale 106
14. Cadre du développement stratégique de l'enseignement post-fondamental...113

FIGURES

1. Éducation et objectifs du PAM.................................2
2. Étudiants dans l'enseignement supérieur, 1969–2006 4
3. Réforme envisagée pour les programmes de l'enseignement de base...........5
4a. Inscriptions au primaire, 1997–2007 10
4b. Inscriptions au collège, 1997–2007...............................10
4c. Inscriptions au lycée, à l'ETFP et à l'ES, 1997–2007......................10
5. Comparaison internationale des taux brut de scolarisation des enseignements secondaire et supérieur en 2005......................11
6. Part du secteur privé dans les inscriptions par sous-secteur, 1997–2007........11
7. Entrée dans l'enseignement supérieur via le baccalauréat, 2005–06............13
8. Taux d'abandon en première année du supérieur par université, 2004–05 13
9. Taux de survie des élèves, du collège à l'enseignement supérieur..............15
10. Répartition de la population par niveau d'étude le plus élevé atteint et par revenu, 2004..16
11. Madagascar—Situation de l'emploi dans la population, 2005 21
12. Comparaison inter-pays du niveau d'éducation des adultes, 2001–05..........22
13. Nombre moyen d'années de scolarisation par groupe d'âge de la main d'œuvre employée, 2001 et 2005..............................22
14. Niveau d'éducation de la main d'œuvre employée de moins de 30 ans, entre 2001 et 2005 23
15. Part de population ayant atteint au moins la 5e année, par groupe d'âge, 2005..24

16a. Part de population ayant atteint au moins la 9ᵉ année,
par groupe d'âge, 2005..24

16b. Part de la population ayant atteint au moins la 12ᵉ année,
par groupe d'âge, 2005..24

17. Distribution de la main d'oeuvre occupée, par qualification la plus
élevée obtenue et diplômes annuellement décernés par l'enseignement/la
formation (estimations), 2005..25

18. Niveau d'éducation atteint de la main d'œuvre occupée,
par région, 2005...26

19. Niveaux d'éducation dans les régions ciblées par le PAM, 2005..............27

20. Taux de rentabilité de l'investissement dans l'enseignement par niveau
d'éducation, salariés et employés, 2005................................29

21. Typologie des professions technologiques dans l'économie du savoir..........36

22. Cycle du lycée de Madagascar..39

23. Structure du systéme d'EFTP de Madagascar, 2007 (avant la réforme).........42

24. Diplômés des programmes de sciences appliquées, ingénierie
et technologie, 2005–06..47

25. Schéma de développement du système d'étude NIOS...........................61

26a. Évolution des inscriptions dans les établissements d'enseignement
privés...64

26b. Pourcentage d'élèves inscrits dans des établissements privés
en 2006–07...64

27. Part du secteur privé dans les établissements d'enseignement secondaire,
par région...65

28. Répartition des inscriptions dans les écoles privées, par type
d'établissement, 2005–06...66

29. Les indicateurs du savoir de Madagascar—Systèmes d'innovation..............74

30. Sélection d'indices du savoir—Madagascar et pays à revenu intermédiaire
de la SADC...75

31. Dépenses publiques totales en pourcentage du PIB, 1996–2006................84

32. Dépenses d'investissement au lycée, à l'EFTP et à l'enseignement supérieur,
par source de financement, 2006..87

33. Composition des dépenses publiques de fonctionnement, par sous-secteur
de l'éducation, 2007...88

34. Composition des transferts pour l'enseignement supérieur par catégorie
de dépenses, 2006..89

35. Composition des dépenses ordinaires dans l'enseignement
supérieur, 2006..90

36. Heures supplémentaires en pourcentage du total des heures enseignées à
l'université en 2006...91

37. Nouvelle structure de l'enseignement fondamental 118
38. Proposition de programme, du CP à la seconde 120

Encadrés

1. Observations sur la disponibilité des cadres moyens et des techniciens qualifiés 31
2. Modèles alternatifs pour l'enseignement secondaire 41
3. Stratégies pour passer au LMD dans certains pays européens. 48
4. Principales caractéristiques de l'institut national de l'enseignement ouvert en Inde. 62
5. Les dix caractéristiques du succès des universités ouvertes 63
6. Modèle pour une commission de réforme de l'enseignement post-fondamental 100

Avant-propos

Les dirigeants des pays d'Afrique subsaharienne sont de plus en plus conscients de la manière dont l'éducation post-élémentaire contribue à la croissance économique et au développement social. Mais dans beaucoup de pays pauvres, ils ont beaucoup de mal à concilier l'approfondissement des réformes dans ce domaine et les priorités concurrentes qui se posent à eux en matière de développement. Il leur faut déterminer la façon de financer cette éducation, et parfois même s'il y a lieu de le faire, alors qu'ils sont confrontés à une démographie galopante, à un niveau limité de ressources publiques et à divers impératifs d'ordre politique et social.

Dans la nouvelle stratégie de croissance et de réduction de la pauvreté qu'ils ont définie au moyen du Plan d'action pour Madagascar (PAM), les dirigeants de ce pays ont fait de la transformation de leur système éducatif un des piliers majeurs de leur programme de développement. La réforme de l'enseignement de base a été une importante décision à cet égard : couvrant l'enseignement primaire et le premier cycle du secondaire, elle consiste notamment à porter à dix ans la durée totale de l'enseignement de base. Le nouveau Plan Éducation pour tous (EPT) adopté par le gouvernement établit le cadre de politique et les stratégies opérationnelles pour ce secteur, et comprend notamment des modifications au niveau des programmes scolaires et matériels pédagogiques, des méthodes d'enseignement et du système d'évaluation des élèves. Le Plan EPT a été approuvé par les bailleurs de fonds et la réforme de l'enseignement de base engagée en 2008.

Cela dit, la réforme de l'enseignement de base ne peut alimenter à elle seule la croissance de l'économie malgache. Pour pouvoir soutenir la concurrence des autres pays sur les marchés mondiaux, Madagascar a besoin d'une main-d'œuvre dotée d'un niveau moyen de qualification plus élevé et de différents types de compétences. Mais son système d'éducation post-élémentaire n'est pas à même de relever cet enjeu : pour avoir été négligé et insuffisamment financé des décennies durant, il affiche aujourd'hui des résultats médiocres quant au nombre de ses diplômés et à leur niveau de qualité.

Le Gouvernement malgache est conscient du fait qu'une profonde réforme s'impose à ce niveau pour relever les défis posés, mais aussi qu'il lui faudra opérer des arbitrages et fixer des ordres de priorité. La présente étude a été réalisée pour l'aider à concevoir une stratégie qui permette de mettre en place un système d'éducation post-élémentaire et de formation à la fois plus souple et mieux adapté aux besoins du marché du travail, et à même de soutenir et d'infléchir le processus de croissance. Elle passe en revue les résultats obtenus jusqu'ici par Madagascar en matière d'éducation post-élémentaire et de formation, et identifie les priorités de réforme, les objectifs de politique sectorielle à moyen terme, ainsi que les stratégies à envisager pour accroître l'accès à ce type d'enseignement, son niveau de qualité et son degré de pertinence.

Couvrant l'enseignement secondaire du deuxième cycle, l'enseignement technique et professionnel, et l'enseignement supérieur, elle s'articule autour de trois grands axes : i) améliorer le système d'éducation post-élémentaire et de formation au plan qualitatif, le rendre plus adapté aux besoins, et faire en sorte qu'il contribue mieux au développement des compétences et au transfert des connaissances dans un contexte économique en mutation ; ii) identifier des mesures coût-efficaces pour accroître l'accès à l'enseignement post-élémentaire, et assurer notamment une plus grande équité à cet égard ; et iii) proposer des réformes clés pour le financement, la gestion et la gouvernance de l'éducation et de la formation, que ce soit au niveau des institutions ou du système pris dans son ensemble.

L'étude a déjà apporté d'utiles éléments d'information pour la mise au point de la stratégie nationale d'éducation post-élémentaire. Elle constitue par ailleurs un bon exemple de collaboration entre la Banque mondiale et le Gouvernement malgache, qui se sont attachés ensemble à cerner les problèmes fondamentaux qui se posent dans ce domaine, et à élaborer des solutions pour tenter d'y répondre. Le fait d'en assurer une large diffusion contribuera, je l'espère, à enrichir le débat entre toutes les parties intéressées qui œuvrent pour l'établissement d'un système d'enseignement moderne à Madagascar, et de solides systèmes d'éducation post-élémentaire dans l'ensemble de l'Afrique subsaharienne.

Yaw Ansu
Directeur sectoriel, Département
du développement humain, Région Afrique

Remerciements

Cette étude a été réalisée par Sajitha Bashir (Économiste Senior de l'Éducation, AFTH3), avec les contributions de Jamil Salmi (Spécialiste principal de l'Éducation, HDNED) sur l'Enseignement supérieur, et de Patrick Ramanantoanina (Spécialiste Senior de l'Éducation, AFTH3) sur l'Enseignement secondaire.

Les documents de base pour l'étude ont été commandés par la Banque mondiale et le Ministère de l'Éducation et de la Recherche Scientifique du Gouvernement de Madagascar (*Ministère de l'Éducation Nationale—MEN*). Il s'agit notamment des documents de Gérard Lassibille (consultant pour l'analyse de l'Éducation et du marché du travail, Banque mondiale), de David Stifel (consultant pour l'analyse des enquêtes ménages, Banque mondiale), de Sam Mikhail (consultant pour l'Enseignement supérieur, Banque mondiale), de Richard Johanson (consultant pour l'Enseignement technique et la formation professionnelle, Banque mondiale), de S.N. Prasad (consultant pour l'étude sur le développement des programmes et des manuels scolaires dans les Etats indiens, Banque mondiale), de Rohen d'Aiglepierre (consultant pour le secteur privé de l'Éducation, sur financement conjoint de la Banque mondiale et l'Agence française de développement), de John Middleton (consultant pour l'Enseignement secondaire, MEN) et de Hafedh Zaafrane (consultant pour le financement et les coûts de l'Enseignement supérieur, MEN).

Le rapport s'appuie également sur les analyses menées par l'équipe du MEN dans le Rapport d'état du système éducatif national (en cours de réalisation), avec l'appui de l'équipe de la Banque mondiale dirigée par Mamy Rakotomalala (Spécialiste principal de l'Éducation, AFTH3). Hope Neighbor (consultante à la Banque mondiale) a réalisé le premier projet de résumé et élaboré les tableaux, diagrammes et graphiques finaux. Chie Ingvoldstad (consultante à la Banque mondiale) a apporté un appui précieux dans la recherche et à la relecture du rapport. La mise en forme finale a été réalisée par Norosoa Andrianaivo (assistante du programme, AFTH3)

Les conclusions des différents documents de base ont été discutées avec l'équipe du MEN à différentes étapes. L'étude a bénéficié de ces discussions, en particulier avec Haja Nirina Razafinjatovo (Ministre des Finances et du Budget, et ancien Ministre de l'Éducation et de la Recherche Scientifique), Andriamparany Benjamin Radavidson (ancien Ministre de l'Éducation et de la Recherche Scientifique), Ying Vah Zafilahy (Vice-ministre de l'Éducation, en charge de l'enseignement supérieur et de la formation professionnelle), Harry Serge Raheriniaina (ancien Secrétaire Général, Ministère de l'Éducation), Ridjanirainy Randrianarisoa (ancien Secrétaire Général, Ministère de l'Éducation), Minoson Rakotomalala (Directeur de cabinet, Ministère de l'Éducation), Romain Kleber Andrianjafy (Secrétaire Général, Ministère de l'Éducation), Tahinarinoro Razafindramary (Directrice Générale de l'enseignement primaire, Ministère de l'Éducation), Christian Guy Ralijaona (Directeur Général de l'enseignement supérieur et de la recherche, Ministère de l'Éducation), Harisoa Andriamihamina Rasolonjatovo (Coordinatrice du Groupe de Travail Technique, Ministère de l'Éducation), Josoa Ramamonjisoa (Directeur de l'Institut supérieur de technologie), et Josiane Rabetokotany (Coordinatrice technique de l'Éducation pour tous).

L'étude a également bénéficié des commentaires et suggestions de l'équipe de la Banque mondiale : Laura Frigenti (Directrice pays, Amérique centrale), Robert Blake (Responsable pays, Madagascar), Ritva Reinikaa (Directeur de secteur, MNSED), Jee-Peng Tan (Conseillère en Éducation, AFTHD), et Ganesh Rasagam (Spécialiste Senior du développement du secteur privé, AFTFP). Les deux relecteurs, Shahid Yusuf (Conseiller économique, DECRG) et Juan Manuel Moreno (Spécialiste Senior de l'Éducation, ECSHD), ont commenté la synthèse et le projet final du rapport.

Nous tenons à remercier avec beaucoup de gratitude le Fond norvégien pour l'enseignement post-primaire pour son soutien financier aux diverses études de base.

Acronymes et abréviations

AESPHM	Association des établissements supérieurs privés homologués
ASS	Afrique subsaharienne
CFP	Centre de formation professionnelle
CISCO	Circonscription scolaire
CNEP	Commission nationale de l'enseignement privé
CNFTP	Conseil national de la formation technique et professionnelle
CNTEMAD	Centre national de télé-enseignement de Madagascar
COE	Collège d'excellence
CP	Centre professionnel
CROU	Centres régionaux des œuvres universitaires
DN	Direction nationale
DREN	Direction régionale de l'Éducation nationale
ECI	Évaluation du climat d'investissement
EFTP	Enseignement et formation technique et professionnel
ENS	Écoles normales supérieures
EOD	Enseignement ouvert et à distance
EPT	Éducation pour tous
ES	Enseignement supérieur
FEM	Forum économique mondial
FRAM	*Fikambanan'ny Ray Aman-drenin'ny Mpianatra* (Association de parents d'élèves)
GEETP	Groupement des établissements d'enseignement technique et professionnel
ICM	Indice de compétitivité mondiale
IDA	*International Development Association* (Association internationale de développement)
IDE	Investissements directs étrangers
IES	Institution d'enseignement supérieur
INFOR	Institut national de formation
INSTAT	Institut national de statistique
INTH	Institut national de tourisme et d'hôtellerie
ISCAM	Institut supérieur de la communication, des affaires et du management
IST	Institut supérieur de technologie
KAM	*Knowledge Assessment Methodology* (Méthode d'évaluation des connaissances de la Banque mondiale)
LMD	Licence-Maîtrise-Doctorat
LTP	Lycée technique professionnel
MEN	Ministère de l'Éducation nationale
NIOS	*National Institute of Open Schooling* (Institut national pour l'enseignement ouvert)
NTA	*National Training Authority* (Autorité nationale pour la formation)

ONEP	Office national de l'enseignement privé
PAM	*Madagascar Action Plan* (Plan d'Action de Madagascar)
PIB	Produit intérieur brut
R&D	Recherche et développement
SADC	*Southern African Development Community* (Communauté de développement de l'Afrique australe)
SAIT	Sciences appliquées, ingénierie et technologie
TBS	Taux brut de scolarisation
TIC	Technologie de l'information et de la communication
UNESCO	*United Nations Educational, Scientific and Cultural Organization* (Organisation des Nations Unies pour l'éducation, la science et la culture)
USPTO	*United States Patents and Trademarks Office* (l'office des brevets et des marques des États-Unis)

BAC	Baccalauréat (examen de fin du lycée)
BACPRO	Baccalauréat professionnel (examen de fin du lycée professionnel)
BEP	Brevet d'études professionnelles
BEPC	Brevet d'études du premier cycle (examen de fin de collège)
BT	Baccalauréat technologique (examen de fin de lycée technologique)
BTS	Brevet de technicien supérieur
CAP	Certificat d'aptitude professionnelle
CEPE	Certificat d'études primaires et élémentaires
CFA	Certificat de fin d'apprentissage
DEA	Diplôme d'études approfondies
DESS	Diplôme d'études supérieures spécialisées
DEUG	Diplôme d'études universitaires générales (BAC+2)
DIIST	Diplôme d'ingénieur de l'IST
DTS	Diplôme de technicien supérieur
DTSS	Diplôme de technicien supérieur spécialisé
DUT	Diplôme universitaire de technologie
LP	Licence professionnelle

Résumé analytique

Demande de réforme de l'enseignement post-fondamental

La transformation de l'éducation est l'un des huit piliers du Plan d'action de Madagascar (PAM) pour la période 2007–11, la nouvelle stratégie de développement du pays. Conformément à cette orientation, le Gouvernement a annoncé en 2005 une restructuration majeure du système éducatif, et finalisé un plan de réforme de l'enseignement fondamental, couvrant les sept années de l'enseignement primaire et les trois années de collège. Le Gouvernement prépare actuellement une stratégie pour l'enseignement post-fondamental. Le présent rapport vise principalement à apporter une contribution analytique au développement des réformes de l'enseignement post-fondamental. En particulier, il identifie et accorde des priorités à : i) la nécessité de faire évoluer la structure, le contenu et les prestations du système malgache d'enseignement post-fondamental et de formation, et aux ii) principales réformes dans le financement, la gouvernance et la gestion du sous-secteur nécessaires pour accompagner les modifications de la structure, du contenu et des prestations du système post-fondamental.

Madagascar est confronté à d'énormes défis. Les indicateurs pour l'enseignement post-fondamental classent Madagascar parmi les pays à très faibles performances. Le taux brut de scolarisation au lycée n'est que de 10%, et celui de l'enseignement supérieur est inférieur à 3%. Les ressources publiques sont limitées, particulièrement pour l'enseignement post-primaire. Le ratio taxes: PIB est d'environ 11%, un des plus faibles de l'Afrique subsaharienne. Le budget de l'État est fortement dépendant du financement des bailleurs de fonds. Dans le secteur de l'éducation, tant les allocations nationales que les financements externes sont fortement orientés vers l'enseignement primaire pour assurer une scolarisation primaire universelle, dont le taux est actuellement inférieur à 60%.

Le PAM s'est fixé une ambitieuse stratégie de développement, en mettant l'accent sur la promotion de l'investissement dans les secteurs à forte croissance et le développement régional. En cas de réussite, il changera de manière fondamentale la demande de qualifications. Depuis 2005, les investissements directs étrangers ont augmenté rapidement. Si le système d'enseignement post-fondamental ne s'adapte pas à la nouvelle demande de qualifications et d'autres services, il pourrait entraver la capacité de Madagascar à atteindre les objectifs du PAM.

Principaux défis pour la réforme

A l'heure actuelle, le système malgache d'enseignement post-fondamental et de formation n'est pas en mesure de répondre aux exigences d'une économie en mutation pour cinq raisons principales : i) médiocres qualité et pertinence ; ii) faible taux d'achèvement des études et inégalité d'accès ; iii) manque d'efficacité interne du système éducatif ; iv) manque d'efficacité financière (sous-financement, coût élevé) ; et v) cadre institutionnel peu favorable (gestion financière, gouvernance).

Médiocres qualité et pertinence

Le système malgache d'enseignement et de formation post-fondamental ne produit pas de diplômés dotés de qualifications pertinentes pour les marchés du travail d'aujourd'hui ou de demain. La dernière réforme des programmes de cours de l'enseignement secondaire malgache remonte aux années 70. La structure des programmes est très académique et surchargée : les filières des baccalauréats général et technologique/technique ne correspondent pas aux disciplines et aux qualifications désormais importantes pour l'économie. Tant l'enseignement et la formation techniques et professionnelle que l'enseignement supérieur proposent de façon rigide des cours de longue durée. Le premier propose une gamme limitée de qualifications techniques pour des professions définies de manière étroite. Dans l'enseignement supérieur, le système licence-maîtrise-doctorat (auquel la plupart des pays européens se sont convertis au cours des dix dernières années) n'est pas encore introduit, bien que les plans de mise en œuvre de ce système aient été élaborés. Tant le contenu que la structure des programmes de cours concourent aux taux élevés d'échec aux examens, aux redoublements et aux abandons. Tout aussi important, ces programmes ne parviennent pas à créer des qualifications susceptibles d'être utilisées de manière flexible par le marché du travail et aidant les diplômés à résoudre des problèmes dans différents domaines. Les liens entre les institutions d'enseignement et de formation et les entreprises/employeurs du secteur privé sont limités, au niveau tant de la recherche que de la formation en entreprise. En conséquence, Madagascar se classe très bas en termes de compétitivité internationale (il occupe la 118e place sur 131 pays pour l'indice de compétitivité mondiale, et la 121e place en matière d'enseignement supérieur et de formation).

Manque d'efficacité interne

Le système éducatif est inefficace à tous les niveaux, à commencer par l'enseignement primaire. Les taux élevés d'abandon, de redoublement et d'échec aux examens impliquent que très peu d'élèves achèvent chaque cycle. De ce fait, malgré un total de 189 000 élèves actuellement inscrits en 6e année, le système éducatif malgache produit à peine 4 200 diplômés de l'enseignement supérieur par an. Le taux de réussite au baccalauréat est à peine supérieur à 40%. Celui des examens universitaires de première année n'est que de 50% et contribue au taux élevé d'abandons. Le taux de redoublement atteint en moyenne 14% dans l'enseignement post-fondamental. Ces taux sont synonymes d'un important gaspillage de ressources, que Madagascar ne peut guère se permettre, et produisent un nombre croissant de jeunes déscolarisés dotés d'acquis très faibles.

Faible taux d'achèvement des études et inégalité d'accès

La réserve de capital humain de Madagascar est très basse, reflétant l'effet cumulé des années de faible scolarisation et de taux élevés d'abandons, de redoublements et d'échecs aux examens. Une mesure du capital humain est le niveau d'instruction de la main d'oeuvre. En 2005, le nombre moyen d'années d'études était de quatre ans. Seuls 1,7% de la population en âge de travailler a bénéficié d'un enseignement supérieur et 9% d'un enseignement secondaire. De plus, les investissements dans le capital humain n'ont pas toujours suivi une tendance ferme à la hausse. La proportion de la population ayant atteint la 12e année a culminé à 6% il y a environ 20 ans, mais était redescendue à 3% en 2005. Les indicateurs du marché du travail suggèrent qu'il n'y a pas de pénurie de qualifications dans le pays, en raison de la petite taille du secteur formel. L'amélioration de la structure de qualifications de la main d'oeuvre malgache est néanmoins un impératif stratégique, indispensable pour accompagner la stratégie de croissance, de réduction de la pauvreté et de développement régional du gouvernement.

L'inégalité d'accès est liée à la fois aux niveaux de revenu et à des disparités régionales. Le taux net de scolarisation dans l'enseignement secondaire des enfants provenant des 60% de ménages les plus pauvres est inférieur à 8%. Seul 1% des enfants provenant des 20% de ménages les plus pauvres est inscrit dans l'enseignement supérieur. Seules deux régions enregistrent près de 10% de travailleurs ayant au minimum un niveau de lycée. Seule une des huit régions ciblées par le PAM—Analamanga—a plus de 5% de sa population active qui a atteint l'enseignement supérieur. En raison de la mauvaise qualité des infrastructures, les migrations internes n'arrivent pas à compenser le manque de main d'œuvre locale qualifiée.

Manque d'efficacité financière

L'enseignement post-fondamental est sous-financé et très coûteux. En valeur absolue, la part des dépenses publiques d'éducation allouée aux sous-secteurs post-primaire est faible (lycée : 5,5% ; enseignement et formation techniques et professionnels : 2,3% ; enseignement supérieur : 15,6%), surtout comparée à celle des pays francophones et anglophones de l'Afrique subsaharienne. De plus, la structure et le degré de spécialisation des programmes de cours entraînent des coûts élevés en augmentant le nombre des enseignants et le volume du matériel didactique nécessaires. Enfin, les ressources restantes sont inefficacement utilisées. Les dépenses dans l'enseignement post-fondamental sont largement affectées aux salaires des enseignants, en grande partie à cause de leur faible charge d'enseignement. À titre indicatif, 98,7% de la dépense ordinaire des lycées et 78% de celle de l'enseignement et formation techniques et professionnels sont affectées aux coûts et autres frais de personnel. Dans l'enseignement supérieur, les heures supplémentaires d'enseignement dépassant cinq heures par semaine sont payées aux professeurs, ce qui constitue une forte incitation à faire des heures supplémentaires. Ces dernières sont actuellement quatre fois plus nombreuses que les heures normales, ce qui entraîne une dépense importante en rémunérations supplémentaires des enseignants. Cette situation restreint à son tour les fonds disponibles pour la formation des enseignants, le développement des programmes de cours ou du matériel didactique—des investissements qui peuvent aider à améliorer la qualité et les résultats de l'enseignement.

Cadre institutionnel peu favorable

Un cadre institutionnel peu favorable, en ce qui concerne notamment la gouvernance et la gestion du budget, constitue le dernier défi pour l'amélioration du système d'enseignement et de formation post-fondamental malgache.

En termes de gouvernance, la question la plus importante est l'absence de leadership et de vision dans la conduite du secteur de l'enseignement post-fondamental. *Un haut niveau de leadership politique et un large consensus sont essentiels à la réussite de la réforme de l'éducation. Au lieu de créer la stabilité nécessaire pour entreprendre les réformes, le ministère de l'Éducation a souvent changé sa structure organisationnelle.* Le ministère dispose de capacités professionnelles limitées pour élaborer des politiques, des stratégies opérationnelles et des plans de mise en œuvre. Enfin, il n'y a pas de « boucle de rétroaction » entre le ministère de l'Éducation nationale (MEN) et le secteur économique, ce qui signifie que l'enseignement post-fondamental ne s'adapte pas aux besoins actuels ou futurs de l'économie.

Malgré le mouvement récent vers les budgets « programmes », le pays manque des capacités nécessaires à la préparation de budgets adaptés aux priorités stratégiques. Une préparation et une justification des budgets séparées sont encore exigées pour les trois parties principales du budget (dépenses de personnel, charges non liées au personnel et programmes d'investissement public). Les retards dans l'exécution des budgets sont fréquents et le suivi budgétaire est extrêmement faible, avec pratiquement aucun contrôle des dépenses dans les institutions d'enseignement.

Priorités d'action

Les défis fondamentaux de Madagascar, ainsi que les occasions offertes par la mise en œuvre de la réforme de l'enseignement fondamental impliquent que cette dernière doit améliorer la qualité et la pertinence de l'enseignement post-fondamental, tout en mettant en place des mécanismes efficaces du point de vue des coûts pour l'élargissement de l'accès à l'éducation. La réforme de l'enseignement post-fondamental ne doit pas se concentrer exclusivement sur une expansion massive de l'actuel système d'enseignement post-fondamental. Au contraire, elle doit : i) se concentrer d'abord sur l'amélioration des contenus éducatifs (structure, programmes de cours, pédagogie et processus) et ses rapports avec l'économie ; ii) accroître la couverture, la rentabilité ; et iii) renforcer le cadre institutionnel pour la réforme (gouvernance, finances et gestion du sous-secteur).

Améliorer les contenus éducatifs et les liens avec l'économie

Les réformes visant à améliorer les contenus éducatifs doivent atteindre trois objectifs : i) répondre aux besoins de main d'œuvre qualifiée les secteurs clés de la croissance de l'économie, à court et à moyen termes ; ii) construire progressivement les qualifications professionnelles dans les secteurs clés de la croissance, à court et à moyen termes ; et iii) aider les jeunes à développer les connaissances, les qualifications et les attitudes qui leur permettront de participer et de s'adapter à l'évolution du marché du travail dans le temps.

Lycée. La réforme du deuxième cycle de l'enseignement secondaire devrait se focaliser sur deux piliers. Le premier porte sur les réformes progressives à mettre en œuvre dans les lycées. La principale modification serait de simplifier les programmes de cours et de les rendre plus pertinents par rapport aux besoins du marché du travail. Il peut inclure de réduire la surcharge des matières, de réorganiser les baccalauréats en filières plus pertinentes, et d'améliorer les contenus des programmes de cours pour inclure des qualifications utilisables sur le marché du travail et des connaissances dans les disciplines fondamentales. Ces modifications pourraient être accompagnées de changements dans la formation des enseignants (pratiques pédagogiques) et dans le matériel didactique. Les réformes visant à améliorer la qualité des enseignants pourraient comprendre un renforcement des capacités des enseignants en activité organisés dans les lycées ; la conception d'une certification pédagogique qui pourrait être ouverte à tous les titulaires de licence ou de maîtrise, et pas uniquement à ceux qui ont étudié la pédagogie à l'université ; et le renforcement des capacités des institutions supérieures à former les formateurs d'enseignants.

Le second pilier porte sur l'introduction de nouveaux types de lycées généraux et professionnels, mieux adaptés aux besoins du marché du travail dans les secteurs prioritaires du PAM. Chacun de ces deux piliers serait assorti de mesures visant à améliorer l'égalité économique et régionale. Ces mesures incluraient un nouveau fonds de développement des lycées ciblant les régions défavorisées, et des critères centrés sur l'équité pour les programmes de bourses et la construction ou la rénovation des lycées.

Enseignement et formation techniques et professionnels. Six réformes sont essentielles pour rendre l'enseignement et la formation techniques et professionnels capables de former des étudiants aux qualifications pertinentes exigées par le marché du travail. Il s'agit notamment de : i) faire commencer la formation professionnelle après 10 années d'enseignement fondamental ; ii) étendre la formation technique au niveau du lycée (et la réduire au niveau du collège) ; iii) associer les régions et les municipalités aux décisions de formation, afin d'équilibrer la répartition des formations entre les régions et de s'assurer qu'elles répondent aux besoins du marché local du travail ; iv) introduire de nouveaux cours pour les secteurs prioritaires ; v) renforcer l'apprentissage par la pratique ; et vi) améliorer la qualité de l'enseignement à travers la formation initiale et continue des enseignants.

Enseignement supérieur. Les réformes pour améliorer la qualité de l'enseignement supérieur pourraient inclure : i) la sélection de cours et de disciplines de premier cycle importants pour le développement économique de Madagascar ; ii) le développement de cours de courte durée pour la formation de techniciens de plus haut niveau ; iii) l'introduction accélérée de la transition vers un système progressif de licence-maîtrise-doctorat ; et iv) le partenariat avec des universités étrangères pour renforcer les capacités institutionnelles locales et bénéficier de l'expérience internationale.

Les réformes de l'enseignement supérieur doivent également encourager la recherche. La recherche continue est essentielle pour l'innovation et la croissance, mais elle a été négligée au cours des dernières années. Elle peut être stimulée par : i) la création d'un cadre pour les jeunes chercheurs dans les domaines prioritaires ; ii) un financement compétitif et sélectif de la recherche axée sur la résolution des problèmes cruciaux pour le développement économique national et régional ; et iii) la promotion des contrats de recherche, en particulier pour les entreprises étrangères opérant à Madagascar.

Des changements dans le recrutement et le développement du corps enseignant sont essentiels pour améliorer la qualité et les capacités de recherche dans les universités. Madagascar doit développer des normes claires pour le recrutement du nombre nécessaire d'enseignants de qualité, estimé à des centaines. Les critères de sélection devraient inclure l'expertise dans une discipline clé pour la croissance, telle que les mathématiques, les sciences ou les langues ; la candidature ou la détention d'un diplôme de doctorat ; une expérience suffisamment longue dans la carrière ; et la réussite d'une période d'essai dans l'enseignement ou la recherche. Le développement du corps enseignant pourrait inclure des ateliers destinés à améliorer ses qualifications à court terme, et le soutien à la recherche à long terme.

Accroître la couverture de manière rentable

Il existe quatre canaux viables pour étendre la scolarisation dans l'enseignement post-fondamental : i) une gestion plus efficace des coûts ; ii) des programmes de bourses équitables et efficaces ; iii) des programmes d'enseignement ouvert et à distance ; et iv) une plus grande participation du secteur privé dans l'éducation.

Gestion des coûts. Une courte liste d'initiatives pourra aider Madagascar à utiliser plus efficacement le budget consacré à l'enseignement post-fondamental. Au lycée, l'utilisation des enseignants peut être améliorée par la réforme des programmes de cours, une planification dans la localisation géographique des nouveaux lycées, et l'augmentation de la taille des lycées urbains. Une stratégie de construction des lycées, s'appuyant sur l'expérience de la stratégie nationale de construction scolaire de l'enseignement fondamental devrait définir des normes claires pour l'emplacement et la qualité technique des nouveaux établissements. Dans l'enseignement et la formation techniques et professionnels, les ressources pourraient être utilisées plus efficacement en réduisant la durée de la formation. Dans l'enseignement supérieur, le ministère de l'Éducation nationale doit évaluer la faisabilité de l'accroissement du nombre d'inscriptions de 5 000 étudiants ou plus par université. Le ministère de l'Éducation nationale devrait également regrouper les programmes de deuxième cycle dans une ou deux universités afin de réaliser des économies d'échelle.

Programmes de bourses équitables et efficaces. Les bourses universitaires actuellement disponibles à Madagascar ont été conçues à l'origine pour aider les étudiants les plus défavorisés. En 2006, 83% des étudiants de l'enseignement supérieur ont reçu des bourses. La plupart des étudiants provenant du quintile le plus élevé de revenus, les bourses de l'enseignement supérieur constituent en fait pour eux une forme de subvention. Aucune bourse n'est prévue pour le niveau lycée. Pour favoriser l'accès des étudiants défavorisés à l'enseignement supérieur, le gouvernement devrait : i) octroyer des montants de bourses adaptés aux coûts actuels de la vie aux étudiants incapables de financer leurs études ; ii) définir des critères d'admissibilité plus stricts et axés sur ceux qui en ont le plus besoin ; iii) envisager des bourses pour les universités privées sur la base des besoins ; iv) conditionner le renouvellement des bourses aux performances académiques ; et v) entreprendre une étude de faisabilité d'un système de prêts aux étudiants. Les bourses devraient également être introduites au niveau du secondaire pour améliorer l'équité et accroître la scolarisation dans le secondaire dans les zones rurales et les districts les moins desservis.

Programmes d'enseignement ouvert et à distance (EOD). Les programmes d'EOD élargissent l'accès aux enseignements secondaire et supérieur en introduisant une flexibilité pour ceux qui n'ont pas pu poursuivre un programme d'enseignement formel. Madagascar envisage activement la création de programmes d'EOD. La première étape serait la réalisation d'une étude de faisabilité pour déterminer le modèle d'EOD approprié pour Madagascar en termes de programmes, d'apprenants, de mécanismes de fourniture, de plates-formes technologiques et de modèle d'entreprise. Les caractéristiques d'un programme d'EOD réussi sont notamment la pertinence, l'autofinancement sur quelques années et des structures claires et gérées de manière professionnelle.

Plus grande participation du secteur privé dans l'éducation. L'enseignement privé constitue un quatrième moyen pour élargir l'accès à l'enseignement post-fondamental d'une manière efficace du point de vue des coûts. Les institutions privées accueillent une proportion significative des étudiants dans l'enseignement post-fondamental. En 2006–07, la part du secteur privé s'élevait à 39% au collège, 54% au lycée et 64% dans l'enseignement technique et professionnel. Une plus grande participation du secteur privé pourrait être encouragée dans les zones urbaines, ce qui permettrait au gouvernement de mieux concentrer les ressources publiques sur l'amélioration de l'accès dans les zones et les groupes mal desservis. Le cadre de réglementation des lycées privés est relativement bien défini, mais il n'en va pas de même pour les institutions privées d'enseignement supérieur et d'enseignement technique et professionnel. Enfin, les subventions actuellement disponibles pour les institutions privées profitent principalement au niveau primaire, ne sont pas bien ciblées et n'ont pas des objectifs bien définis. Pour encourager l'accroissement de la participation du secteur privé dans l'enseignement post-fondamental, le gouvernement devrait : i) expliquer et diffuser les procédures de création et d'homologation des établissements ; ii) rationaliser les programmes de subvention pour les lycées; et iii) renforcer les capacités centrales et locales de développement de l'enseignement privé. Dans l'enseignement supérieur et l'enseignement technique et professionnel, la priorité devrait porter sur la finalisation et l'approbation des procédures d'homologation et d'accréditation des établissements privés.

Renforcer le cadre institutionnel pour la réforme

Des réformes dans la gouvernance du système, la gestion financière et les sous-secteurs d'enseignement post-fondamental permettront au Gouvernement de renforcer sa capacité à mener plus efficacement la réforme dans l'enseignement post-fondamental.

Gouvernance. Les réformes de gouvernance devraient se focaliser sur : i) la création de mécanismes permettant un leadership politique de la réforme ; ii) la redéfinition du rôle du ministère de l'Éducation ; et iii) la création d'un Cadre national des qualifications.

Plusieurs pays ont compris l'utilité de la création de *mécanismes permettant un leadership politique fort de la réforme.* Madagascar pourrait envisager d'établir une commission pour l'enseignement post-fondamental, afin de créer un soutien politique de haut niveau et un consensus général pour le changement.

Pour *redéfinir le rôle du ministère de l'Éducation,* le Gouvernement devrait mener une évaluation institutionnelle des structures clés du ministère. Il devrait également identifier des mesures de renforcement des capacités pour les fonctions principales, telles que la planification, l'élaboration des budgets, la gestion des ressources humaines et la gestion de projet.

La création d'un *Cadre national des qualifications* ferait en sorte que l'enseignement post-fondamental et la formation reflètent les besoins actuels et futurs du marché du travail et que les certifications post-fondamentales soient reconnues et respectées par celui-ci. Le cadre national des qualifications devrait fournir une hiérarchie des qualifications fournies par l'enseignement en définissant clairement les connaissances et les qualifications associées à degré de l'enseignement post-fondamental, ainsi que les équivalences entre les degrés. Il pourrait servir en tant que cadre cohérent utilisé par les employeurs pour identifier les connaissances et qualifications prévues pour leurs employés. Il permettrait également aux institutions d'enseignement de cibler correctement les critères d'admission, les programmes de cours et les examens sur base des différentes normes de qualifications. Les éléments communs du cadre incluent : l'identification par les entreprises des métiers pertinents, ainsi que des qualifications et connaissances requises ; les programmes de cours, la formation des enseignants et le matériel didactique nécessaire pour répondre aux normes de qualifications ; l'homologation de chaque programme pour s'assurer que les normes de compétence sont respectées ; et la hiérarchisation des qualifications établie sur la base des contributions des parties prenantes et destinée à déterminer les équivalences et la progression.

Gestion financière. Le ministère de l'Éducation devrait améliorer la gestion financière dans trois domaines. D'abord, il devrait rechercher des moyens d'augmenter le partage des coûts, en particulier pour le financement des manuels scolaires et du matériel didactique (avec des mesures en faveur des enfants défavorisés). Ensuite, dans l'enseignement supérieur et l'enseignement technique et professionnel, il devrait encourager la mobilisation de ressources auprès des employeurs et des étudiants. Le ministère de l'Éducation devrait doter les institutions publiques, en particulier les universités, de normes bien définies pour la mobilisation, l'utilisation et la justification des ressources privées. Enfin, le MEN devrait envisager la mise en place de mécanismes liant l'augmentation du financement public de l'enseignement supérieur à l'amélioration des performances. Il peut inclure des formules de financement basées sur les résultats, liant le financement à des indicateurs de performance institutionnelle ; des contrats de performance ; ou des fonds compétitifs attribués sur proposition des pairs pour améliorer la performance institutionnelle, l'innovation et la gestion.

Les réformes du sous-secteur comprennent des réformes spécifiques au lycée, à l'enseignement et la formation techniques et professionnels et à l'enseignement supérieur. Au *niveau du lycée,* les établissements manquent d'autonomie pour prendre des décisions ou affecter le budget selon leurs besoins et priorités. Ces lacunes ne peuvent pas être comblées efficacement par l'administration centrale du MEN. Les fonds de développement des écoles et/ou les programmes de bourses scolaires devraient permettre aux écoles de répondre directement à leurs propres besoins. Dans *l'enseignement et la formation techniques et professionnels,* les employeurs ont peu l'occasion de fournir de l'information à l'enseignement post-fondamental. Le gouvernement devrait créer des mécanismes pour faciliter cette communication entre les autorités nationales de la formation et les « conseils sectoriels » des secteurs clés, et pour réaliser des évaluations des besoins de formation en même temps que la promotion des investissements. *L'enseignement supérieur* nécessite quatre réformes prioritaires. Premièrement, le MEN devrait évoluer de ses fonctions de gestion directe à un rôle plus stratégique (par exemple, définition d'une vision, planification à moyen terme). Deuxièmement, il pourrait accorder une autorité de gestion plus étendue aux institutions publiques d'enseignement supérieur placées sous sa juridiction, en l'accompagnant d'objectifs de performance convenus de commun accord. Troisièmement, la composition et les pouvoirs des conseils d'administration des universités pourraient être restructurés, afin que ceux-ci combinent des responsabilités d'exécution et de supervision. Quatrièmement, le Gouvernement devrait développer son système d'homologation des institutions publiques et privées.

Coût de la réforme. La réforme de l'enseignement post-fondamental doit être réaliste et financièrement viable. Le ministère doit développer des scénarii alternatifs pour la réforme et évaluer les coûts de chacun. Cela permettra des arbitrages entre la portée et le coût des différentes options et guidera le ministère dans le choix du meilleur scénario possible pour la réforme.

Un calendrier pour le programme de réforme

Le calendrier suivant est proposé pour la conception et la mise en œuvre des réformes :

- *Court terme (1–2 ans) :* i) déterminer les choix de politiques stratégiques ; ii) évaluer le coût des scénarii alternatifs de réforme pour déterminer la viabilité financière de chacun ; iii) choisir un scénario de réforme qui servira de guide pour les allocations budgétaires et les financements complémentaires de bailleurs de fonds ; iv) concevoir de nouvelles structures de gouvernance et de nouveaux instruments de financement, pour orienter le système vers les besoins du marché du travail et améliorer l'équité ; v) lancer les investissements sur une base modeste pour améliorer la qualité pour un certain nombre d'institutions et de quelques programmes sélectionnés, en accordant plus d'autonomie aux institutions ; et vi) diversifier les types de programmes ou d'institutions.

- *Moyen terme (3–5 ans) :* i) établir un Cadre national des qualifications ; ii) réviser le cadre réglementaire du secteur privé, des homologations, et des autres composantes du système ; iii) accroître l'utilisation d'instruments de financement axés sur les résultats pour renforcer les réformes au niveau institutionnel ; et iv) élargir le programme d'investissement pour améliorer la qualité, créer certains modèles de nouvelles institutions et étendre l'accès à l'enseignement.
- *Long terme (au-delà de 5 ans) :* i) mettre à jour le Cadre national des qualifications, sur la base des réactions des employeurs, des institutions éducatives et des bénéficiaires ; ii) créer des systèmes de gouvernance pour une interaction permanente entre le MEN et les employeurs, ainsi que des mécanismes de financement viables ; (iii) s'assurer que toutes les institutions d'enseignement et de formation sont homologuées et autonomes ; et iv) mettre en œuvre des réformes d'amélioration de la qualité dans tout le système et étendre rapidement l'accès.

CHAPITRE 1

Introduction

Contexte et objectifs

La présente étude vise à fournir des données analytiques pour l'élaboration d'un cadre politique et d'une stratégie pour l'enseignement post-fondamental à Madagascar. Elle identifie et examine les contraintes qui se posent dans la réorientation du système d'enseignement et de formation post-fondamental en vue de répondre aux besoins du marché du travail à moyen terme, dans la stimulation de la croissance dans les secteurs formel et informel de l'économie, et dans l'atteinte des objectifs de développement à long terme du pays.

La réforme de l'éducation est un pilier fondamental du Plan d'action de Madagascar (PAM), un plan stratégique de réduction de la pauvreté de deuxième génération adoptée par le gouvernement malgache (GOM) pour la période 2007–11. Conformément à cet objectif, le Président a annoncé une restructuration majeure du système éducatif en 2005. La réforme de l'enseignement primaire et du collège, dont le lancement est prévu pour 2008, est développée dans le nouveau plan d'Éducation pour tous (EPT) du Ministère de l'Éducation nationale (MEN) qui couvre la période 2008–11. Le plan EPT (MEN, 2008a) a été approuvé par les partenaires de l'éducation en février 2008 et a bénéficié de l'appui financier du partenariat global de l'Initiative de mise en œuvre accélérée (EPT-MEA). Tout en concentrant ses efforts sur la préparation de la réforme de l'enseignement de base, le MEN a simultanément entamé les travaux préparatoires pour la conception des réformes dans l'enseignement post-fondamental. Cette étude est conçue pour appuyer le MEN dans ce processus

L'étude intègre les analyses et les résultats de 11 documents de travail commandés par la Banque mondiale, le MEN et l'Agence française de développement (AFD). La liste exhaustive de ces documents est fournie dans les références.

Un système éducatif en crise et les objectifs du PAM

Le PAM envisage un changement structurel dans l'économie malgache, avec des objectifs ambitieux de croissance, d'investissement et d'exportations. Que ces objectifs soient entièrement réalisables ou non, le but du PAM est d'accroître considérablement les investissements nationaux et étrangers et les tendances récentes semblent le confirmer. En cas de réussite, la mise en œuvre du PAM changera fondamentalement la demande de qualifications et de connaissances. D'abord, la structure sectorielle et régionale de nouveaux emplois changera au fur et à mesure que le PAM se développe. Ensuite, les qualifications professionnelles augmenteront avec l'introduction de nouvelles technologies. Enfin, l'adaptation de la technologie aux besoins nationaux nécessitera des experts et des chercheurs qualifiés.

Le système d'enseignement et de formation affectera tous les autres piliers du PAM (voir Figure 1). L'éducation et la formation peuvent contribuer à la croissance à Madagascar (i) en accroissant le capital humain, en particulier les qualifications et les connaissances nécessaires aux travailleurs actuels et futurs pour travailler de façon rentable ; et (ii) en augmentant le stock de connaissances technologiques et commerciales utilisées dans la production. Les connaissances technologiques sont utilisées ici au sens économique le plus large, comprenant les moyens possibles de produire des biens et services souhaités à partir des intrants disponibles, et incluent les connaissances scientifiques et managériales ainsi que les pratiques probablement développées et appliquées ailleurs. Bien que ces deux facteurs soient distincts, ils sont complémentaires dans la pratique et contribuent ensemble à l'investissement dans le capital physique. Les entreprises peuvent également améliorer le capital humain et les connaissances technologiques à travers la formation, la recherche et le développement. Cependant, dans la plupart des pays, cette amélioration est possible seulement à travers une collaboration avec les institutions d'enseignement et de formation.

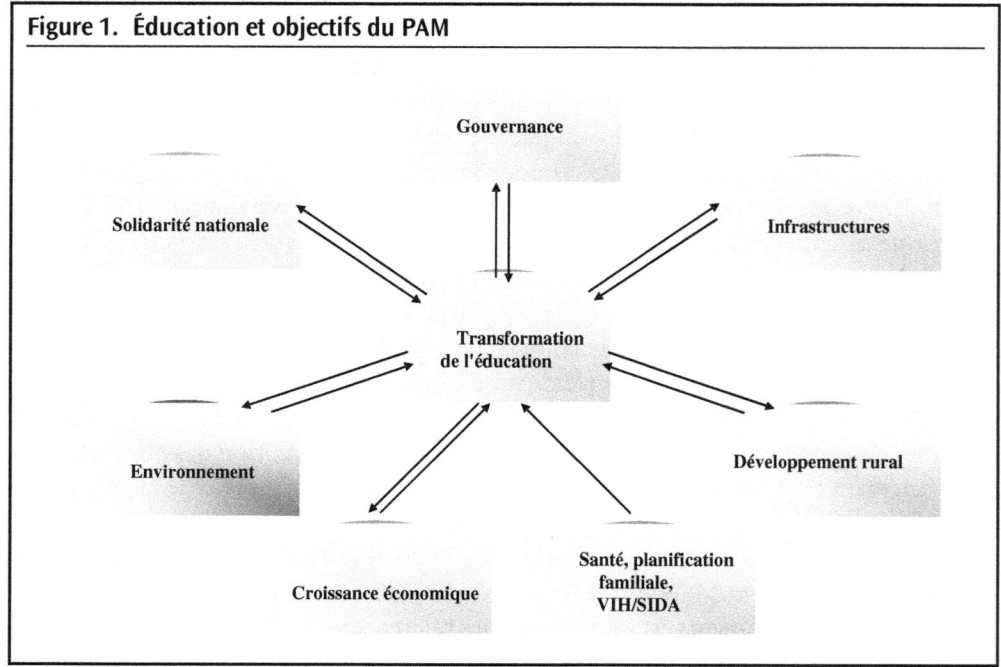

Figure 1. Éducation et objectifs du PAM

Les indicateurs de l'éducation à Madagascar montrent que le système éducatif est loin de jouer son rôle de stimulateur de la croissance. Le taux d'achèvement du primaire a augmenté rapidement de son faible niveau de 35% en 2002/2003, mais il est resté encore inférieur à 60% en 2006/2007. Le taux brut de scolarisation (TBS) en 2006/2007 s'élevait seulement à 32% au collège et à près de 10% au lycée. Ces statistiques sont plus faibles que les moyennes africaines de 30% et 13% respectivement. Seuls 2% des élèves en âge d'aller à l'université sont inscrits dans les universités—un des taux les plus faible au monde.

Des données complémentaires mettent en évidence que le système malgache d'enseignement post-fondamental est en crise. Sur près de 900 professeurs d'université, seuls 2% (16 personnes) ont moins de 40 ans, 92% ont plus de 45 ans et 31% ont 55 ans ou plus. Les taux de publications dans les universités sont très faibles, avec pratiquement aucune publication au cours de ces trois dernières années. En 2005, seul 1% des professeurs ont publié dans des revues suivies par dix chercheurs dans l' « ISI Web of Science ». De plus, aucune réforme profonde des programmes n'a été engagée depuis des décennies. L'enseignement au niveau universitaire fonctionne selon un modèle francophone archaïque, 10 ans après que la France et la plupart des pays européens se soient lancés dans le système LMD (Licence-Maîtrise-Doctorat).

La réforme envisagée dans le secteur de l'éducation de base, qui inclut l'enseignement primaire et le collège, est la principale première réforme du système éducatif engagée depuis l'indépendance. Elle est construite depuis 2003 autour de l'amélioration de l'accès et de l'achèvement au primaire, quand les frais de scolarité dans l'enseignement primaire ont été abolis. L'enseignement primaire sera restructuré de 5 à 7 années, et le collège de 6–8 années à 8–10 années. L'objectif du gouvernement est de s'assurer que tous les enfants achèvent 5 ans d'enseignement primaire et que 65% des enfants achèvent 7 ans d'études d'ici 2015. Le collège sera progressivement élargi. L'allongement du cycle primaire et le passage à un cycle d'enseignement fondamental de 10 ans sont conformes aux tendances internationales visant à assurer à tous les enfants un fondement adéquat de connaissances et de qualifications pour le futur.

Impasses politiques dans l'enseignement post-fondamental et lueur d'espoir

Le système malgache d'enseignement a fonctionné dans un vide politique pendant longtemps. Chaque nouveau gouvernement, et parfois, chaque nouveau ministre, a introduit des changements ou des initiatives *ad hoc*, en laissant le système de base intact. Parfois, ces changements se sont ajoutés aux problèmes. La figure 2 montre comment les directives du gouvernement ont affecté les inscriptions dans l'enseignement supérieur. Les inscriptions se sont accrues considérablement dans les années 80 à une moyenne d'environ 35 000 étudiants, avec une chute spectaculaire d'environ 22 000 étudiants dans les années 90. Cette baisse était due aux mesures drastiques adoptées par le gouvernement pour réguler les inscriptions, dont l'élimination de la session de rattrapage pour l'examen du baccalauréat et les modifications des politiques d'octroi des bourses. Après 2003, les inscriptions ont commencé à croître de nouveau, pour revenir au niveau d'il y a deux décennies. De la même façon, cette reprise dans les inscriptions est due aux politiques plus libérales sur l'accès et les bourses d'études. Les petites

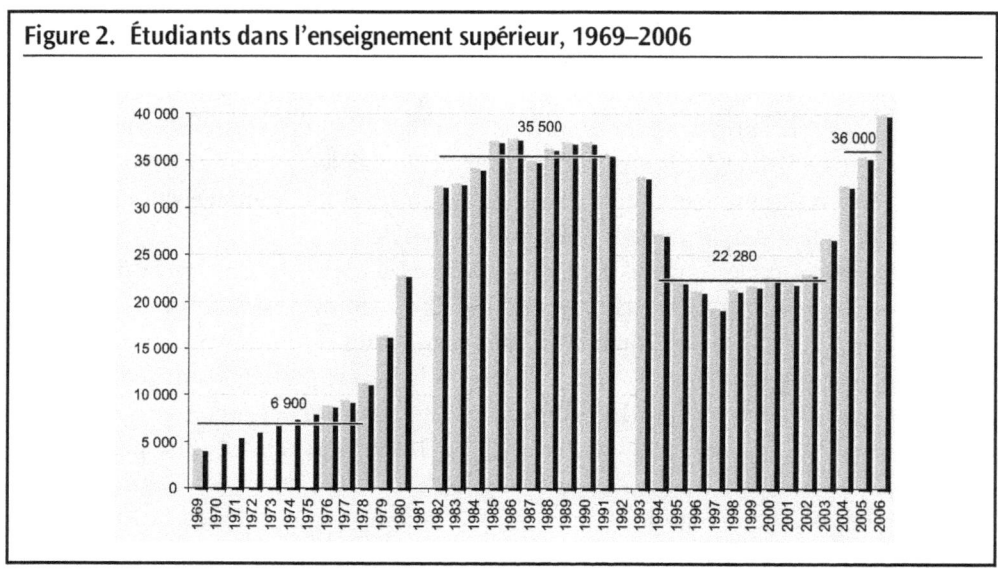

Figure 2. Étudiants dans l'enseignement supérieur, 1969–2006

Source : Zaafrane (2008) analyse des données du MEN. Exclut les étudiants inscrits aux cours à distance.

initiatives pour accroître les inscriptions ont été introduites à partir de 2000 dans un nombre limité d'universités et d'institutions d'EFTP. Néanmoins, il n'existe aucun objectif politique d'ensemble pour le développement de l'enseignement supérieur.

Actuellement, la principale pression est d'accroître l'accès et les taux d'inscription dans l'enseignement post-fondamental. Cette pression est générée par des dynamismes internes de croissance démographique et de réforme de l'enseignement fondamental. En effet, la croissance démographique et l'augmentation du nombre d'élèves en fin d'études primaires créent une forte demande privée pour l'enseignement secondaire. De plus, en raison du temps nécessaire pour parvenir à un achèvement universel du cycle primaire, les finissants du cycle primaire continueront d'être nombreux, non seulement à manquer l'accès à l'enseignement post-primaire, mais aussi à manquer de qualifications arithmétiques et de lecture pour rivaliser sur le marché du travail ou devenir des membres actifs dans la société. Ainsi, des mesures alternatives pour le développement des qualifications post-primaire en dehors du système éducatif formel seront nécessaires. Alors que le gouvernement ne saurait être indifférent à ces pressions sociales et politiques montantes, il sera important d'améliorer d'abord la qualité de l'éducation avant de la rendre plus accessible. En effet, accroître l'accès à l'éducation pendant que sa qualité reste pauvre revêt peu d'intérêt. Une telle démarche peut également être préjudiciable tant sur le plan social que sur le plan économique. En outre, les améliorations dans la qualité peuvent également accroître l'offre de places, en réduisant les redoublements et le temps mis pour achever un cycle.

La réforme de l'enseignement primaire et du collège entraîne une autre série de pressions pour la réforme. D'abord, la réforme de l'enseignement post-fondamental doit garantir la continuité des programmes scolaires à travers les cycles. Les plans pour la réforme de l'enseignement fondamental incluent la réforme des programmes de l'enseignement primaire et du collège, avec un accent particulier sur l'acquisition des connaissances et des qualifications de base (Figure 3). La réforme des programmes scolaires est complétée par des

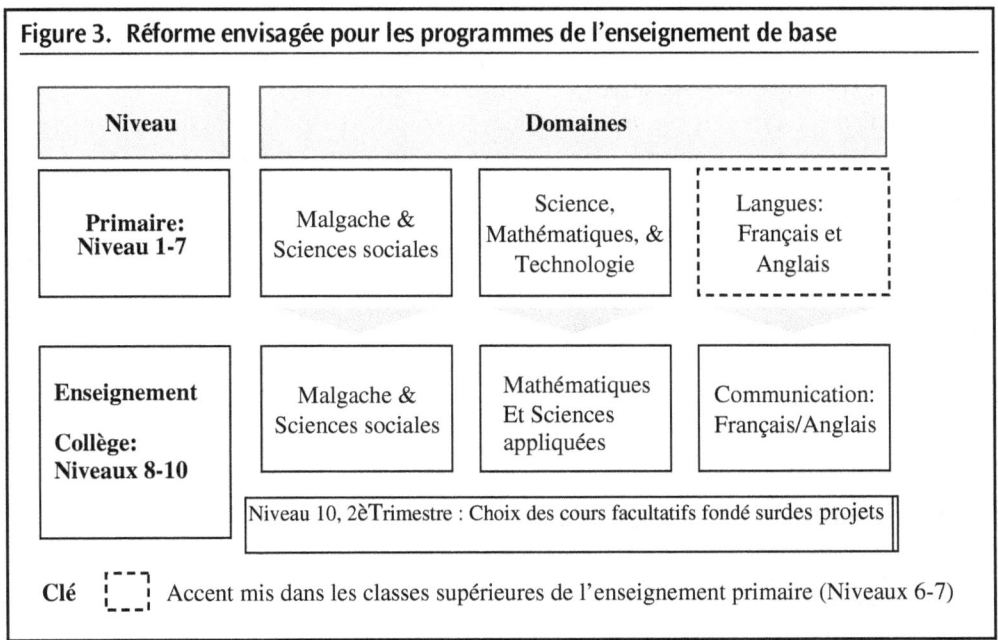

Figure 3. Réforme envisagée pour les programmes de l'enseignement de base

améliorations dans la formation des enseignants, centrées sur des méthodes pédagogiques actives et participatives.

Ensuite, l'extension de l'enseignement primaire et du collège nécessite un grand nombre de nouveaux enseignants qualifiés. Ce besoin ne peut être satisfait qu'à travers des réformes dans l'enseignement supérieur, en formant un grand nombre d'enseignants aux méthodes pédagogiques efficaces.

Les pressions externes liées aux mutations économiques et aux tendances internationales dans le domaine de l'éducation constituent un autre front—pour l'amélioration de la qualité et des contenus et processus d'apprentissage, afin que les diplômés aient les qualifications requises sur le marché du travail et que le système éducatif puisse générer et adapter les connaissances nécessaires à l'économie. Puisque l'économie malgache s'intègre dans le commerce régional et mondial—elle fait partie de la Communauté de développement de l'Afrique australe (SADC)—les pressions des employeurs et du marché du travail vont s'accentuer. Le problème est que le système malgache d'enseignement et de formation demeure largement isolé de ces pressions externes, à cause de ses mécanismes de gouvernance et de financement et de l'absence d'une politique qui associe le développement de l'éducation au développement économique et social. Une politique délibérée, soutenue par des instruments appropriés, est nécessaire pour rendre le système éducatif plus ouvert à l'extérieur et plus responsable de ses performances.

Enfin, les ressources sont limitées et continueront de l'être à moyen terme. L'économie s'est remise de la crise politique de 2002. Le PAM prévoit une hausse du taux de croissance de 7 à 12% par an, taux bien plus élevé que les moyennes annuelles historiques de 3,5% au cours de la période 1996–2006. Il prévoit également une augmentation des revenus internes, de la moyenne historique de 11% du PIB à près de 14% du PIB. Même si ces objectifs venaient à être réalisés et si le gouvernement allouait 25% de son budget à l'éducation (comme indiqué dans le plan EPT), les ressources seront bien en dessous des « besoins ». Cela sera particulièrement critique pour l'enseignement post-fondamental, compte tenu de la priorité accordée à l'enseignement primaire.

Ainsi, le défi est de gérer ces pressions inévitables afin d'étendre le système d'enseignement post-fondamental, tout en le réorientant et en améliorant sa qualité. Il peut être réalisé en recherchant de nouvelles solutions aux problèmes d'investissements dans l'amélioration de la qualité et de l'accroissement de l'accès.

Les prochaines années offrent une occasion au système d'enseignement post-fondamental de mettre en place les réformes nécessaires pour répondre à ces pressions. Ces réformes doivent être fermement en place d'ici 2011, lorsque l'afflux des finissants du cycle primaire et du collège commencera à se faire ressentir, en cas de réussite des réformes engagées dans ces niveaux.

Enseignements tirés de la réforme de l'éducation fondamentale

Comme indiqué plus haut, Madagascar a entrepris une réforme majeure de son système éducatif fondamental. Les changements sont en cours depuis 2003 et seront en grande partie achevés d'ici 2011. La réforme a été largement reconnue pour son avancement jusqu'à ce jour et plusieurs enseignements peuvent être appliqués à la réforme de l'enseignement post-fondamental.

Tout d'abord, la mise en œuvre des réformes au-delà de l'enseignement primaire est mieux effectuée à travers leur adoption volontaire par les institutions, et encouragée par des mesures incitatives et appuis techniques, plutôt que par le lancement de profondes mutations d'un seul trait. Cela est bien illustré par la réforme prévue au collège, dont la stratégie est d'introduire de nouveaux « collèges d'excellence » en réseau avec les institutions existantes. Les collèges existants adoptent progressivement les nouveaux programmes scolaires et méthodes pédagogiques, sous l'impulsion des « collèges d'excellence ». Les réformes complexes avec trop d'éléments sont difficiles à gérer surtout dans un environnent à faibles capacités.

Ensuite, les réformes axées sur l'amélioration de la qualité et de la pertinence doivent couvrir tout le paquet éducatif—programmes, enseignants, matériels didactiques, financement et gestion—afin d'apporter les changements attendus dans les classes. D'importantes réductions de coûts peuvent être réalisées à travers la réorganisation des programmes, l'utilisation plus efficace des enseignants et des classes. Une planification judicieuse et un échelonnement réaliste sont importants.

Enfin, la réforme de l'enseignement fondamental a bénéficié d'une appropriation et d'un leadership considérables du Ministère. Un leadership de haut niveau et une appropriation politique très large sont à la fois déterminants pour le succès de la réforme de l'enseignement post-fondamental.

Contenu et structure du rapport

La présente étude apporte une contribution au développement d'une stratégie cohérente pour l'enseignement post-fondamental. Elle présente des résultats et suggère des priorités pour la réforme, structurés autour de trois thèmes : (i) l'amélioration de la qualité et la pertinence du système d'enseignement et de formation post-fondamental, avec un accent particulier sur le développement et le transfert des qualifications et des connaissances dans un contexte économique en pleine mutation, (ii) l'identification des mesures coût-efficaces pour accroître l'accès à l'enseignement post-fondamental, y compris une plus grande équité dans la participation, et (iii) les propositions de réformes clés dans la gouvernance, le financement et la gestion, afin de permettre au système d'enseignement et de formation post-fondamental de répondre aux mutations externes et de façonner l'avenir.

Les chapitres 2 et 3 examinent l'état actuel des tendances d'inscriptions et des taux d'achèvement dans l'enseignement post-fondamental, ainsi que les liens entre éducation et marché du travail, respectivement. Le chapitre 4 présente les défis et les actions prioritaires pour améliorer la qualité et la pertinence de l'éducation, en se focalisant sur des changements dans les résultats, la structure des programmes et la durée des cycles, les enseignants et le matériel didactique dans chaque sous-secteur. Le chapitre 5 porte sur les options pour accroître l'accès et l'équité de façon viable. Le chapitre 6 décrit comment le système éducatif et les initiatives de formation axées sur l'entreprise contribuent à la croissance, et comment ils peuvent être modifiés pour devenir de solides moteurs de croissance dans le futur. Les chapitres 7 et 8 présentent les conclusions relatives aux coûts et à la gouvernance, en spécifiant les principales réformes requises dans le financement, la gestion et la gouvernance. Le chapitre 9 conclut le rapport, passe en revue ses conclusions et souligne les réformes que l'analyse du rapport implique.

CHAPITRE 2

Taux de scolarisation et d'achèvement—Les tendances

Tendances de la scolarisation[1]

Madagascar a réalisé des progrès substantiels au niveau des inscriptions au primaire, mais le bilan reste contrasté dans les autres cycles. Avec plus de 3,8 millions d'élèves enregistrés, la scolarisation a plus que doublé au primaire entre 1997 et 2006–07. Après la suppression des frais d'inscription (Figure 4a) en 2003–04, près d'un demi-million d'enfants y ont fait leur entrée. Depuis 2002, l'augmentation a également été très rapide au secondaire, avec un taux annuel de respectivement 16% pour le collège et de 12% pour le lycée (Figures 4b et 4c). Pour la période 1997–2007, ces taux ont été respectivement de 11% et 9%, avec un nombre total d'inscriptions de 890 000 élèves (660 000 au collège et 128 000 au lycée). Même si le niveau de scolarisation a augmenté dans l'enseignement et la formation techniques et professionnels (ETFP) et l'enseignement supérieur (ES), le nombre total d'inscrits reste encore relativement bas : près de 53 000 étudiants dans l'EFTP et 58 000 dans l'enseignement supérieur.[2]

La couverture de la population dans les cycles post-fondamentaux de l'enseignement est extrêmement faible par rapport aux normes internationales et de celles en vigueur en Afrique subsaharienne, et a à peine augmenté au cours des dix dernières années. Le taux brut de scolarisation (TBS) dans l'enseignement secondaire (collège et lycée confondus) était d'environ 24% en 2006–07, chiffre à comparer aux 50 % enregistrés en Asie du Sud et aux plus de

---

1. Les données sur les inscriptions sont basées sur la structure actuelle de l'enseignement, c'est-à-dire 5 années de primaire, 4 années de collège et 3 années de lycée. Les inscriptions à l'ETFP font ici référence au niveau scolaire, qui commence après le cycle primaire et couvre les centres de formation et les établissements d'enseignement technique.
2. Si le nombre d'institutions d'ETFP privées est connu, aucune donnée sur les inscriptions n'est disponible.

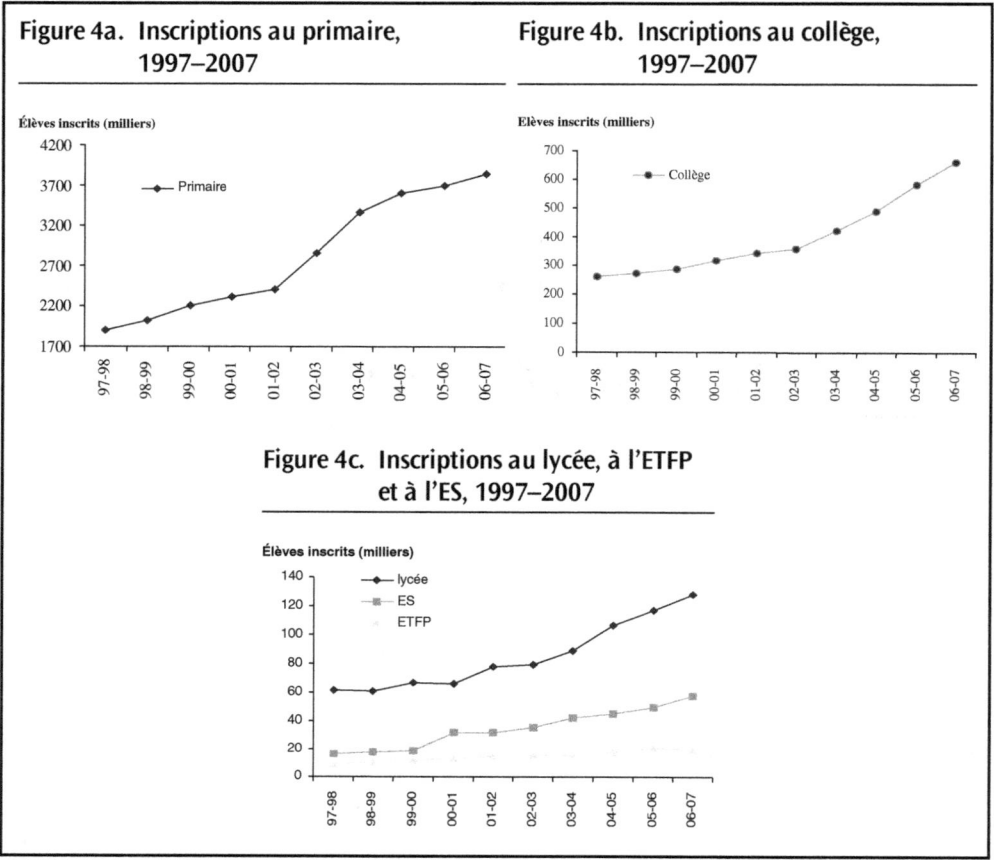

Source : MEN, données administratives.

70% dans la plupart des autres régions (Figure 5). Maurice et le Botswana, deux pays à revenu intermédiaire de la Communauté de développement de l'Afrique australe (SADC—*Southern African Development Community*), ont un taux brut de scolarisation dans le secondaire d'environ 90% et 75%, respectivement. À Madagascar, le TBS au niveau du collège, qui avait connu une croissance très lente entre 1996 et 2000, a augmenté très rapidement par la suite, passant de 20% à 32% en 2006–07. Quant à la couverture au niveau du lycée, elle était stabilisée à 5% avant 2000 et reste encore actuellement inférieure à 10%. Dans l'enseignement supérieur, le taux brut de scolarisation était d'environ 2,5%. Le nombre d'étudiants par 100 000 habitants était de 264. En comparaison, en 2005, la valeur de cet indicateur pour les pays de l'Afrique subsaharienne était de 334 et de 435 pour les pays anglophones.

Le secteur privé a contribué de manière significative au développement de l'enseignement secondaire. Tant au collège qu'au lycée, plus de 40% des inscriptions provenaient d'institutions privées. Ainsi, en 2006–07, les lycées privés comptaient plus de la moitié des élèves. Selon les chiffres les plus récents, les quelques 350 institutions d'ETFP privées accueillaient 34 250 élèves, soit près des deux tiers du nombre total d'inscrits. En comparaison, la part du secteur privé dans l'enseignement supérieur était de moins de 10%, malgré une croissance rapide en début de décennie (Figure 6).

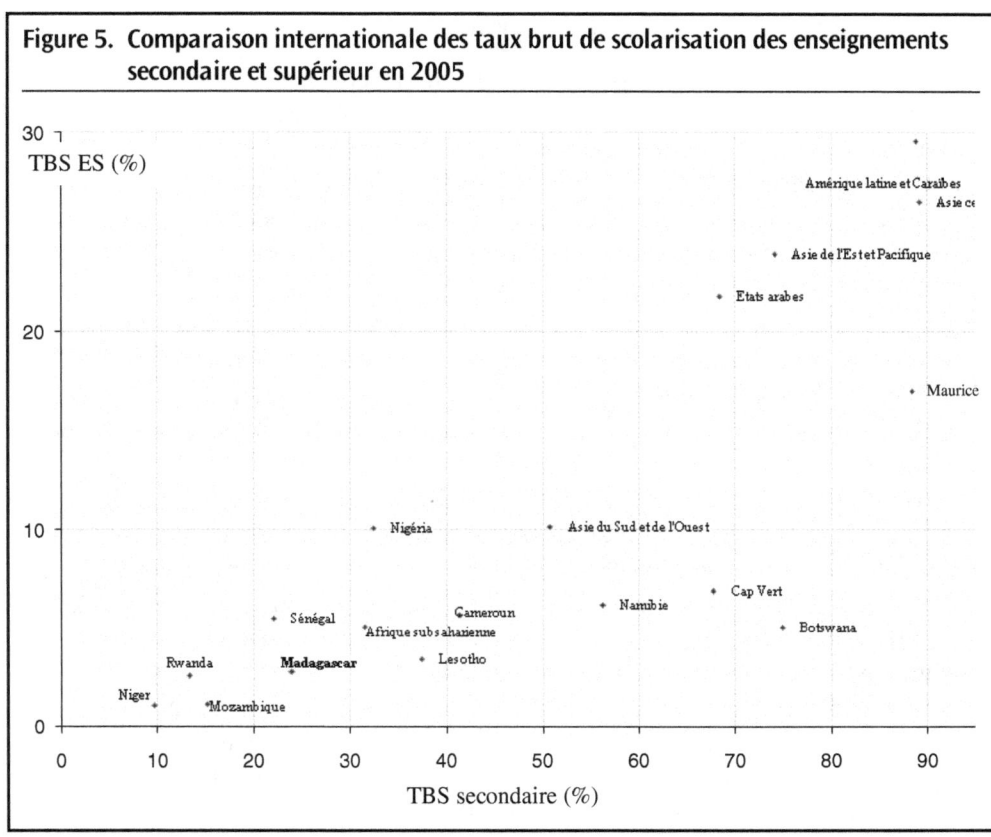

Figure 5. Comparaison internationale des taux brut de scolarisation des enseignements secondaire et supérieur en 2005

Sources : 1. Institut de la Statistique de l'UNESCO (http://stats.uis.unesco.org). 2. EdStats Banque mondiale (http://sima.worldbank.org/edstats/)

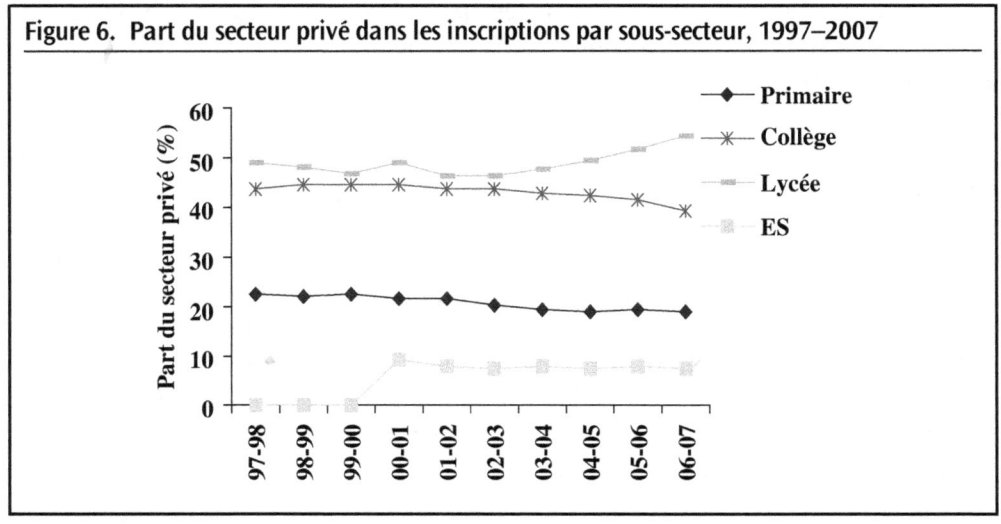

Figure 6. Part du secteur privé dans les inscriptions par sous-secteur, 1997–2007

Remarques : Voir Annexe Tableau 1.
Source : MEN, données administratives.

Efficacité interne et passage entre les cycles

Au cours et à leur fin de chaque cycle scolaire, les niveaux d'abandon sont élevés. Dans les institutions aussi bien publiques que privées, près de la moitié des enfants inscrits en première année du primaire quittent l'école sans avoir achevé ce cycle. Il est clair qu'assurer un achèvement universel des études primaires est la meilleure méthode pour augmenter le nombre des inscriptions dans les niveaux supérieurs. Malgré un accroissement du nombre des inscriptions, la diminution du taux d'abandon a été relativement faible et constitue l'une des grandes priorités de l'enseignement primaire, comme en témoigne le nouveau programme EPT (Éducation pour tous). Seuls deux tiers des enfants de cinquième année qui se présentent aux examens de fin d'études primaires obtiennent leur certificat.

Le taux de passage au collège des élèves ayant terminé leur cycle primaire est relativement élevé. Environ 70% des enfants qui ont leur certificat de fin d'études primaires entrent au collège.

Près de quatre élèves sur dix qui entrent en sixième année (première année du collège) abandonnent au cours de ce cycle de quatre ans. Cet indicateur ne s'est pas sensiblement amélioré durant la période 2000–06. Environ 60% de ceux qui se présentent à l'examen final du collège ne le réussissent pas. La rétention des élèves au sein du lycée est plus importante : près de 85% des élèves inscrits en neuvième année parviennent en douzième. Ceci témoigne en partie du haut niveau de sélection du lycée.

Une situation similaire prévaut dans l'enseignement et la formation techniques et professionnels. Au cours de la première année d'études au lycée technique professionnel, près d'un tiers des élèves abandonnent (27,2% en 2002–03 et 35,2% en 2003–04 respectivement). Les centres de formation professionnelle enregistrent des taux d'abandon assez semblables : en 2002–03, 30% des élèves ont abandonné après la première année de formation, et 19% en 2003–04.

Moins de 45% des élèves de douzième année réussissent le baccalauréat à l'issue du lycée, et près de la moitié de ceux qui le réussissent entament des études supérieures. Le taux de réussite au baccalauréat, qui n'était que d'environ 30% au début de la décennie, s'est sensiblement amélioré. Tous ceux qui réussissent leur baccalauréat ne peuvent cependant pas nécessairement entrer à l'université : c'est une différence significative par rapport au système français, où les élèves qui décrochent leur baccalauréat sont légalement autorisés à y entrer. À Madagascar, en 2005–06, près de 54% des élèves qui avaient réussi le baccalauréat sont entrés à l'université, un chiffre qu'il convient de moduler en fonction de l'option choisie au secondaire. Parmi les filières académiques, les taux d'entrée dans le supérieur sont très élevés en mathématiques (95%) et en science (80%). En revanche, seuls 45% de ceux qui réussissent leur baccalauréat dans les sections littéraires (« Lettres ») entrent à l'université. Les filières techniques, qui attirent moins de 15% des élèves du lycée, présentent des pourcentages d'entrée plus faibles, en partie parce qu'un plus grand nombre d'élèves choisissent d'exercer un métier après avoir réussi leur examen (Figure 7).

En 2004–05, enseignements public et privé confondus, près de 40% des élèves qui étaient entrés à l'université ont abandonné à l'issue de la première année. Certaines années, le taux d'abandon a même atteint 70%, en grande partie à cause du pourcentage d'échec élevé aux examens de première année (près de 50%). Pour les étudiants, un tel échec est synonyme d'une année perdue et d'une sortie des études sans diplôme supplémentaire au-delà de leur baccalauréat.

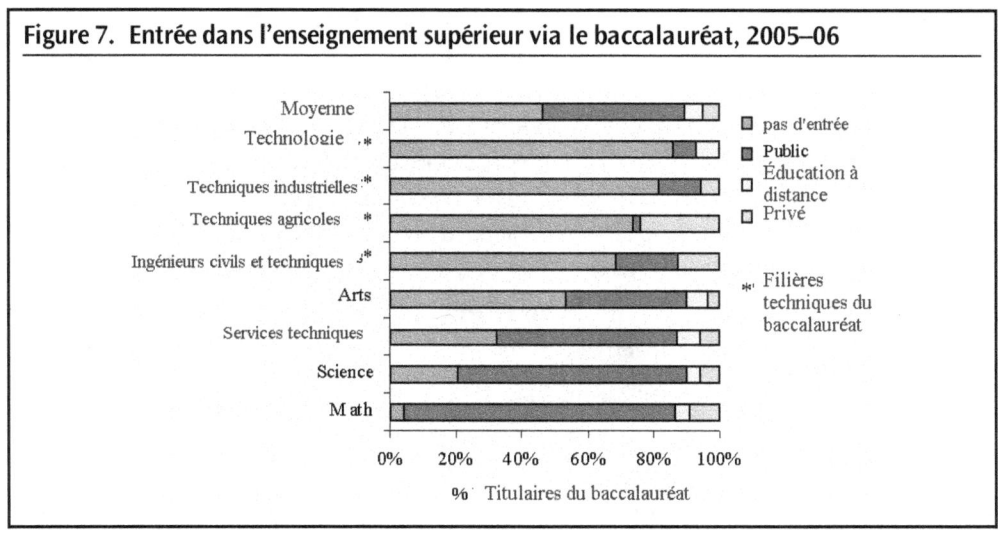

Figure 7. Entrée dans l'enseignement supérieur via le baccalauréat, 2005–06

Source : Données MEN, analyse Zaafrane (2008).

Ce fort taux d'abandon est dû à des facteurs à la fois internes et externes—classes surchargées, versement incohérent des bourses d'études extérieures, ou manque de lucidité des étudiants vis-à-vis de leurs ambitions professionnelles—auxquelles s'ajoutent d'autres causes socioéconomiques. Qu'il résulte de facteurs internes ou externes, ce fort taux d'abandon constitue un gâchis énorme de ressources, tant pour les universités que pour les étudiants.

On constate également des variations considérables entre universités. De fait, la première année de l'enseignement supérieur constitue un mécanisme de sélection supplémentaire après le baccalauréat, et seuls 30% des bacheliers poursuivent vraiment leurs études dans le supérieur (Figure 8).

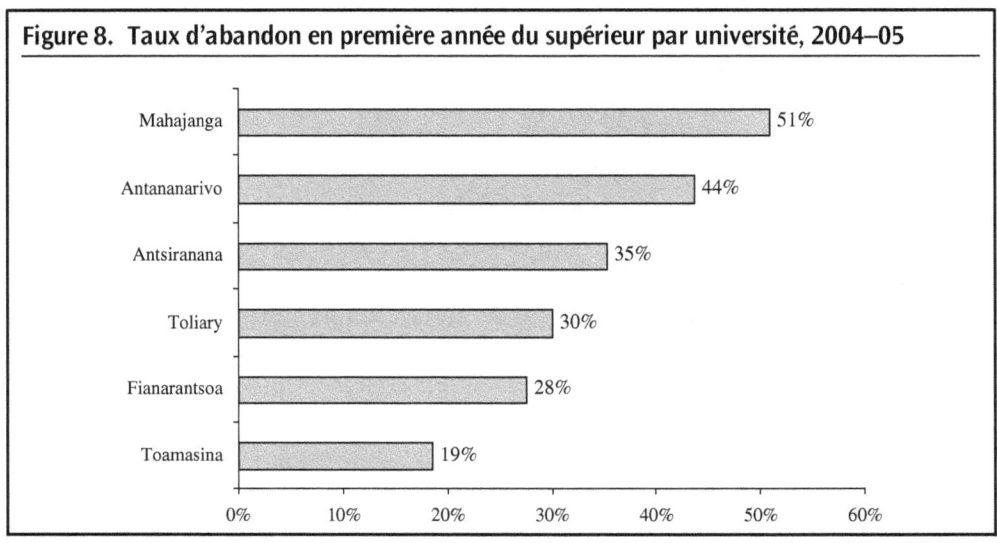

Figure 8. Taux d'abandon en première année du supérieur par université, 2004–05

Source : Données MEN, analyse Zaafrane (2008).

Le taux d'abandon en première année est significativement inférieur dans les formations courtes proposées par les institutions non universitaires. Alors que le taux d'abandon est de 15% dans les formations courtes, il est de 38% dans les formations longues. La raison en est un taux de succès supérieur enregistré aux examens de fin d'année dans les formations courtes, où 70 à 90% des étudiants réussissent leur première année. En revanche, le faible taux de réussite dans les formations universitaires longues contribue à des taux d'abandon plus élevés. Ce taux d'abandon est particulièrement élevé dans les filières scientifiques, avec 49%, et dans les filières artistiques, avec 41%. En médecine, les examens de fin de première année entraînent un taux d'abandon de près de 60%.

Malgré les mécanismes de sélection assez rigoureux mis en place, des taux d'abandon aussi élevés, surtout en première année, sont le signe d'une préparation inadéquate aux études supérieures, ou d'un désintérêt des étudiants. Dans les deux cas, il s'agit d'un énorme gaspillage des ressources.

Les taux de réussite aux examens nationaux de l'ETFP s'élèvent à près de 70% pour le brevet d'études professionnel (BEP), et à 53% pour le baccalauréat technique. En 2005, on a pu constater des différences importantes entre les régions, avec des taux de réussite allant de 29% à 70%.

Les taux de redoublement sont également très élevés et constituent une autre source de gaspillage. C'est là une autre caractéristique commune aux systèmes francophones, où le redoublement est utilisé comme une méthode à la fois pédagogique et de sélection. En 2005, le taux de redoublement moyen était de 10% au collège et de 14% au lycée. Ces taux sont généralement élevés au cours de la première et de la dernière année du cycle, signe que les élèves reprennent des cours dans l'espoir de réussir l'examen final. Par exemple, les taux de redoublement en neuvième année (dernière année du collège) et en douzième étaient tous deux de 21%. Dans l'ETFP, ces taux allaient de 22 à 62% dans les établissements secondaires techniques/professionnels de deuxième cycle (Lycées techniques professionnels—LTP) et de 12 à 25% dans les instituts de formation professionnelles de premier cycle (centres de formation professionnelle—CFP). Dans l'enseignement supérieur, le taux de redoublement était d'environ 14% pour les formations longues et de 2 à 3% pour les formations courtes.

Au niveau international, rien ne prouve que le redoublement améliore les résultats de l'apprentissage. En revanche, il peut encourager l'abandon scolaire, en particulier pour les étudiants défavorisés, incapables de supporter le coût d'une année supplémentaire de scolarisation. De nombreux pays, y compris la France, ont entrepris des efforts systématiques pour éliminer le redoublement dans les cycles scolaires, soit par des mesures administratives soit par des changements dans les pratiques pédagogiques.

Pris ensemble, les taux élevés d'abandon scolaire et de redoublement sont le signe d'une inefficacité très élevée qu'un pays aux ressources limitées ne peut se permettre.

Diplômés

L'effet cumulé de l'abandon scolaire élevé, du redoublement et de l'échec scolaire aboutit à un très faible nombre de diplômés à chaque niveau. Au sommet de la hiérarchie du système éducatif, l'enseignement supérieur a produit environ 4 200 diplômés en 2006, dont 2 351 ont obtenu une licence et 1 000 une maîtrise. Seuls 380 diplômés ont atteint un niveau plus élevé dans le système universitaire. Près de 25 000 élèves ont passé le baccalauréat et 41 000 le brevet d'études du premier cycle (BEPC)[3].

La Figure 9 montre qu'une proportion importante des élèves inscrits n'est pas capable de poursuivre ses études. Les taux d'échec élevés au BEPC et au BAC et le non achèvement des études supérieures en sont responsables, mais aussi les abandons en cours de cycle à la suite d'échec aux examens de fin d'année.

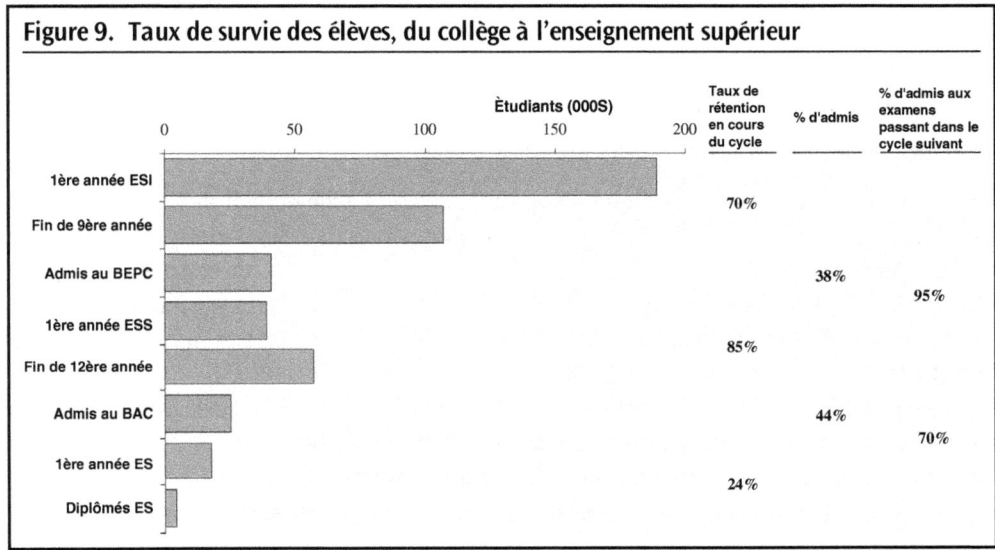

Figure 9. Taux de survie des élèves, du collège à l'enseignement supérieur

Remarques : 1. ESI : Enseignement secondaire inférieur équivaut au collège ; ESS : enseignement secondaire supérieur équivaut au lycée ; ES : enseignement supérieur. 2. Les « taux de rétention en cours de cycle » sont calculés en utilisant une méthode semi-longitudinale et en excluant les redoublants. Voir MEN 2008b. 3. Le « pourcentage d'admis aux examens passant dans le cycle suivant » est le nombre d'enfants inscrits en première année d'un cycle, divisé par le nombre d'enfants ayant réussi l'examen de qualification en fin de cycle précédent.
Sources : MEN, 2008b, en cours ; Zaafrane, 2008 ; Banque mondiale, 2008.

Enfants et jeunes non scolarisés

Le corollaire de ce système éducatif inefficace est le grand nombre d'enfants non scolarisés et de jeunes adolescents d'un faible niveau d'éducation. Des enquêtes sur les ménages montrent qu'en 2005, environ 850 000 jeunes âgés de 11 à 18 ans avaient quitté l'école en ayant acquis un savoir sommaire, et que 500 000 autres n'avaient jamais fréquenté l'école[4]. Offrir à certains de ces enfants une possibilité d'apprentissage alternative et flexible serait un moyen de rehausser leur acquis éducationnel. La répartition de ce groupe, par âge et par niveau d'éducation, permettrait de concevoir des interventions ciblées. Plus précisément, environ 250 000 enfants de 11 à 15 ans n'ont bénéficié d'aucun enseignement, et la seule approche réaliste pour eux serait, si les ressources le permettent, des programmes com-

---

3. Zaafrane, 2008. Les études approfondies sur le *Rapport d'état sur le système éducatif national (RESEN) 2001 de Madagascar* (Rapport 2001 sur la situation du pays—Education) sont parvenues aux mêmes conclusions.
4. Cette tranche d'âge correspond au groupe théorique du collège et du lycée à Madagascar.

munautaires d'alphabétisation élémentaire. Quelques 220 000 autres enfants n'ont pas terminé leur enseignement primaire et une aide ciblée pourrait les amener à terminer celui-ci. On pourrait également inscrire dans des cours post-primaire environ 61 000 enfants qui ont terminé leur enseignement primaire. Dans la tranche d'âge suivante, celle des 16 à 18 ans, environ 250 000 jeunes n'ont reçu aucun enseignement, 330 000 ont bénéficié d'un certain enseignement primaire, et 176 000 ont achevé ce cycle. Pour ces derniers, des cours complétant cet enseignement primaire pourraient être combinés avec une formation pratique au marché du travail. Une approche différenciée de ces différents sous-groupes serait plus adaptée que de fournir des programmes uniformes ne délivrant qu'un niveau d'alphabétisation élémentaire pour tous.

Équité

Dès le primaire, des disparités régionales dans l'accès et l'achèvement des cycles sont très marquées. Une trentaine de districts, essentiellement situés dans les régions littorales et du sud, ont des taux d'achèvement inférieurs à 30% dans le primaire. Ce sont des régions de Madagascar où l'offre de diplômés des deux cycles de l'enseignement secondaire n'est pas suffisante pour répondre à la demande d'enseignants du primaire et du collège, ce qui maintient le faible niveau de réussite scolaire.

Les inégalités dans l'accès et l'achèvement sont très importantes au-delà du primaire. En 2005, seuls 9% des enfants du quintile de revenu le plus bas ont atteint le collège, et seul 1% a atteint le lycée (Banque mondiale 2008). Comme il ressort de la Figure 10, l'enseignement post-primaire est pratiquement réservé aux quintiles les plus riches. Cette figure montre les résultats éducationnels de la population par quintile en 2004, qui sont le reflet de l'effet cumulatif de l'investissement dans l'éducation sur plusieurs générations. Environ 10% du quintile le plus riche avaient bénéficié d'un enseignement supérieur et 23% d'un enseignement secondaire. A l'autre extrémité du spectre, moins de 1% des trois quintiles les plus pauvres (soit 60% de la population) avait fait des études supérieures et seuls 3 à 8% des études secondaires.

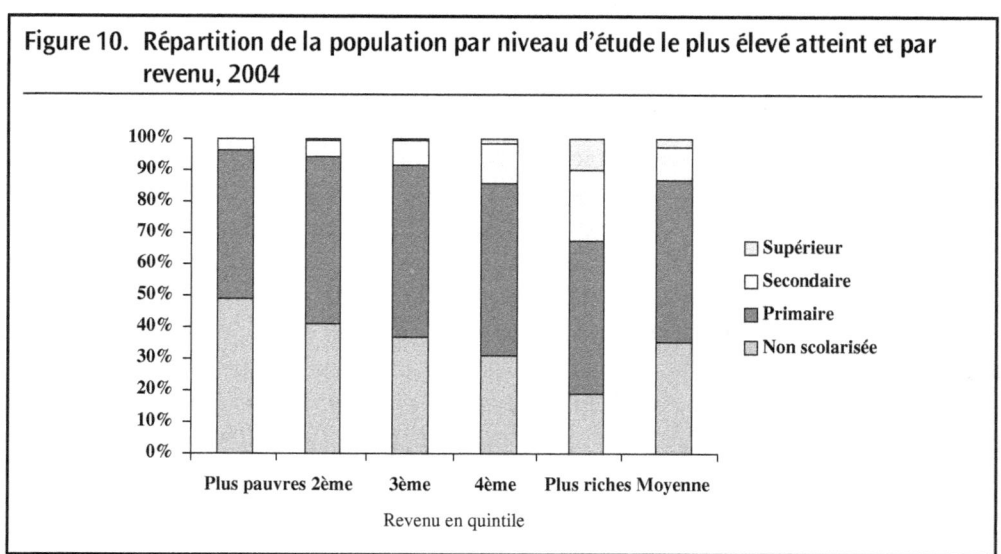

Figure 10. Répartition de la population par niveau d'étude le plus élevé atteint et par revenu, 2004

Source : INSTAT, DSM, et Enquête prioritaire auprès des ménages, 2004.

Ces disparités de résultats entre les quintiles les plus riches et les plus pauvres sont dues à plusieurs facteurs : pénurie de places dans les écoles secondaires publiques, où les frais de scolarité sont les plus bas ; concentration des écoles secondaires publiques dans les zones urbaines ; coût direct de l'enseignement secondaire, dans les écoles privées, prohibitif pour de nombreuses familles pauvres ; et coûts d'opportunité de la scolarisation des enfants pauvres, en particulier lorsque ceux-ci grandissent et s'ils doivent redoubler certaines années scolaires.

Si les données sur les taux de scolarisation actuels montrent une amélioration sensible du pourcentage d'enfants défavorisés bénéficiant de l'enseignement primaire et une certaine amélioration au collège, elles ne reflètent en revanche, pratiquement aucune amélioration au lycée. Dans le quintile le plus défavorisé, le taux net de scolarisation est passé de 45 à 71% entre 2001 et 2005. Pour le quintile le plus riche, la scolarisation est universelle. Dans les collèges, les taux de scolarisation des trois quintiles les plus bas étaient respectivement de 9, 11 et 18% en 2005. Ils venaient de 1, 3 et 8% en 2001. Le taux d'inscription au lycée pour les groupes à revenus les plus faibles se situait entre 1 et 2% en 2005, aucun changement par rapport à la période précédente n'ayant été réalisé (Tableau 1).

Il est indiscutable que si le nombre d'enfants qui achèvent leur cycle primaire augmente, l'équité dans les niveaux supérieurs se renforcera. Mais cela prendra beaucoup de temps si les mécanismes de sélection actuellement appliqués par le système éducatif ne changent pas. Si Madagascar souhaite augmenter rapidement le pourcentage des enfants défavorisés dans l'enseignement post-fondamental, des interventions ciblées sont nécessaires pour neutraliser les coûts directs et indirects de l'enseignement pour les plus défavorisés et pour rapprocher l'offre scolaire de la population rurale.

Tableau 1. Madagascar—Taux net de scolarisation par niveau de revenu en 2001 et 2005 (%)

Niveau	Année	Quintile					Madagascar	
		I	II	III	IV	V	Ratio Q5:Q1	Total
Primaire	2001	45	56	62	76	85	1,9	62
	2005	71	79	84	92	99	1,4	83
Collège	2001	1	3	8	15	44	44,0	12
	2005	9	11	18	22	38	4,2	19
Lycée	2001	1	0	2	3	14	14,0	4
	2005	1	1	2	6	14	14,0	4

Source : Enquêtes prioritaires auprès des ménages 2001 et 2005.

Conclusion

Le système d'enseignement malgache souffre de cruelles déficiences, et la participation à l'enseignement post-fondamental est extrêmement peu équitable. Ces problèmes requièrent des interventions en matière d'offre pour améliorer la répartition des écoles, et aussi pour réduire les taux de redoublement et d'abandon, eux aussi influencés par les méthodes pédagogiques. Des interventions au niveau de la demande sont elles aussi nécessaires pour permettre aux enfants des familles pauvres de suivre un enseignement post-fondamental.

CHAPITRE 3

Éducation—Relations avec le marché du travail

Éducation—Relations avec le marché du travail

L'éducation et la formation participent à la croissance économique de deux manières. Elles augmentent les réserves de capital humain, et donc, la productivité du travail ainsi que l'ensemble des connaissances scientifiques et technologiques utilisées à des fins productives. De nombreux facteurs tels que la santé, la nutrition et l'éducation contribuent à la formation du capital humain. Cependant, l'éducation et la formation interviennent plus directement dans la création des qualifications et des connaissances de la main d'œuvre et sont souvent utilisées pour donner une approximation du capital humain. Tant l'éducation et la formation (fournies par les écoles, les universités et les instituts de formation) que la formation postscolaire, qui est donnée aux travailleurs par les entreprises, sont essentielles. Mais il est clair qu'il ne suffit pas de mettre à disposition une main d'œuvre compétente et bien informée pour améliorer la croissance ; un environnement macro-économique favorable, des marchés du travail et du crédit efficaces, et d'autres facteurs sont également nécessaires.

Les stratégies de croissance du PAM doivent créent de nouvelles demandes de qualifications et de connaissances. Au fur et à mesure que l'économie malgache s'intègre à l'économie mondiale et que le commerce se développe, la demande évolue en matière de travail : de nouvelles qualifications sont exigées des travailleurs des nouvelles industries ou des nouveaux secteurs, et la reconversion de la main-d'œuvre des industries en déclin est une obligation. L'investissement direct étranger (IDE) a augmenté rapidement ces dernières années. Entre 2002 et 2005, son afflux s'est accru passant de 15 millions de dollars US à 85 millions de dollars US ; en 2006, il a atteint 294 millions de dollars US et en 2007 près de 1 milliard de dollars US, soit 13% du produit intérieur brut.[5] Une grande partie de cet IDE a été

---

5. Les données de 2002 à 2005 proviennent de la base de données de l'indicateur de développement mondial de la Banque mondiale et représentent des flux nets basés sur les données des balances de paiement. Pour 2006 et 2007, les données proviennent de la Banque centrale de Madagascar.

réalisée dans l'exploitation minière, mais le gouvernement cherche également à attirer l'investissement dans d'autres secteurs. La croissance agricole et le développement régional sont des piliers majeurs du PAM. L'éducation et la formation peuvent jouer un rôle clé tant en augmentant la productivité du travail agricole qu'en assurant une répartition la plus équilibrée possible d'une main d'œuvre compétente.

Le présent chapitre analyse les réserves et les flux de capital humain présents dans le marché du travail. La mesure la plus généralement utilisée est le niveau d'instruction de la population ou de la main d'œuvre, exprimée en années d'étude. Bien qu'il s'agisse d'une mesure brute des qualifications, des connaissances et des aptitudes de la main d'œuvre, elle donne une indication assez large de l'assiette du capital humain disponible et permet une comparaison avec d'autres pays. L'analyse nationale est complétée par une analyse de la distribution du capital humain dans différentes régions. Le chapitre présente également les récents changements dans la structure de l'emploi et du marché du travail et montre comment ils ont affecté le taux de rendement de l'investissement privé dans l'éducation. Les deux principales sources de données sont l'enquête auprès des ménages de 2005 et l'enquête sur l'évaluation du climat d'investissement de 2005.

Situation de l'emploi dans la population

Dans l'ensemble de la population de Madagascar—estimée à 19,1 millions de personnes en 2005—il y avait 9,17 millions de personnes en âge de travailler (tranche de 15 à 64 ans), 4,78 millions d'enfants âgés de 6 à 14 ans, le reste étant constitué par des enfants n'ayant pas 6 ans ou des personnes âgées de plus de 65 ans. Bien que des enfants de moins de 15 ans travaillent également, nous limitons notre analyse de la main d'œuvre à la population de 15 à 64 ans. Environ 7,87 millions de Malgaches avaient un travail, et parmi les 1,3 million de Malgaches au chômage, 83% se déclaraient eux-mêmes économiquement inactifs. La main d'œuvre, qui comprend les personnes occupées et celles à la recherche d'un travail (sans emploi), se montait à 8,08 millions d'individus, ce qui représentait une augmentation de 11% par rapport à 2001. Comme dans beaucoup d'économies agricoles, le pourcentage de chômeurs à la recherche d'un emploi est peu élevé et représente près de 2,6% de la main d'œuvre (Figure 11).

Le secteur primaire incluait 80% des personnes actives, et les services 17%, la part du secteur industriel étant minime (2,5%). Entre 2001 et 2005, l'emploi dans le secteur primaire a augmenté de 1,2 million, et sa part dans l'emploi total a augmenté de 72%. L'emploi dans le secteur industriel a quant à lui chuté, entraîné par des pertes d'emplois dans le secteur de la fabrication, alors qu'un transfert d'emplois s'est produit vers l'agriculture.

Niveau d'éducation de la population—Réserves et flux

Le niveau d'éducation de la population âgée de 15 ans et plus est utilisé pour donner une approximation de la réserve de capital humain. Les niveaux suivants sont utilisés : i) inférieur à l'enseignement primaire (incluant les personnes qui n'ont aucune éducation ou qui n'ont pas terminé la 5ᵉ année) ; ii) enseignement primaire terminé ; iii) enseignement

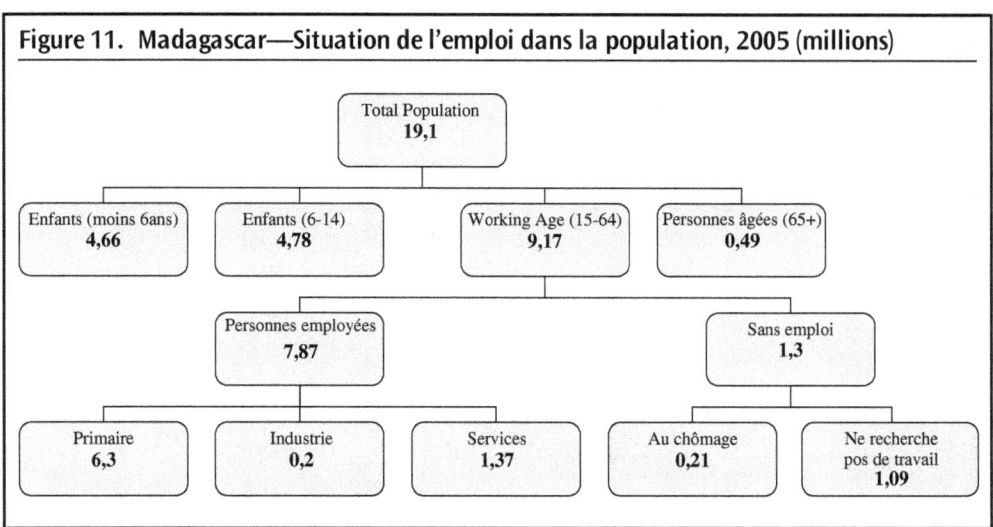

Source : Adapté de l'analyse de Stifel et al. (2007) des données de l'Enquête prioritaire auprès des ménages 2005.

secondaire terminé ; et iv) enseignement post-secondaire. Les parts en pourcentage de la population sont déterminées sur base du niveau d'éducation le plus élevé atteint.

La Figure 12 montre la répartition de la population en âge de travailler à Madagascar (de 15 à 64 ans), par niveau d'éducation, comparée à la population de 15 ans et plus dans des pays à faible revenu de l'Asie du Sud. La base de la pyramide est large à Madagascar, ce qui met en évidence la part élevée de la population ayant un niveau inférieur au primaire. La pyramide se rétrécit jusqu'à un niveau très étroit, où seulement 1,7% du groupe d'âge dispose d'un niveau post-secondaire. Plus le niveau moyen s'élargit, plus un pays accumule du capital humain. Le Sri Lanka, où, en 2000, la moitié de la population avait un niveau d'éducation secondaire, en est un bon exemple. La répartition du capital humain de Madagascar en 2005 se rapproche très fort de celle du Pakistan en 2001, où plus de 60% de la population était illettrée. Toutefois, il faut remarquer qu'au Pakistan, la part de la population ayant un niveau d'éducation secondaire et post-secondaire est plus élevée, et que le niveau actuel d'éducation secondaire à Madagascar est comparable à celui du Sri Lanka il y a quarante ans (non indiqué dans la figure). En résumé, le niveau scolaire des adultes malgaches est sérieusement en retard par rapport aux autres pays à faible revenu.

Le niveau d'éducation de la main d'œuvre de Madagascar est extrêmement bas et celui des groupes d'âges les plus jeunes est en déclin. Le nombre moyen d'années de scolarisation de la main d'œuvre occupée est resté constant, à 4 années environ, entre 2001 et 2005. Ce nombre reflète les investissements cumulés réalisés dans l'enseignement. Une caractéristique frappante de ces données est qu'en 2005, la réserve de capital humain des cohortes âgées de 20 ans et plus avait chuté par rapport à 2001, un signe de la négligence dont a souffert l'enseignement pendant plusieurs décennies. La légère augmentation du nombre moyen d'années de scolarisation du groupe le plus jeune (de 15 à 19 ans) représente une évolution positive. Cette augmentation, d'environ 0,6 années au cours de la période, reflète le redressement récent des inscriptions dans l'enseignement primaire (Figure 13).

Figure 12. Comparaison inter-pays du niveau d'éducation des adultes, 2001–05

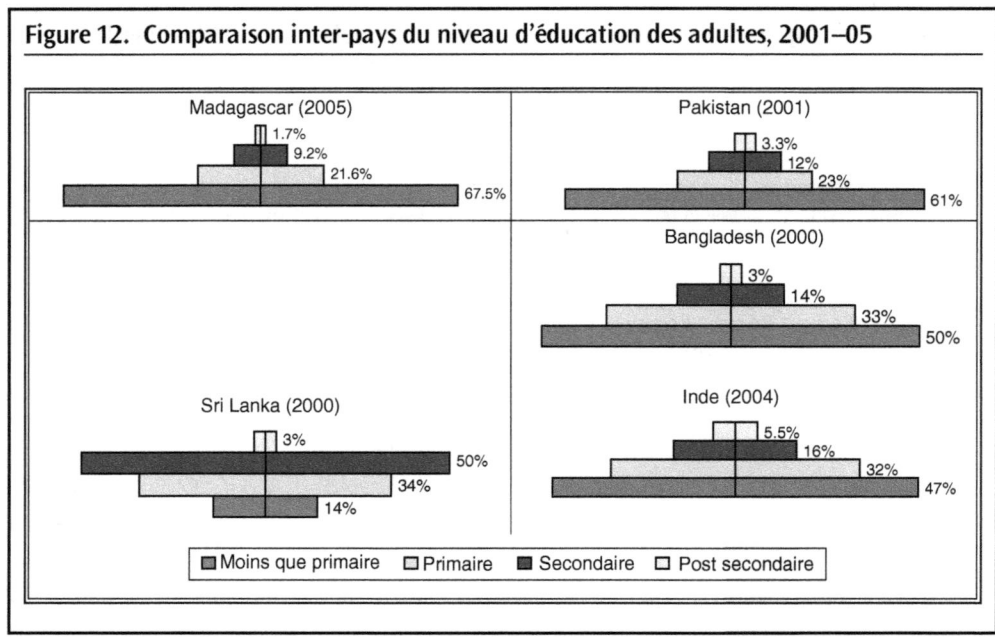

Remarques : les données de Madagascar représentent la population des 15 à 64 ans ; les données des autres pays représentent la population âgée de 15 ans et plus. Les données concernent les années suivantes : Madagascar—2005 ; Pakistan—2001 ; Bangladesh—2000 ; Inde—2004 ; et Sri Lanka—2000.
Source : Madagascar : Analyse de la Banque mondiale des données de l'Enquête prioritaire auprès des ménages 2005. Autres pays : Riboud et al. 2006.

Figure 13. Nombre moyen d'années de scolarisation par groupe d'âge de la main d'œuvre employée, 2001 et 2005

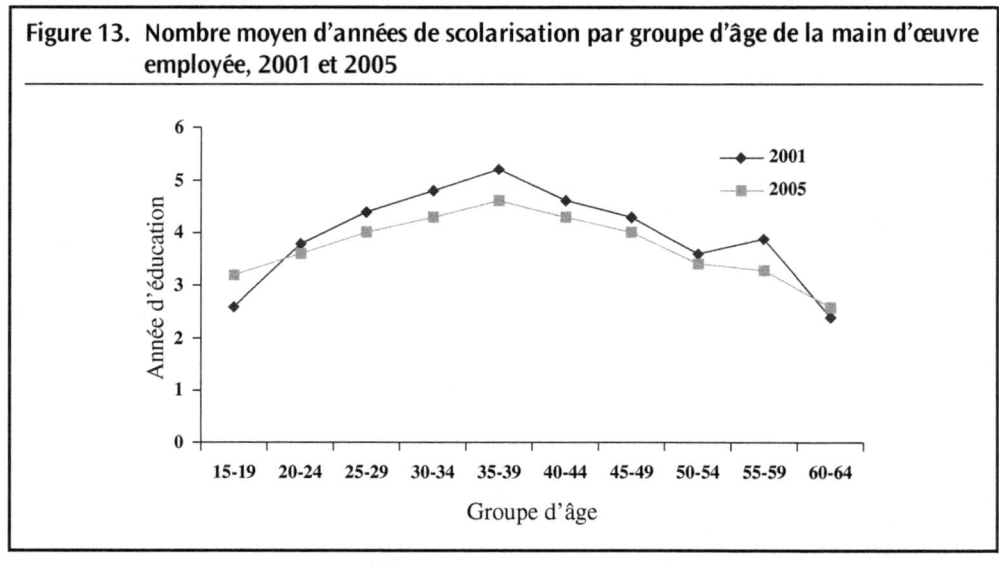

Source : Adapté de l'analyse de Lassibille (2007) des données de l'Enquête prioritaire auprès des ménages 2001 et 2005.

La proportion des jeunes travailleurs occupés ayant un niveau d'éducation inférieur au primaire a augmenté, alors que la proportion de ceux ayant un niveau post-primaire a chuté (Figure 14). En 2001, 63% de la main d'œuvre de moins de 30 ans avaient un niveau inférieur au primaire (ayant donc un peu ou pas du tout d'éducation primaire). En 2005, cette proportion était de 68%. Ce groupe peut être considéré comme illettré. Ce déclin au fil du temps des résultats aux niveaux supérieurs de l'enseignement est plus frappant qu'inquiétant. Le pourcentage de travailleurs de moins de 30 ans qui est allé au lycée ou à l'université a chuté entre 2001 et 2005, passant de 5 à 3,7%. Cette tendance doit être inversée si Madagascar souhaite élever le niveau de qualifications de sa main d'œuvre.

L'investissement dans le capital humain a essuyé un sérieux revers à partir des années 70 jusqu'au début des années 80, et Madagascar doit encore récupérer le terrain perdu. A l'aide des données de l'enquête auprès des ménages de 2005, nous pouvons examiner le niveau d'éducation des différents groupes d'âge. Cela nous permet d'avoir une idée de l'investissement réalisé au cours du temps. Les personnes âgées de 45 à 49 ans en 2005 étaient nées entre 1955 et 1960, et celles âgées de 15 à 19 ans étaient nées entre 1985 et 1990. Dans la génération la plus âgée, née entre 1940 et 1945, 15% de la population avait atteint au moins la 5e année. Cette proportion a grimpé jusqu'à 30% pour la génération née entre 1965 et 1970. Par la suite, elle a chuté pour n'enregistrer une lente reprise qu'au cours des 10 dernières années. Les 5 années de scolarisation atteintes par la génération la plus jeune n'ont dépassé que de peu les résultats d'il y a vingt ans. De plus, il n'y a aucune preuve à ce jour d'une augmentation du rythme des investissements—les pentes sont, en gros, constantes, même durant les périodes d'amélioration (Figure 15).

Cette situation contraste avec la tendance dans d'autres régions du monde, qui ont également commencé avec un niveau d'éducation très bas, il y a quelques décennies. En Asie du Sud, par exemple, le rythme s'est clairement accéléré au cours des vingt dernières années. Même un pays présentant des performances relativement faibles comme le Pakistan a augmenté de 20 points de pourcentage la proportion des personnes ayant atteint la

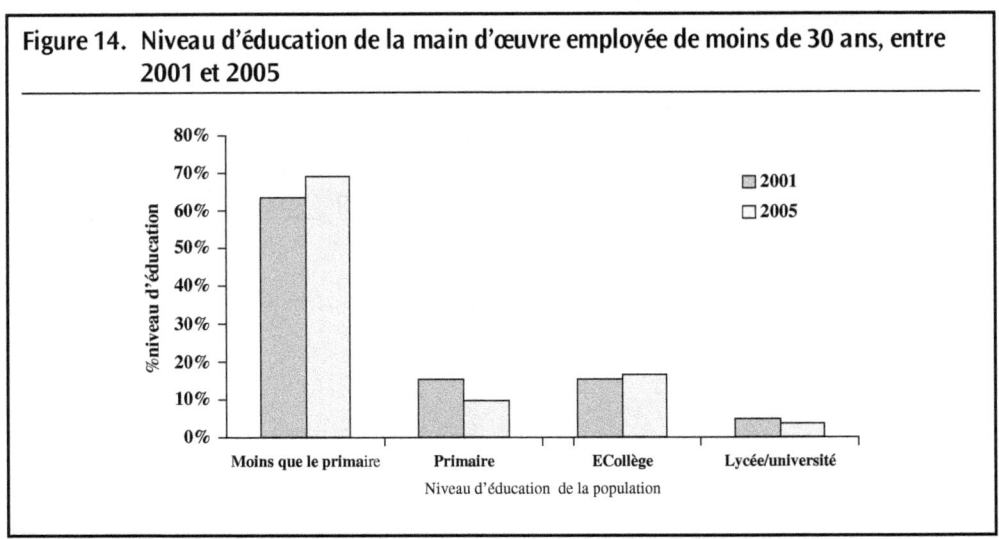

Figure 14. Niveau d'éducation de la main d'œuvre employée de moins de 30 ans, entre 2001 et 2005

Source : Adapté de l'analyse de Lassibile des données de l'Enquête prioritaire auprès des ménages 2001 et 2005 (2007).

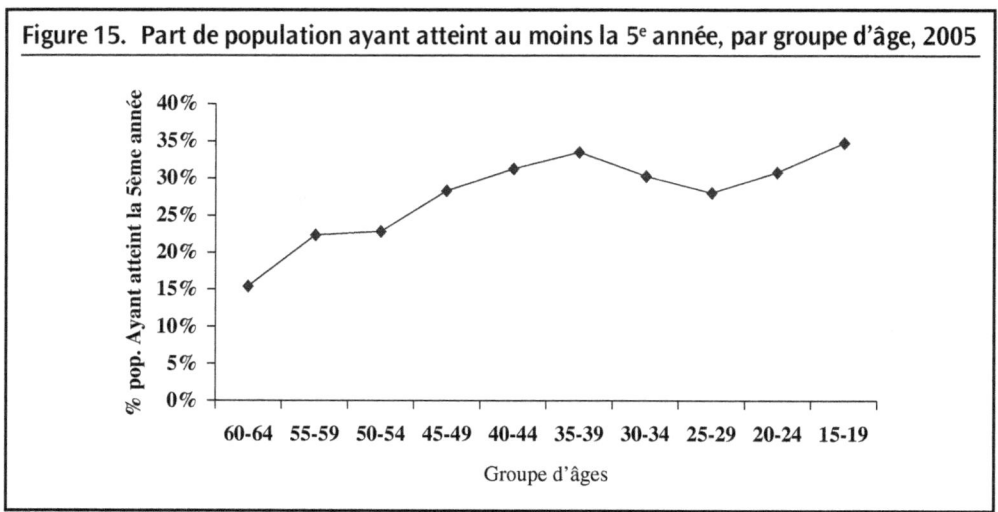

Source : Analyse de la Banque mondiale des données de l'Enquête prioritaire auprès des ménages 2005

5ᵉ année, sur les deux dernières décennies. Des pays plus petits, comme les Maldives et le Bhoutan, ont connu des avancées spectaculaires, le premier ayant atteint 90% d'accession à la 5ᵉ au cours de la même période.

Au-delà de l'éducation primaire, la tendance est alarmante et montre que Madagascar a de moins en moins investi dans l'éducation post-primaire. À peu près 14% de la génération d'il y a environ 20 ans atteignaient au moins la 9ᵉ année (collège), au terme d'une augmentation lente mais constante par rapport aux deux décennies précédentes. Après la forte chute qui a suivi dans les années 80 et 90, la dernière génération (les 20 à 24 ans) n'a cependant pas pu retrouver ce niveau. Le groupe qui avait atteint la 12ᵉ année n'a jamais représenté plus de 6% à Madagascar, mais il s'est réduit de moitié pour la génération la plus récente (Figures 16a et 16b).

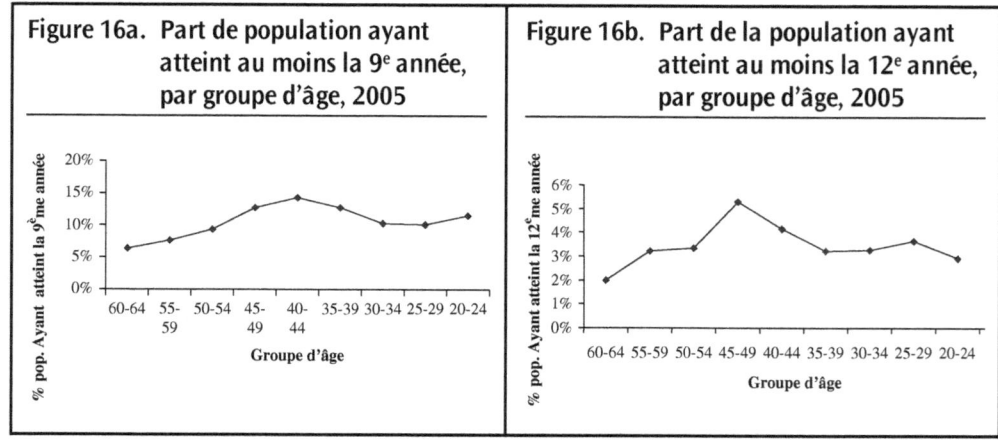

Source : Analyse de la Banque mondiale des données de l'Enquête prioritaire auprès des ménages 2005.

La figure 17 montre la distribution de la main d'œuvre occupée, par qualification la plus élevée obtenue dans l'enseignement ou la formation, ainsi que l'estimation du nombre des diplômes ou certificats décernés dans l'enseignement ou la formation, en 2005. Beaucoup des diplômés poursuivent leurs études et acquièrent des diplômes à des niveaux supérieurs, mais tous ne rejoignent pas le marché du travail. Par conséquent, le nombre annuel des diplômés ne représente pas le flux des nouveaux entrants dans le monde du travail. Cependant, cette donnée peut être utilisée pour évaluer le volume des nouvelles qualifications, par rapport à la répartition de celles qui existent pour les personnes qui ont un emploi. En 2005, le nombre des diplômés de l'école primaire et des certificats de collège ne représentaient respectivement que 14 et 8% des personnes occupées ayant ces deux niveaux de qualifications. Le nombre des nouveaux diplômés de la formation professionnelle représentait moins de 2% de la main d'œuvre employée ayant les mêmes qualifications (même si les réserves elles-mêmes sont très petites). En d'autres termes, l'amélioration des qualifications de la main d'œuvre à la base du système s'opère très lentement. D'autre part, le nombre de diplômés des niveaux baccalauréat, licence et maîtrise représentaient 18, 4 et 7% de la main d'œuvre occupée ayant ces qualifications respectives. Le nombre des nouveaux diplômés représente une part plus élevée des personnes occupées ayant ces qualifications à cause du faible nombre de ces personnes. Mais cela peut également indiquer, par exemple, que si les étudiants cherchent à obtenir une maîtrise c'est parce que la qualification inférieure (licence) n'est pas valorisée sur le marché du travail.

La question stratégique importante est le fait que la situation actuelle n'est pas le résultat de choix conscients et réfléchis. Elle est due à l'absence de gestion des flux étudiants, à la durée trop longue des cycles post-primaires et au manque de pertinence des qualifications, qui forcent les étudiants à poursuivre leurs études. Madagascar devrait examiner ces tendances et fixer des objectifs appropriés pour les flux des étudiants.

Les disparités régionales dans les niveaux d'éducation atteints sont extrêmement importantes et pourraient entraver l'objectif de promotion du développement économique régional. La région d'Analamanga (près de la capitale Antananarivo) est la plus instruite.

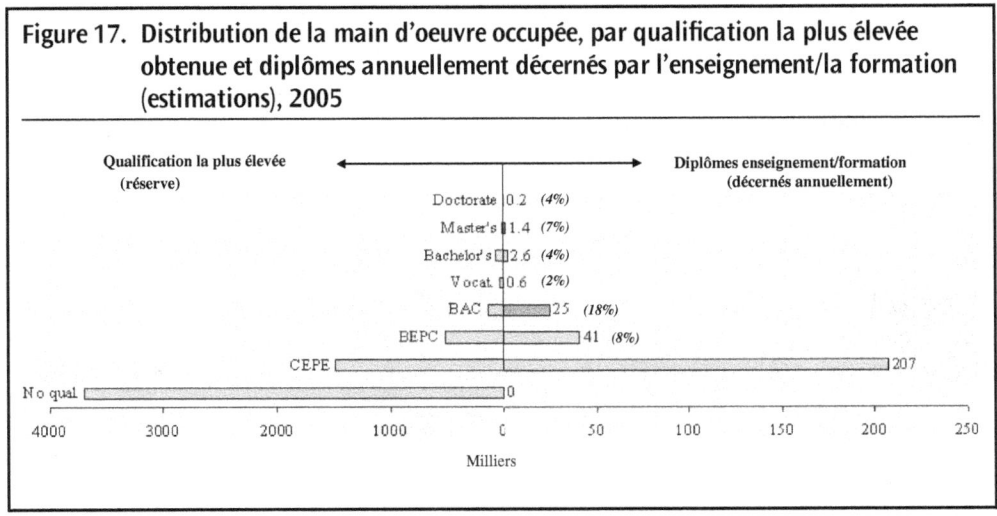

Figure 17. Distribution de la main d'oeuvre occupée, par qualification la plus élevée obtenue et diplômes annuellement décernés par l'enseignement/la formation (estimations), 2005

Source : Analyse Banque mondiale des données du MEN de l'Enquête prioritaire auprès des ménages 2005.

Quelques 5% de la main d'œuvre a bénéficié d'un enseignement supérieur, 41% d'un enseignement secondaire et 12% d'un enseignement primaire, tandis que près de 41% n'a qu'un niveau inférieur au primaire. A l'opposé, dans la région d'Androy, 97% des personnes ont un niveau d'éducation inférieur au primaire (dont 53% n'ont aucune instruction), 12% ont un niveau primaire, 4% secondaire et 0,1% supérieur (Figure 18). Comme mentionné dans le chapitre précédent, les disparités éducationnelles sont fortement influencées par la pauvreté. L'analyse a montré également que de faibles niveaux d'éducation sont fortement liés à une faible densité de la population[6]. Les efforts à réaliser pour traiter ces disparités régionales devraient commencer par déterminer les causes premières de ces différences de niveaux d'éducation, et, ensuite, élaborer les mesures stratégiques pour y répondre.

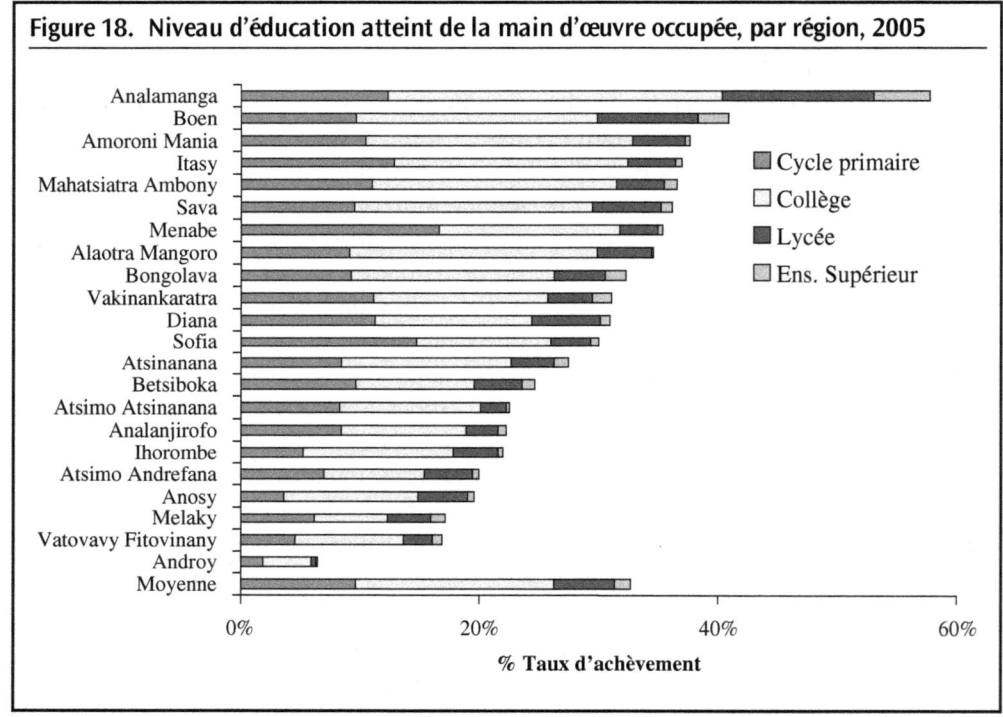

Figure 18. Niveau d'éducation atteint de la main d'œuvre occupée, par région, 2005

Source : Adapté de l'analyse de Lassibille (2007) des données de l'Enquête prioritaire auprès des ménages 2005.

Les variations régionales dans la répartition par secteur de l'emploi sont aussi très marquées. La part de l'emploi dans le secteur primaire varie de 46% (Analamanga) à 96% (Androy). L'industrie est fortement concentrée dans l'Analamanga, mais, même dans cette région, elle ne représente que 8% de l'emploi. Dans la plupart des régions, la part de l'industrie est inférieure à 0,5%. Les régions où le pourcentage d'emplois dans l'agriculture est élevé ont également un fort pourcentage de la population ayant un niveau d'éducation inférieur au primaire. Dans ces régions, où les individus ne reçoivent aucun encourage-

---

6. Lassibille, 2007. Dans CISCO avec des taux d'achèvement au primaire de moins de 30%, la densité de la population est de 18 personnes par km² contre une moyenne nationale de 200 personnes par km².

ment pour s'investir dans l'éducation et où rien n'est fait pour inciter les petits producteurs agricoles à augmenter leur productivité, l'assise des connaissances est faible.

Le PAM a choisi certaines régions en vue d'un investissement ciblé et d'une croissance dans des secteurs clés. Ce sont : le Diana au nord et l'Anosy au sud pour le tourisme ; l'Alaotra Mangoro, Menabe et Varinankaratra pour l'agrobusiness ; l'Anosy et l'Atsinanana pour l'exploitation minière ; et l'Analamanga pour les services et les agro-industries. A l'exception de la dernière, dans toutes les autres régions, 4 à 7% de la main d'œuvre ont un niveau d'études supérieur au lycée, tandis que 2% ont suivi un enseignement supérieur (Figure 19).

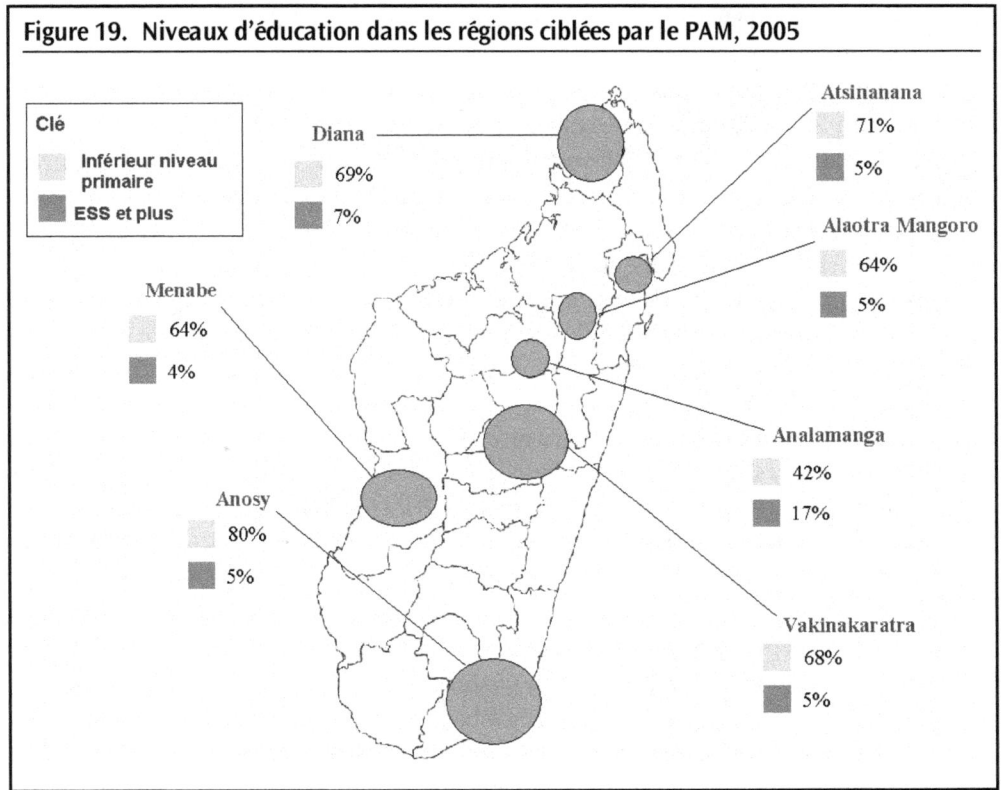

Figure 19. Niveaux d'éducation dans les régions ciblées par le PAM, 2005

Remarques : ESS : Enseignement secondaire supérieur équivalent au lycée ; Régions principales du PAM selon le MEN. Niveaux d'éducation adaptés.
Source : Adapté de Lassibille, 2007.

Étant donnée la taille de Madagascar et le manque de transports, de logements et d'équipements scolaires, les ajustements usuels du marché du travail, tels que les migrations intérieures, n'arrivent pas à corriger ces déséquilibres dans l'offre de main d'œuvre qualifiée. Aussi, même si l'offre nationale était suffisante au niveau global, elle ne suffirait pas à appuyer la stratégie de développement régional du pays. Lorsque l'industrie est à forte intensité de capital, avec des effets d'entrainement limités, les investisseurs étrangers peuvent faire face aux graves pénuries de main d'œuvre hautement qualifiée en important des travailleurs étrangers. Toutefois, les secteurs à haute intensité de main d'œuvre, tels que le tourisme et l'agrobusiness, dépendent de la main d'oeuvre locale s'ils veulent rester compétitifs.

Transformation du marché du travail et taux de rentabilité de l'investissement dans l'enseignement

Entre 2001 et 2005, le nombre d'emplois hautement qualifiés et les salaires ont chuté, vraisemblablement suite à la crise de 2002 et à ses effets secondaires. Le pourcentage des salariés et employés est tombé de 18,2% à 14,8%, avec une diminution drastique du nombre d'emplois. Cette perte d'emplois a été considérable dans la catégorie des travailleurs hautement qualifiés—environ 77 000 emplois représentant une réduction de près de 40% du nombre de travailleurs de cette catégorie. La majorité des travailleurs non rémunérés étaient employés dans l'agriculture. Près de la moitié de la population active (48%) était cataloguée comme aide familiale, ce qui représentait une hausse de 10 points de pourcentage par rapport à 2001.

Le secteur officiel de l'industrie semble avoir rebondi après la crise, mais la tendance à y créer des emplois est le signe d'une restructuration majeure de l'industrie. Les données de l'enquête d'Évaluation du climat d'investissement de la Banque mondiale (2005) montrent que dans l'ensemble, la création nette d'emplois entre 2002 et 2004 a été de 20%. L'enquête couvrait 226 sociétés dans le secteur officiel de l'industrie. Toutefois, cela ne représentait que partiellement la forte reprise qui a suivi la crise de 2002. Les créations et les pertes d'emplois variaient fortement selon les secteurs industriels. Une perte nette d'emplois a été enregistrée dans les domaines du bois et de l'ameublement, du papier, des objets non métalliques et des matières plastiques. Elle a été compensée par une augmentation de 21% des emplois dans le domaine des textiles, de 13% dans celui de la métallurgie et de 11% dans l'agro-industrie et les produits chimiques. La création d'emplois a été nettement plus élevée dans les grandes entreprises, les sociétés orientées vers l'exportation et celles situées dans les zones d'exportation, ainsi que pour les sociétés étrangères. Par contre, les sociétés axées sur le marché intérieur ont créé beaucoup moins d'emplois—juste un peu plus que 6%—et les entreprises publiques de l'échantillon ont même supprimé des emplois (Lassibille, 2008).

En 2005, les rémunérations réelles des employés et salariés étaient inférieures d'un tiers à celles de 2001.[7] Cependant, il y avait des différences considérables selon le type d'emploi. Les salaires des travailleurs qualifiés et non qualifiés ont diminué de 43% et 26% respectivement, tandis que les revenus des cadres moyens ont chuté d'environ 83%. Par contre, les catégories hautement qualifiées (cadres) ont vu leurs salaires augmenter de 22%. Ce sont les revenus des personnes ayant reçu un enseignement secondaire qui ont le plus diminué : 33% contre 6% pour les personnes avec un niveau d'enseignement supérieur. Toutefois, en ce qui concerne ce dernier niveau, il apparaît que, même si les salaires réels des postes hautement qualifiés ont augmenté, un grand nombre de diplômés de cette catégorie occupaient des postes à revenus plus faibles.

Les disparités entre les rémunérations et salaires des diplômés restent élevées à des niveaux d'éducation différents et se sont amplifiées. En 2005, une personne ayant reçu une éducation supérieure gagnait 2,4 fois plus qu'une personne ayant reçu une éducation secondaire. Cette dernière touchait 1,9 fois plus qu'une personne ayant reçu une éducation primaire, tandis que le différentiel entre cette dernière et une personne sans aucune éducation était faible (6%).

---

7. En utilisant uniquement les revenus des salariés et employés perçus dans leur emploi principal et l'index d'inflation publié par l'INSTAT. ICA

Le taux global de retour sur investissement dans l'éducation a baissé pour les personnes salariées, mais avec des différences considérables selon les niveaux d'éducation. Reflet des performances de l'économie, le taux de retour sur investissement était estimé à 6,4% en 2005, contre 8,7% en 2001. Ce déclin était très prononcé dans l'enseignement primaire et secondaire. Les 6 années supplémentaires d'investissement dans l'enseignement secondaire ne donnaient qu'un taux de retour privé de 5% en 2005, contre 8% en 2001. Le taux de retour sur investissement au collège était seulement de 1%.

L'enseignement supérieur a un taux de retour sur investissement très élevé qui a apparemment augmenté entre 2001 et 2005. Le retour sur investissement des diplômés de l'enseignement supérieur *a augmenté*, passant de 8% à 13%. En 2005, il était supérieur de près de 50% à celui des diplômés du lycée (8%) et 13 fois plus élevé que celui des personnes ayant un niveau collège. Ces tendances reflètent l'augmentation des différentiels entre les salaires discutés plus haut. L'enquête ICA sur les entreprises industrielles du secteur officiel montre un taux encore plus élevé (23%). Les formations professionnelles et techniques ont un taux de retour supérieur (9,6% et 6,4%) à celui de l'éducation secondaire générale (2%).[8] (Voir Figure 20.)

L'analyse est cependant limitée car les salariés et employés constituent une proportion relativement faible de la main d'œuvre. L'enseignement et la formation peuvent également améliorer la productivité et les revenus des travailleurs dans l'agriculture et dans le secteur non officiel des services. Etant donné le nombre considérable des personnes employées dans ces secteurs, l'effet positif sur les revenus et sur la réduction de la pauvreté pourrait également être substantiel.

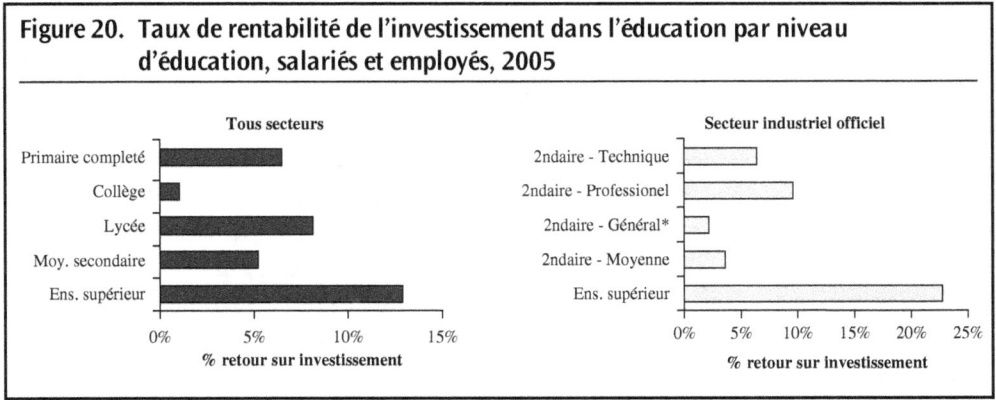

Figure 20. Taux de rentabilité de l'investissement dans l'éducation par niveau d'éducation, salariés et employés, 2005

Remarques : 1. La figure « Tous secteurs » est établie à partir des données de l'Enquête prioritaire auprès des ménages 2005. Elle concerne uniquement les salariés et employés. La figure « Secteur industriel officiel » est établie à partir des données de l'enquête ICA. 2. Dans la figure « Tous secteurs », le taux de retour sur investissement de chacun des niveaux d'éducation est calculé à l'aide de coefficients d'éducation estimés dans les modèles de régression établis pour les salaires, et de la durée du cycle. Par exemple, le taux de retour du collège est calculé en soustrayant le coefficient du primaire du coefficient du collège et en divisant par quatre années (durée du cycle du collège). 3. Dans la figure « Secteur industriel officiel », le taux de retour de l'enseignement supérieur est calculé en comparant tous les individus ayant un niveau d'éducation secondaire. Pour les caractéristiques du modèle et les estimations de coefficients, voir Lassibille, 2007.

---

8. ICA, voir Lassibille, 2007

Disponibilité de personnel qualifié

L'enquête ICA a également rapporté la manière dont les entreprises perçoivent les principales contraintes imposées à la croissance. Le manque de crédit et son coût élevé, ainsi que l'instabilité macro-économique ont été mentionnés comme des problèmes plus graves que le manque de personnel qualifié. Seuls 4% des employeurs ont indiqué que c'était *le facteur le plus important*. Etant donnée la période où l'enquête a été menée (2005), au moment où l'économie se remettait tout juste d'une crise, et étant donnée la petite taille du secteur industriel officiel du pays et sa concentration dans les grandes zones urbaines, ce constat n'est pas surprenant. Le temps moyen nécessaire pour pourvoir des vacances d'emplois qualifiés a été estimé à deux semaines seulement. A des niveaux normaux de fonctionnement, environ 23% des entreprises signalaient un manque de personnel (tandis que 11% rapportaient un excédent). Les pénuries de personnel étaient plus graves dans certains secteurs, comme l'industrie textile (33%), le bois (29%), l'ameublement (38%) et les petites et moyennes entreprises (25%). La pénurie globale de personnel était estimée à environ 15% de la population active, alors que 35% des travailleurs étaient considérés comme en excédent, ce qui laisse supposer que la répartition de la main d'œuvre entre les entreprises et les secteurs est un problème primordial.

Cependant, ces constatations ne veulent pas dire qu'il n'existe aucun problème lié à la disponibilité de personnel qualifié. Parmi les entreprises qui ont déclaré que la composition de leur personnel n'était pas optimale, 53% ont affirmé que, loin devant d'autres raisons, l'incapacité de trouver du personnel qualifié en était la cause principale. En outre, 60% des entreprises ont également affirmé que le problème de la disponibilité de personnel qualifié était un obstacle « modéré » à « très sérieux » à leur fonctionnement futur.

Les enquêtes à grande échelle ne parviennent souvent pas à cerner les déficits cruciaux dans des secteurs clés. Madagascar manque d'enquêtes et d'études qui analysent, au niveau microéconomique, les besoins de qualifications nécessaires pour préserver la compétitivité et les coûts dans les secteurs clés. Le manque de seuils en matière de qualifications clés du capital humain peut empêcher l'émergence d'une industrie compétitive viable. Cela inclut des qualifications telles que celles qui sont requises pour acquérir de nouvelles technologies et machinerie ; pour concevoir des sites industriels efficaces ; pour réparer et entretenir des équipements ; pour mettre en place des mécanismes de contrôle de la qualité ; ou pour utiliser le génie industriel. Par essence, les enquêtes ne peuvent capter que ce que perçoivent les entreprises existantes. Elles ne peuvent pas détecter si cette contrainte empêche de nouvelles sociétés de se créer.

Dans l'industrie du textile et du vêtement, deux études récentes ont signalé le manque de cadres moyens et de techniciens qualifiés disponibles. De telles pénuries peuvent éroder le principal avantage concurrentiel de Madagascar—les faibles salaires des travailleurs non qualifiés—en faisant baisser la productivité technique et en augmentant le coût unitaire du travail. De plus, dans un marché mondial où de nombreux pays sont en concurrence, les faibles coûts ne sont plus un avantage unique. « Les sociétés plus performantes que leurs concurrents dans l'industrie du vêtement sont celles qui ont adopté de nouveaux systèmes d'information et de nouvelles pratiques de gestion . . . Ce qui mène la compétitivité dans le marché actuel de l'habillement est la capacité à mettre de nouveaux produits sur le marché . . . juste au bon moment. » (Salinger, 2003). La première exigence n'est pas d'augmenter le nombre total de diplômés disponibles, mais plutôt le type de diplômés dotés des qualifications demandées par les entreprises (Encadré 1).

Conséquences pour l'enseignement post-fondamental

Même s'il ne semble pas y avoir de pénurie globale de personnel qualifié à court ou moyen terme, Madagascar doit réorienter son système d'enseignement post-fondamental pour plusieurs raisons. La première est stratégique. Pour concurrencer les autres pays, même au niveau des industries à forte intensité de main d'œuvre, et pour pouvoir développer l'agriculture, Madagascar a besoin d'augmenter sa réserve de capital humain. Comme le montre l'analyse de l'investissement par génération, il faut deux ou trois décennies avant que l'impact sur la réserve de capital humain des décisions prises en matière d'enseignement soit perceptible. Madagascar doit se doter d'une politique cohé-

---

Encadré 1. Observations sur la disponibilité des cadres moyens et des techniciens qualifiés

« La pénurie de personnel la plus critique concerne les catégories des cadres moyens et du personnel de première ligne, où les employés actuels sont principalement des expatriés. Il semble y avoir, en effet, un grand nombre de postes de "cadres moyens" occupés par des expatriés. Cela est dû à la pénurie de personnel local ayant les qualifications nécessaires.

Le recours à des cadres moyens expatriés augmente les coûts de fonctionnement à Madagascar. C'est dans les domaines techniques, administratifs et de la gestion que ces pénuries de cadres intermédiaires se manifestent le plus. L'industrie étant particulièrement concernée, les qualifications recherchées incluent des chimistes/coloristes et des spécialistes des technologies du textile et des vêtements. Les autres qualifications d'encadrement de niveau moyen demandées dans cette industrie sont génériques par nature et incluent la planification de la production, le fonctionnement des usines, les génies mécanique/électrique, l'administration et la gestion, et l'esprit d'entreprise. »

Source : Shah et Baru, 2005.

« La plupart des entreprises utilisent des expatriés comme managers, experts en contrôle de la qualité, superviseurs et techniciens ... Dans un tel cas, la pénurie de travailleurs qualifiés peut entraîner une augmentation des coûts salariaux et limiter la capacité des industries à rehausser la chaîne de valeur. Madagascar a besoin d'augmenter le nombre de managers de niveau moyen dans les domaines techniques et des affaires, par exemple, des ingénieurs spécialisés dans la fibre et le textile ; du personnel de support technique ; les assembleurs compétents ; des spécialistes des arts textiles et des créateurs de mode ; des experts dans les marques internationales ; des analystes du marché ; des spécialistes du commerce et des contrats internationaux ; et des gestionnaires de la logistique.

A plus long terme, la chaîne de valeur coton-textiles-vêtements de Madagascar aura besoin de l'appui d'un ensemble de qualifications plus évolué et plus complet pour réussir. Madagascar manque de concepteurs et de fabricants d'équipement, de fournisseurs de pièces de rechange, de sociétés de réparation, de fabriques de finition, d'instituts de formation, de sociétés de recherche technique et de marché, de sociétés de publicité et marketing spécifiques à l'industrie, et de liaisons plus fortes entre les consommateurs finaux et les clients ... »

Source : Salinger, 2003.

rente et à long terme pour étendre, à un rythme rapide, la couverture de l'enseignement au niveau primaire et collège, ainsi que, progressivement, celle de l'enseignement postfondamental.

La seconde raison est que même à moyen terme, Madagascar doit traiter deux problèmes : i) la disponibilité régionale des qualifications nécessaires pour arriver au bout de son programme de développement ; et (ii) la disponibilité, dans les secteurs clés de la croissance, des qualifications requises par le marché du travail. La réactivité du système éducatif face à ces défis déterminera en partie la capacité de Madagascar à être compétitive dans une économie mondiale où la technologie et les connaissances sont constamment mises à jour.

CHAPITRE 4

Qualifications pour le marché du travail—Améliorer la pertinence et la qualité dans l'enseignement post-fondamental

Le système malgache d'enseignement post-fondamental devra s'adapter aux nouvelles demandes du marché du travail et aux changements induits par la réforme de l'enseignement fondamental. Les objectifs de l'enseignement et de la formation post-fondamental sont doubles : (i) répondre aux exigences de main-d'œuvre qualifiée des secteurs clés de croissance à court et à moyen terme, et (ii) préparer aux changements futurs en assurant aux élèves un fondement solide de connaissances, de qualifications et d'attitudes.

La mondialisation se caractérise notamment par le fait que les changements technologiques et d'organisation du travail se répandent rapidement à travers le monde. L'idée d'un emploi unique à durée indéterminée ou d'un emploi pour tous deviendra bientôt archaïque, même à Madagascar. De plus, les qualifications deviennent très vite obsolètes de nos jours, du fait du développement des connaissances et de leurs applications à la production. Le système d'enseignement post-fondamental ne doit plus seulement doter les étudiants de connaissances actuelles, mais également les outiller pour poursuivre l'apprentissage. Ces outils incluent les qualifications linguistiques, les disciplines spécifiques comme les mathématiques et les sciences, les savoirs sur les technologies d'information et de communication (TIC), ainsi que le savoir apprendre, le savoir raisonner et le savoir appliquer.

Les pays sont souvent confrontés au choix difficile entre l'élargissement de l'offre d'éducation et l'investissement dans la qualité. Pour Madagascar, ce n'est pas vraiment un arbitrage. Il est impératif d'améliorer la pertinence et la qualité. Si les investissements dans la qualité entraînent également une réduction des taux de redoublement et d'échec, ils devront aussi accroître le nombre de places en permettant à plus d'étudiants d'être diplômés.

Ce chapitre commence par une analyse des principaux secteurs de croissance identifiés dans le PAM, des qualifications probablement requises dans ces secteurs et de la capacité du système d'enseignement et de formation à répondre à ces besoins. Elle est suivie par une présentation des caractéristiques des nouveaux métiers technologiques et des qualifications génériques de plus en plus demandés sur le marché du travail. Le chapitre examine enfin l'état actuel de la structure, des programmes, des enseignants, et des matériels didactiques dans chaque sous-secteur—lycée général, EFTP et enseignement supérieur—et les domaines prioritaires de réforme.

Qualifications requises dans les secteurs de croissance du PAM

Les principaux secteurs identifiés par le PAM sont confrontés à un manque crucial de qualifications. Peu de cours sont consacrés à ces nouveaux secteurs dans les institutions d'enseignement et de formation (Tableau 2). Cela est dû à un manque de mécanismes permettant aux employeurs d'exprimer leurs exigences de qualifications aux institutions d'enseignement et de formation, et à la rigidité des universités à introduire de nouveaux cours. Il n'y a qu'une seule école technique des mines, bien que ce secteur soit très prioritaire et ait attiré des investissements étrangers directs considérables ces dernières années. L'agriculture et le tourisme, deux secteurs prioritaires avec un potentiel d'absorption de main d'œuvre, comptent moins de 500 étudiants dans les cours d'EFTP. L'industrie du textile et du vêtement est le plus grand employeur dans le secteur formel et représente une partie importante des exportations. Cependant, il n'y a aucun cours au niveau secondaire, excepté le cours diplômant de génie textile introduit récemment dans le cadre du projet « Pôles de Croissance » de la Banque mondiale.

Les contraintes de qualifications peuvent provoquer des augmentations de salaire et réduire l'avantage comparatif de faibles coûts de main d'œuvre. Dans un secteur intensif en main-d'œuvre qualifiée comme les technologies de l'information, le manque d'étudiants avec une formation de base peut empêcher le secteur de croître. Les entreprises étrangères répondent en partie à ces besoins de qualifications en important du personnel expatrié qualifié ou en envoyant le personnel en formation à l'étranger.

Professions technologiques dans l'économie du savoir et Éducation scientifique et technologique à Madagascar

Les professions technologiques seront de plus en plus répandues maintenant que l'économie malgache commence à intégrer la technologie dans plusieurs activités économiques de production et de gestion. Ces professions ne sont plus confinées à l'industrie manufacturière, à l'exploitation minière ou aux industries d'infrastructures, mais elles se retrouvent dans plusieurs secteurs dont l'agriculture et l'alimentation, le tourisme, les services financiers, le transport et les chaînes d'approvisionnement, l'éducation et la santé. La Figure 21 illustre une simple typologie des professions sur deux dimensions en rapport avec l'éducation : la dimension de connaissances théoriques et qualifications analytiques et celle de qualifications et qualifications technologiques.

Dans les premières phases de transformation de l'économie, les professions techniques et de niveau intermédiaire vont exiger davantage de spécialistes qualifiés. Cependant, le renforcement du noyau de professionnels et de scientifiques est nécessaire pour créer la capacité d'absorption de la technologie et d'application à l'économie locale.

Tableau 2. Besoins de qualifications des secteurs de croissance et offre de main-d'œuvre

Secteur du PAM	Type de postes par niveau de qualification				Offre de main d'œuvre
	Ouvrier	Cadre	Technicien		

Secteur du PAM	Ouvrier	Cadre	Technicien	Offre de main d'œuvre
1. Industries à forte croissance				
1.1 Textiles et Vêtements	◆ Ouvrier de production ◆ Technicien ◆ Mécanicien ◆ Modeleur	◆ Chef de production ◆ Gestionnaire de Production	◆ Ingénieur Textile	◆ Pas de cours dans les institutions d'EFTP ◆ Diplôm en génie textile : 44 étudiants, 2007
1.2 TIC	◆ Aide-informaticien ◆ Opérateur de saisie	◆ Chef de Projet/Programme ◆ Gestionnaire de systèmes informatiques et d'information ◆ Chef-restaurateur	◆ Analyste-système ◆ Programmeur ◆ Ingénieur informaticien ◆ Ingénieur en logiciel	◆ 178 étudiants inscrits à l'École nationale d'informatique
1.3 Tourisme	◆ Cuisinier ◆ Serveur ◆ Femme de ménage ◆ Service client	◆ Superviseur de premier plan	◆ NA	◆ L'INTH, l'ISCAM[1] offrent des cours professionnels diplômants de 2 ans, peu de diplômés. ◆ Les CFPs comptent environ 200 étudiants
1.4 Exploitation Minière	◆ Personnel de Maintenance ◆ Opérateur d'équipement	◆ Chef d'exploitation	◆ Géologue ◆ Hydrologue ◆ Ingénieur	◆ 1 école technique de mines
2. Infrastructure				
2.1 Transport (Routes)	◆ Manœuvre ◆ Opérateur d'équipement ◆ Topographe	◆ Directeur ◆ Superviseur de site ou de premier-plan	◆ Ingénieur civil	◆ Métiers qualifiés : 5000 inscrits en LTPs, 2000 en CFPs
2.2 Construction	◆ Manœuvre ◆ Charpentier ◆ Ferronnier ◆ Maçon ◆ Opérateur d'équipement ◆ Électricien ◆ Plombier	◆ Directeur ◆ Superviseur de site ou de première ligne	◆ Ingénieur civil	◆ Programmes de génie civil offerts dans la plupart des écoles professionnelles et techniques, des IST et des universités
3. Agriculture	Producteurs indépendants à petite échelle			◆ Technique et professionnel : 500 inscrits ◆ Niveau supérieur : ~1350 inscrits

Remarques : 1. INTH: Institut National de Tourisme et d'Hôtellerie. ISCAM : L'Institut Supérieur de la Communication, des Affaires et du Management.
Source : Johanson, 2006 ; Zaafrane 2008 ; et MEN data.

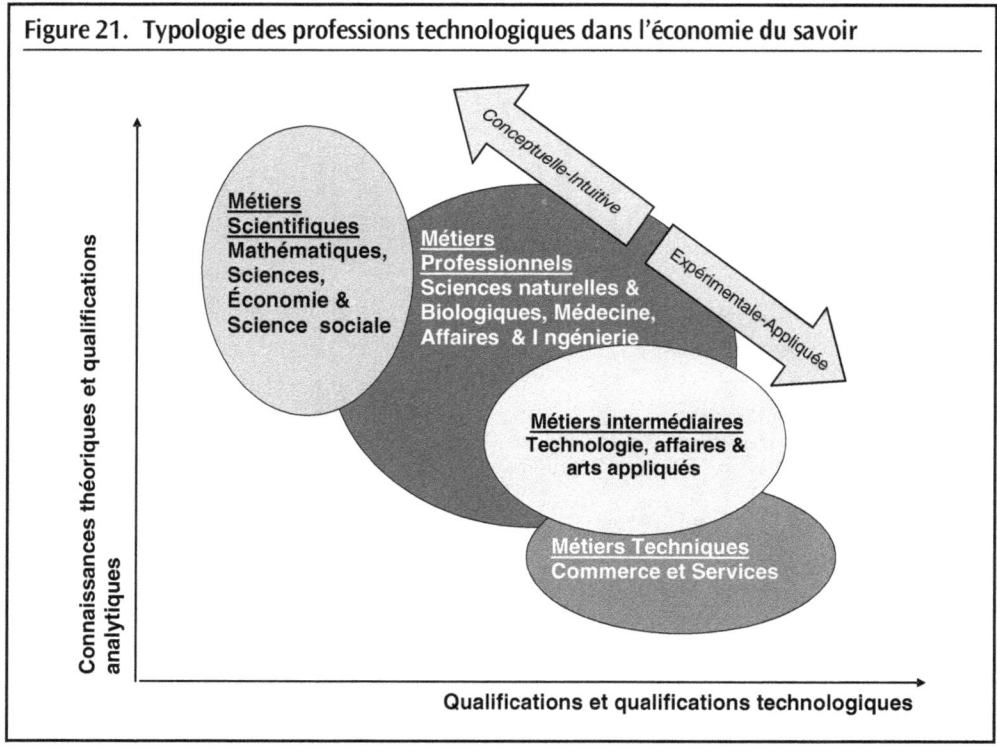

Figure 21. Typologie des professions technologiques dans l'économie du savoir

Source : Mikhail, 2007.

Les cours de Sciences appliquées, d'ingénierie et de technologie (SAIT) jouent un rôle important dans la préparation de la main-d'œuvre pour ces nouvelles professions. Le système malgache de SAIT est faible, au niveau professionnel et intermédiaire et au niveau supérieur. Une analyse plus détaillée est fournie plus loin dans le chapitre.

Priorités pour la réforme des programmes—Mettre l'accent sur les qualifications professionnelles

Les employeurs considèrent que les qualifications professionnelles sont aussi importantes que les qualifications techniques et spécifiques des postes. Ces qualifications ne peuvent être enseignées séparément. Elles sont de plus en plus intégrées dans les programmes et les processus d'enseignement et d'apprentissage. Ces qualifications génériques sont souvent classifiées en huit grands domaines[9] :

- *Prendre des initiatives*—identifier les possibilités non évidentes pour les autres ; traduire les idées en action ; proposer une gamme d'options ; être ingénieux ; initier des solutions.

---

9. Cette liste illustrative de « qualifications professionnelles » a été développée par le Département de l'éducation, des sciences et de la formation (DEST) ; la Chambre du commerce et de l'industrie australienne (ACCI) ; et le Conseil commercial de l'Australie (BCA). Source : http://www.dest.gov.au/archive/ty/publications/employability%5Fskills/

- *Communication*—comprendre ce que les autres essayent de communiquer ; parler clairement et directement ; évoquer les besoins du public; persuader efficacement ; parler et écrire dans plus d'une langue.
- *Travail d'équipe*—travailler individuellement et en équipe ; travailler avec des personnes d'horizons différents ; jouer un rôle en tant que partie d'une équipe ; identifier les points forts des membres de l'équipe ; conseiller, guider et rétroagir.
- *Technologie*—avoir une gamme de qualifications technologiques et informatiques de base ; savoir appliquer la technologie et l'informatique comme un outil de gestion ; être en mesure d'apprendre de nouvelles qualifications technologiques et informatiques ; avoir les aptitudes sanitaires et sécuritaires à utiliser la technologie.
- *Résolution de problèmes*—développer des solutions créatives, innovantes ou pratiques ; appliquer un ensemble de stratégies pour résoudre des problèmes ; appliquer des stratégies de résolution de problèmes dans plusieurs domaines.
- *Autogestion*—avoir une vision et des objectifs personnels ; évaluer sa propre performance ; articuler ses propres idées et sa vision ; prendre ses responsabilités.
- *Planification*—gérer le temps et les priorités ; établir clairement des objectifs de projet et les livraisons ; répartir les personnes et les ressources sur les tâches ; planifier l'utilisation des ressources et du temps ; collecter, analyser et organiser les informations à utiliser pour une amélioration et une planification continues.
- *Apprentissage*—gérer son propre apprentissage ; contribuer à la communauté d'apprentissage du lieu de travail ; utiliser un ensemble de supports d'apprentissage—l'encadrement, le soutien par les pairs, la mise en réseau, l'informatique, les cours ; appliquer l'apprentissage aux problèmes techniques et aux problèmes humains.

Les qualifications professionnelles générales sont cruciales pour la réforme des programmes, des pratiques pédagogiques et des matériels didactiques au lycée, à l'EFTP et à l'enseignement supérieur. Le système malgache actuel est très académique au niveau du lycée et de l'enseignement supérieur, ou très spécialisé sur le métier ou la profession au niveau de l'EFTP. Concernant les disciplines, la réforme doit se concentrer sur l'enseignement des langues, des mathématiques, des sciences, de l'économie et du commerce, et de l'utilisation des technologies de l'information.

Lycée

Structure et programmes

Au lycée, les élèves doivent choisir entre les filières générales ou techniques disponibles dans différentes écoles. A la fin du cycle de trois ans (durée actuelle), ils peuvent obtenir le baccalauréat requis pour entrer dans l'enseignement supérieur. La filière générale mène au baccalauréat général, les filières techniques au baccalauréat technologique ou technique. Bien que calqué sur le système français, le diplôme ne permet pas l'entrée automatique à l'université.[10] D'autres mécanismes additionnels de sélection (examen des candidatures et/ou examens d'entrée) sont appliqués.

---

10. Le Baccalauréat français permet légalement l'entrée à l'université.

Les élèves en première année de lycée suivent un tronc commun (Figure 22). Pour les deux dernières années, ils choisissent entre trois filières : (i) la « Série A » pour les arts (54% des élèves), (ii) la « Série C » pour les mathématiques, la physique et la chimie (14% des élèves), et (iii) la « Série D » pour les sciences de la vie (32% des élèves). Cette répartition n'a pas été révisée depuis les années 1970 (Banque mondiale 2008). Par exemple, il n'y a aucune série pour l'économie et les sciences sociales, malgré l'importance croissante de ces disciplines pour l'économie.[11] Les filières technologiques et techniques présentent une structure obsolète similaire, avec cinq filières non reliées à des métiers technologiques. De plus, il n'existe aucun baccalauréat technologique et technique spécifique dans l'hôtellerie, le tourisme ou l'exploitation minière.[12]

Une autre question dans la structure du programme est la durée globale du temps de classe et des matières principales et optionnelles. Le programme malgache du lycée est surchargé, avec des élèves supposés passer près de 1400 heures en classe (entre 1116 et 1404 heures selon les spécialisations). Les élèves doivent prendre 10 à 15 matières. La tendance dans la plupart des pays au niveau du collège ou du lycée est de réduire le temps de classe pour consacrer plus de temps à l'apprentissage autonome de l'élève et au soutien individuel. Dans la plupart des pays européens, le temps scolaire annuel varie entre 800 et 1000 heures pour près de 10 matières, dont environ 6 matières fondamentales et 4 matières optionnelles.

La spécialisation accrue du programme a également ses implications pour l'utilisation de l'enseignant. Contrairement au temps de classe élevé pour les élèves, les enseignants sont censés passer seulement 720 heures en classe—la moyenne d'un échantillon de 24 pays comprenant des pays à revenus faibles, à revenus moyens et à revenus élevés examinés par l'OCDE/UNESCO est d'environ 910 heures (Banque mondiale 2008). Cela est en partie dû à la fragmentation des cours et à la forte demande d'enseignants spécialisés.

Le programme du lycée est conçu pour préparer les élèves à l'enseignement supérieur. Cependant, moins de la moitié des élèves obtiennent le baccalauréat et seule la moitié des bacheliers entrent à l'université. Par conséquent, moins du quart des élèves en dernière année de lycée iront à l'université. Des programmes surchargés, des méthodes pédagogiques obsolètes et des matières considérées non pertinentes constituent les facteurs d'abandon dans le cycle. L'efficacité interne du système est étroitement liée aux problèmes fondamentaux de durée et de structure du lycée.

Comme dans le cas du baccalauréat français, le contenu des examens met l'accent sur la rédaction, puisque la plupart des réponses sont données sous forme de dissertation (sauf en mathématiques et en sciences, même si ce dernier cas nécessite parfois des réponses développées). L'examen n'inclut pas de recherche individuelle ou de projet effectué au cours de l'année scolaire.

---

11. Le programme scolaire malgache suit l'ancien programme français. En France, le programme a été continuellement révisé. Il y a trois types de baccalauréat général : le *BAC L (Littéraire—les principales matières sont le français, la philosophie et les langues modernes)*, le *BAC ES (sciences économiques et sociales)*, et le *BAC S (Scientifique—les principales matières sont les mathématiques, la physique et les sciences naturelles)*.

12 De plus, il existe quatre types de baccalauréat technologique en France : le *BAC STT (sciences et technologie supérieures)*, le *BAC STI (sciences et technologies industrielles)*, le *BAC STL (sciences et technologies de laboratoires)*, le *BAC SMS (sciences médicales et sociales)* ; et trois autres baccalauréats technologiques spécifiques pour les professions hôtelières, les arts appliqués, et les techniques de musique et de danse.

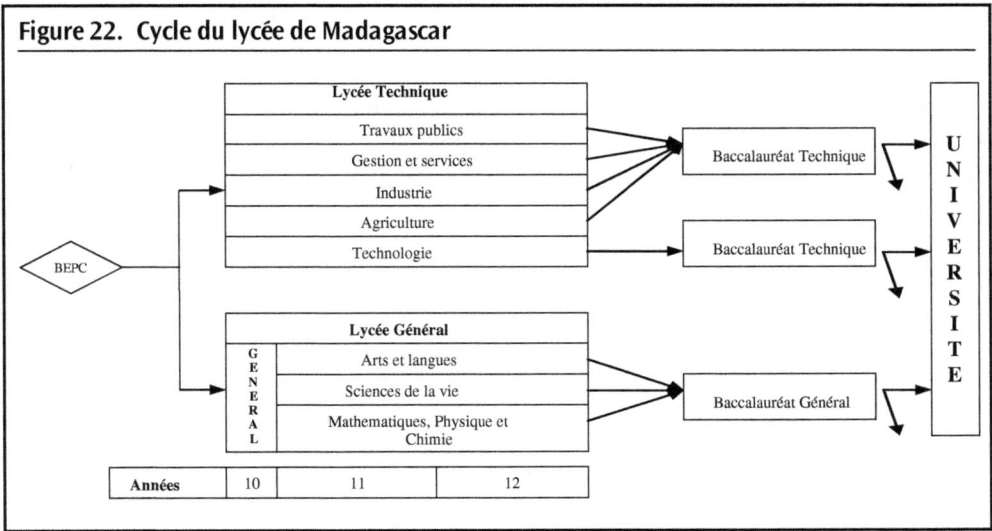

Figure 22. Cycle du lycée de Madagascar

Source : Banque mondiale 2008.

Une question importante dans le contexte malgache est que la majorité des élèves qui échouent au baccalauréat n'ont pas de qualifications qui valorisent leurs 12 années de scolarité. Sur le marché du travail, l'élève qui a échoué au baccalauréat est un peu mieux qu'un titulaire du BEPC. Les trois années additionnels de scolarité (ou deux dans le nouveau cycle) représentent un gaspillage de ressources tant pour l'individu que pour le système.

Enseignants

Les enseignants du lycée sont recrutés avec un diplôme universitaire général (d'une durée variable de 2 à 4 ans) ou avec une formation initiale d'enseignants dispensée dans les Écoles normales supérieures (ENS). Seul un tiers des enseignants du lycée ont une formation professionnelle d'enseignants ; la majorité a un niveau universitaire mais sans formation professionnelle. La durée de formation dans les ENS est trop longue et trop coûteuse pour une extension coût-efficace du lycée. De plus, l'évolution rapide des connaissances et le besoin d'améliorer le programme scolaire impliquent que la majeure partie des connaissances acquises pendant la formation initiale seront obsolètes dans quelques années. La formation continue des enseignants est très limitée, en particulier dans les écoles publiques.

Matériels didactiques

Les lycées de Madagascar manquent presque tous de matériels didactiques, y compris les manuels scolaires. Le dernier projet d'éducation de la Banque mondiale (qui s'est achevé en 2005) a doté de manuels de mathématiques la dernière année de collège, et au minimum d'une bibliothèque de livres de références pour chaque collège et lycée. Il n'y a pas de manuels ni de guides pédagogiques ; les enseignants et les élèves se basent sur les notes de cours. La situation contraste fortement avec l'enseignement primaire, où les bailleurs de fonds ont financé des livres et des matériels didactiques à grande échelle.

Priorités pour la réforme

Même si une révision de la structure du programme est souhaitable, elle pose de nombreux défis dans un pays avec des capacités techniques limitées. L'expérience internationale montre également que des réformes à l'échelle du système dans les niveaux d'enseignement supérieurs sont difficiles à mettre en œuvre. Théoriquement, la réforme pourrait être organisée autour de deux piliers principaux :

- *Pilier 1* : Une approche progressive centrée sur le lycée pour améliorer la qualité et l'efficacité de l'enseignement secondaire académique, articulée avec les réformes dans l'EFTP et l'enseignement supérieur (voir ci-dessous).
- *Pilier 2* : Introduire de nouveaux types de lycées techniques et professionnelles, plus adaptés aux besoins du marché du travail dans les secteurs prioritaires du PAM (voir la section sur l'EFTP).

Le premier pilier va introduire des changements dans les programmes scolaires, les pratiques pédagogiques et les matériels didactiques avec la capacité technique en construction dans le ministère, et la participation volontaire des établissements publics et privés actuelles dans la mise en œuvre d'un programme d'amélioration de qualité. Cette dernière pourrait être appuyée par un fond de développement scolaire. Les changements dans la structure des programmes scolaires devront se focaliser sur la réduction des matières surchargées, la réorganisation des séries du baccalauréat, et l'amélioration du contenu des programmes pour y inclure des qualifications professionnelles générales dans les matières principales. Pour commencer, des améliorations en langues, en mathématiques, en sciences et en technologie, y compris l'introduction des TIC, seront essentielles. L'amélioration du programme doit être soutenue par la dotation de nouveaux matériels didactiques et d'apprentissages et des cours de développement continu des enseignants dans les écoles participant au programme. A moyen terme, de nouveaux programmes de formation initiale des enseignants de courte durée pourraient être développés dans les institutions d'enseignement supérieur. L'évaluation des élèves de 12ème année pourrait également aider à certifier les qualifications acquises, indépendamment de l'examen du baccalauréat. Le développement d'un cadre de qualifications (voir plus loin dans ce rapport) contribuera à assurer l'acceptabilité d'une telle certification.

Le second pilier introduira une diversité de types de lycées et permettra un meilleur accès dans les zones rurales. Trois modèles sont envisagés par le Ministère : des écoles de « zones d'éducation prioritaires », des écoles de carrière et des écoles polyvalentes (Encadré 2).

La conception des deux piliers de la réforme devrait comporter une forte composante sur l'équité (à la fois géographique et de revenu). Cela peut être effectué en l'intégrant au fond de développement scolaire, aux programmes de bourses ciblés et aux critères de construction de nouveaux lycées.

EFTP (Enseignement et formation techniques et professionnels)

Structure et programme scolaire

D'une manière générale, l'EFTP couvre l'enseignement et la formation de la 6ème année au niveau supérieur. Toutefois, à Madagascar, il y a peu d'articulations entre le secondaire

> **Encadré 2. Modèles alternatifs pour l'enseignement secondaire**
>
> **Lycées de zone d'éducation prioritaire**
> - Souvent urbains
> - Préparation spécialisée de haute qualité pour l'université
> - Filières en sciences et technologie, en mathématiques, en langues étrangères
> - Elite—attire les meilleurs étudiants du système à travers la candidature compétitive et « l'examen »
> - Professorat hautement qualifié—les meilleurs enseignent aux meilleurs
> - Partenariats universitaires
> - Coût élevé
> - Financement public et/ou privé
>
> **Lycées de carrière**
> - Centrés sur un parcours professionnel (tourisme, textiles, sciences de la santé, informatique)
> - Situés près des employeurs
> - Étudiants motivés avec de bonnes connaissances générales
> - Programme académique fondamental—matières d'examen
> - Programme professionnel, enseigné par des professionnels
> - Plus de temps pour l'étudiant—sur une semaine, plus de mois ou d'années
> - Articulation lycée/travail à travers des stages
> - Les coûts dépendent des qualifications exigées dans la carrière
> - Considérable appui financier de l'industrie
>
> **Lycées polyvalents**
> - Souvent ruraux
> - Plusieurs programmes scolaires
>   - Académique pour l'enseignement supérieur
>   - Enseignement général : moins exigeant, pour l'enseignement post-secondaire
>   - Cours professionnels pour l'emploi local
> - Accepter tous les élèves dans les zones d'achèvement de collège
> - Les élèves peuvent choisir parmi tous les programmes scolaires mais doivent répondre aux exigences d'obtention du diplôme—20 à 30% de cours facultatifs
> - Un service performant de conseil et d'orientation des étudiants
> - Le programme du cursus professionnel peut être plus coûteux que celui du cursus académique ou général
>
> *Source :* Middleton, 2007.

et le supérieur dans l'EFTP, en partie à cause de l'existence dans le passé de ministères distincts pour l'enseignement général, l'EFTP et l'enseignement supérieur. Mais la structure demeure fragmentée même avec un ministère unique (Figure 23). De plus, d'autres ministères (emploi, agriculture, travaux publics) dirigent des établissements publics ou autorisent des centres de formation privés dans leur secteur.

Figure 23. Structure du système d'EFTP de Madagascar, 2007 (avant la réforme)

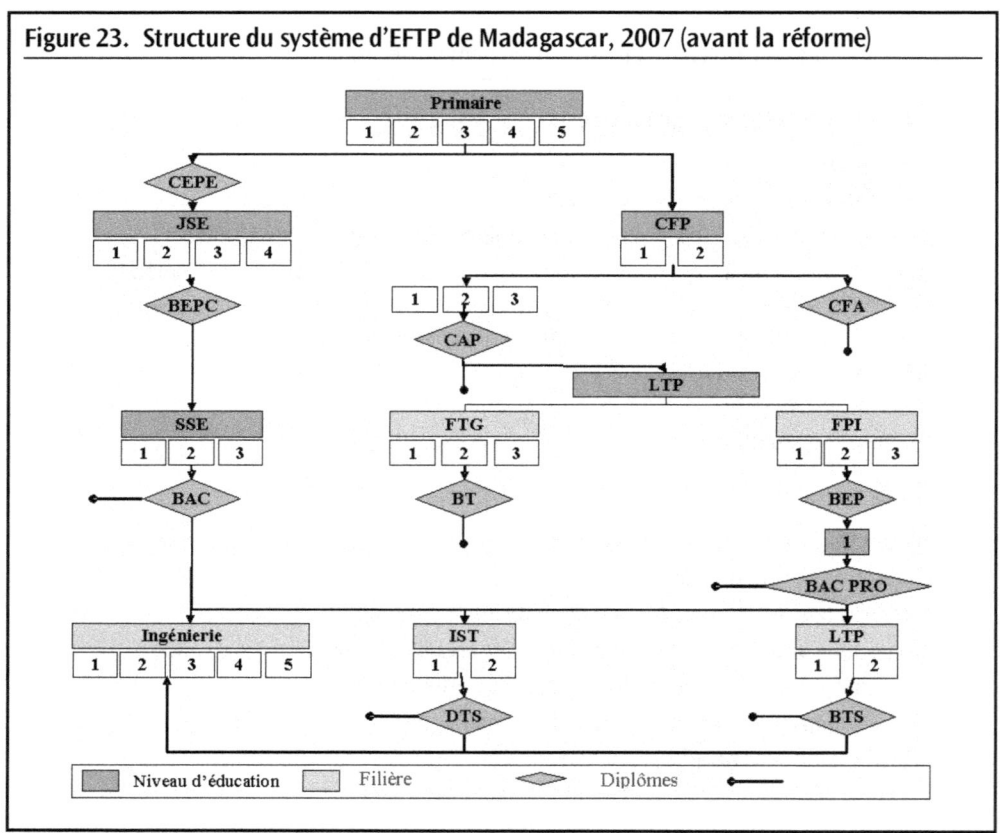

Institutions	Principaux programmes	Diplômes
CFP—Centre de formation professionnelle	FPI—Formation professionnelle initiale	CFA—Certificat de Fin d'Apprentissage
LTP—Lycée technique et professionnel	FTG—Formation professionnelle générale	CAP—Certificat d'Aptitude Professionnelle
IST—Institut supérieur technologique	FPQ—Formation professionnelle qualifiante	BEP—Brevet d'Étude Professionnelle
		Bac Pro—Baccalauréat Professionnel
		Bac T—Baccalauréat Technologique

Remarques : 1. L'*Institut supérieur technologique* offre trois diplômes—DTS (Bac + 2), *Diplôme de technicien supérieur spécialisé* (DTSS) (Bac + 3), et *Diplôme d'ingénieur de l'IST* (DIIST) (Bac + 4.)
2. La formation de courte durée sans certificat formellement reconnu—proposée dans les CFPs et les LTPs—n'est pas indiquée dans le diagramme.

L'EFTP devrait fournir du personnel qualifié pour le marché du travail, mais le système malgache, malgré quelques changements positifs au cours de ces cinq dernières années, n'est pas toujours efficace dans ce sens. Le système est caractérisé par une structure très formelle, avec sept types de diplômes sanctionnant des cours relativement longs de 2 ou 3 ans, et seulement un point d'entrée et un point de sortie. On distingue deux types d'EFTP : les CFP (Centres de formation professionnelle au niveau de collège) et les LTP (Lycées techniques et professionnelles au niveau du lycée). Les taux d'inscription sont faibles dans les CFPs publics, soit 6% seulement des inscriptions de collège. Dans les LTPs publiques, ils représentent près de 10% des inscriptions au lycée.

La plupart des LTPs forment pour des secteurs particuliers (industrie, commerce ou agriculture), alors que les CFPs se concentrent sur deux domaines : les travaux de génie civil et l'industrie. De grandes lacunes s'observent dans l'offre d'EFTP. Comme indiqué plus haut, les taux d'inscription sont faibles dans les domaines importants pour les secteurs prioritaires du PAM. On trouve à peine une formation pour les professions agricoles.

Les LTPs et les CFPs offrent un nombre limité de qualifications techniques pour des professions étroitement définies. Les élèves se spécialisent dans des métiers spécifiques : par exemple, les inscrits dans les métiers du bâtiment se concentrent sur la maçonnerie, au lieu de l'ensemble des qualifications requises dans la construction (maçonnerie, charpentage, toiture, plomberie et électricité). L'ensemble des connaissances de l'industrie, les qualifications générales du marché du travail, ou les qualifications du milieu industriel ne sont pas inclues dans le programme de formation.

Bien que les programmes se limitent à un nombre restreint de qualifications, ils sont avec les examens, très surchargés par le nombre de matières enseignées, entraînant ainsi une maîtrise limitée des qualifications de base. Les cours ont tendance à être fragmentés, avec des élèves dans diverses filières du LTP, pouvant aller de 12 à 14 classes différentes par semaine. Dans certains cas, les élèves prennent des cours dans trois langues (malgache, français, anglais) ; mais les 2 à 3 heures d'exposition aux langues par semaine sont insuffisantes pour parvenir à un niveau courant de communication.

Quelques innovations importantes ont été introduites. Les institutions publiques de formation sont désormais autorisées à offrir une formation selon les besoins locaux. La formation continue des employés peut être de courte durée et de longueur variable, et un diplôme de techniciens a été introduit.

Les méthodes pédagogiques sont obsolètes, et se focalisent sur les cours magistraux et les prises de notes au lieu de mettre l'accent sur les débats, la résolution de problèmes et le travail de groupe. Les examens et les évaluations se basent sur les connaissances théoriques, sans aucune implication des employeurs dans le processus.

Enseignants

Le nombre d'enseignants dans les CFPs et les LTPs publics a été maintenu à un niveau constant d'environ 1000 entre 1998 et 2005, suite à un gel du recrutement des employés du secteur public. En conséquence, la majorité du personnel enseignant a entre 55 et 58 ans, soit proche la retraite fixée à 60 ans. Les départs en retraite vont provoquer une baisse de la disponibilité des enseignants. Bien que la majorité soit qualifiée, en particulier dans les LTPs, près de 20% détiennent des diplômes correspondant à leur niveau d'enseignement et seuls 9% sont titulaires de diplômes d'ingénieur. Une difficulté dans l'adaptation des cours aux besoins de marché du travail est le manque d'enseignants dans le domaine et l'incapacité d'ajuster les postes d'enseignants puisqu'ils appartiennent à la fonction publique. L'expérience pratique préalable dans l'industrie n'est pas exigée et la plupart n'a aucune connaissance des opérations industrielles.

Les enseignants de l'EFTP n'ont pas de formation initiale et la formation continue est limitée. La principale institution de formation continue est l'Institut national de formation (INFOR), et a formé 250 enseignants en 2005. Cependant, les mécanismes de sélection des enseignants à former ne sont pas transparents, et en raison des échanges industriels limités, les enseignants ne peuvent se conformer aux avancées technologiques.

Supports d'apprentissage

Il n'y a pratiquement aucun support d'apprentissage et les élèves doivent copier et étudier les notes des enseignants.

Dans les pays à fort système d'EFTP, des personnes externes participent aux examens pour assurer l'objectivité. Les examens sont trop chargés pour les élèves, avec 9 à 11 épreuves différentes au LTP (comparativement à six au lycée général).

Priorités pour la réforme

La réforme du primaire et du collège constitue un élément positif pour l'EFTP, et offre la possibilité d'introduire la flexibilité et la pertinence dans les programmes. Les entrants dans l'EFTP seront davantage instruits (au moins 7 ans d'enseignement primaire), ce qui permettra d'alléger l'enseignement général de ces cours du primaire. Toutefois, la question est de savoir s'il faut ouvrir la formation professionnelle après 7 ans d'enseignement primaire ou 10 ans d'enseignement fondamental. L'expérience internationale montre qu'il est préférable de reporter la spécialisation jusqu'à ce que les élèves soient capables de choisir leur profession. Les employeurs n'exigent pas souvent de longues formations pour les travailleurs débutants, et préfèrent les former sur le tas. La politique malgache est de progresser vers l'offre d'un enseignement fondamental pour tous. La stratégie pour le collège inclut également l'offre d'écoles ouvertes, avec un niveau élevé de contenu professionnel. Dans l'avenir, il semble cependant plus approprié de commencer la formation professionnelle après 10 ans d'enseignement fondamental.

Si la formation professionnelle est ouverte après 7 ans de primaire, il devrait être possible de réduire la durée de plusieurs formations professionnelles dans les CFPs à six ou neuf mois (comparativement à deux ou trois ans à l'heure actuelle). Cela doublerait ou triplerait le nombre de diplômés. Dans tous les cas, les CFPs ne devraient pas prévoir un programme d'études de trois ans d'études en parallèle du collège.

La formation de techniciens au lycée technique (LTPs) devrait être prolongée et une répartition régionale plus équilibrée devrait être réalisée en impliquant les régions et les communes.

L'introduction de nouveaux cours pour les secteurs prioritaires devrait faire l'objet de la réforme des programmes, des méthodes pédagogiques et d'évaluation. Une concentration sur moins de matières, avec plus d'accent sur les sciences et les mathématiques, serait souhaitable pour l'amélioration de la qualité. Une réduction de la durée des cours au temps nécessaire pour l'enseignement des qualifications, une formation polyvalente, une focalisation sur les qualifications génériques, et une approche modulaire pour une entrée et une sortie faciles seront également très souhaitables.

La formation initiale et continue des enseignants représente un défi majeur. Du fait des ressources limitées, l'accent devrait être mis sur les nouveaux cours. Il serait nécessaire de concevoir un système de financement de la formation continue et de permettre à l'INFOR de s'autofinancer. Les réformes pour le développement de l'enseignant sont largement discutées à la fin du chapitre.

Cependant, le plus important défi dans l'amélioration de la qualité et de la pertinence est d'impliquer les employeurs dans la définition des besoins de formation et dans l'examen et la certification des acquisitions de qualifications. Ces mesures sont traitées en détail dans le chapitre 8 sur les mécanismes de gouvernance.

Enseignement supérieur

Le système malgache d'enseignement supérieur comprend six universités, deux instituts non universitaires offrant 2 ans de cours technologiques, un organisme public d'enseignement à distance, et près de 20 instituts non universitaires privés. Les universités publiques totalisent quatre cinquièmes des étudiants, dont les 60% environ sont à l'Université d'Antananarivo et les 14% à l'Université de Toamasina. Les quatre autres universités accueillent entre 1500 et 4000 étudiants, beaucoup moins que l'effectif minimum pour une université multidisciplinaire offrant des cours de premier et de troisième cycles. Les inscriptions à l'enseignement à distance s'opèrent à travers 24 centres régionaux, mais enregistrent une baisse continue depuis ces 10 dernières années pour se situer actuellement à 15% du total des inscriptions du supérieur, alors que sur la même période, les inscriptions dans le secteur privé ont augmenté à près de 8% (en partant de 0).

Structure et programmes

La plupart des programmes universitaires sont basés sur un modèle traditionnel d'enseignement de longue durée, lequel existait avant dans plusieurs pays de l'Europe continentale et comprenait trois cycles à durée variable. La classification des diplômes se base sur le nombre d'années après le baccalauréat. Le premier cycle de deux ans mène au Diplôme d'enseignement universitaire général (DEUG ou Bac+2) ; le deuxième cycle d'une durée de 2 à 3 ans mène à la licence ou à la maîtrise (Bac+3/4) ; et le troisième cycle, à un diplôme professionnel de niveau supérieur (Diplômes d'études supérieures spécialisées—DESS-en 1 an) ou à un doctorat.

Cette structure a été changée en France et dans la majorité des pays européens, avec une réorganisation des programmes universitaires en Licence-Maîtrise-Doctorat ou LMD conformément aux tendances internationales. Les licences sont obtenues en 3 ans et la maîtrise en 2 ans additionnels.

A Madagascar, le premier diplôme nécessite encore 5 années d'études dans de nombreuses disciplines. Les deux premières années menant au DEUG mettent l'accent sur la formation théorique de base en mathématiques ou en sciences, considérée comme inappropriées pour l'emploi des étudiants de premier cycle. Le diplôme le plus fréquent pour l'ingénierie est le Diplôme d'ingénieur, équivalent à un BAC+5. La réforme LMD vient de commencer avec la publication d'un cadre directeur au début de 2008 ; les réglementations devant orienter la réforme seront bientôt publiées.

La structure du programme universitaire malgache contribue à la faible efficacité interne indiquée plus haut, avec de forts taux d'échecs, d'abandons et de redoublements. Par exemple, dans les sciences appliquées, l'ingénierie et la technologie, Madagascar produit peu de diplômés du premier cycle et d'ingénieurs malgré l'inscription de plus de 9000 étudiants (soit près de 20% des inscriptions totales). En 2005/06, les institutions publiques ont produit 508 diplômés de niveau DEUG, et les deux IST, 334 autres diplômés dans le programme technique (soit un total de 842 diplômés). Pendant que la plupart des diplômés d'IST peuvent accéder à l'emploi, les diplômés des institutions publiques doivent poursuivent leurs études puisque leur diplôme n'est pas apprécié sur le marché du travail. On dénombre 583 diplômés de niveau Bac+3 et 426 de niveau Bac+4. Seuls 294 sont diplômés en ingénierie (Figure 24).

Les IST, avec leurs cours de courte durée pour la formation des techniciens supérieurs, accueillent cependant moins de 1000 étudiants, soit près de 11% des inscriptions dans les SAIT et 2% seulement des inscriptions de l'enseignement supérieur.

Les programmes sont aussi surchargés dans l'enseignement supérieur. Dans les programmes de SAIT, les étudiants suivent 40 heures de cours magistraux et de travaux de laboratoire par semaine ; c'est bien au-delà de la moyenne de 26 à 30 heures observées dans le monde. Les 16 heures affectées aux travaux pratiques et expérimentaux sont rarement effectives, en raison de l'état vétuste des laboratoires, des ateliers et des matériels. La méthode didactique la plus fréquente est le cours magistral, sans aucun support écrit. Peu de temps est consacrés aux mémoires, aux recherches personnelles ou au travail en bibliothèque. Les professeurs d'université n'ont que 5 heures obligatoires de cours par semaine, une charge de travail faible pour la simple raison qu'ils doivent consacrer 15 à 20 heures à la recherche. Dans la pratique, aucun travail de recherche n'est effectué, et les professeurs donnent des cours supplémentaires payés par les universités et/ou les institutions privées. Les cours supplémentaires impliquent des revenus complémentaires aux professeurs, et dépassent désormais le nombre d'heures officielles dans une large mesure. Cette question est examinée plus en détail dans le chapitre sur les coûts et le financement. En dehors des coûts élevés qu'elle génère, sa pratique présente également des effets pervers sur la qualité de l'enseignement, avec peu de temps dédié à la préparation et l'évaluation.

Les professeurs

L'âge moyen du personnel enseignant dans les universités est de 55 ans. Comme dans les institutions d'EFTP, cette situation a été engendrée par un gel du recrutement des fonctionnaires en vigueur depuis presque deux décennies (excepté dans les secteurs prioritaires comme l'enseignement primaire et la santé), et menace le fondement du système universitaire. Il n'y a aucune perspective de développement du corps professoral. Beaucoup d'enseignants prennent des initiatives pour essayer de sécuriser les projets de recherche en collaboration avec des universités étrangères.

Ressources d'apprentissage

La qualité des bibliothèques et des laboratoires disponibles est médiocre. La plupart des cinq universités régionales n'ont pratiquement rien. Les bibliothèques n'ont effectué

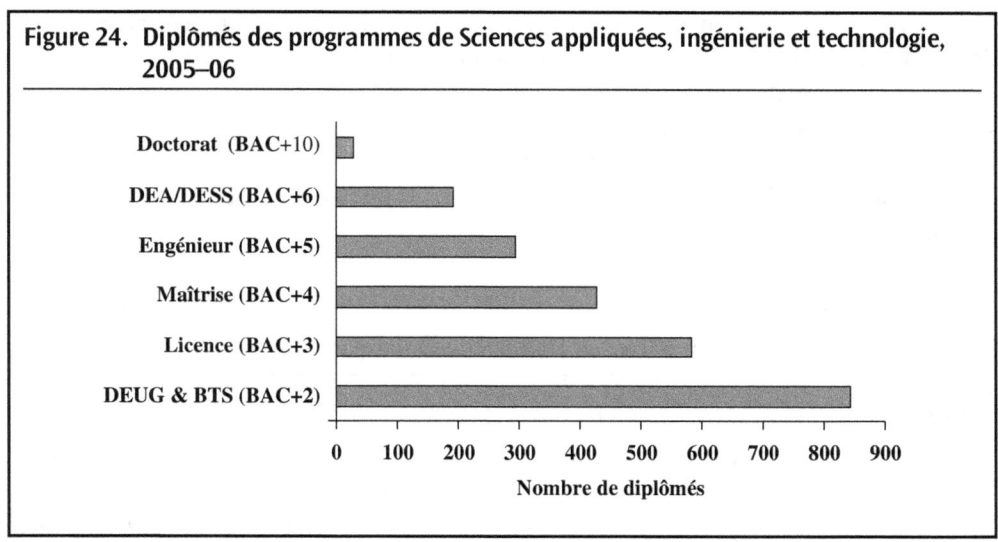

Source: Analyse des données du MEN par la Banque mondiale.

aucune acquisition majeure depuis plus de dix ans, l'infrastructure en TIC est soit très pauvre, soit non disponible, et l'accès à Internet est lent et incertain. Les conditions de cours en sciences appliquées et en technologie sont dégradées, avec peu ou pas d'équipements ou de fournitures dans les laboratoires et les ateliers. Dans la plupart des cas, il n'y a pas de techniciens de laboratoire qualifiés pour réparer les équipements ou soutenir la composante pratique du programme. Les bâtiments sont délabrés ; l'Université de Toliara gère la majorité de ses cours dans des structures temporaires construites pour des ouvriers en bâtiment depuis trois décennies. Les IST et certains organismes quasi-indépendants dans les universités constituent toutefois quelques exceptions. Il s'agit par exemple de l'*IHSM, l'ENS et le Laboratoire de biochimie fondamentale et appliquée.* Ces organismes se distinguent par leur capacité à lever des fonds, à les utiliser pour améliorer l'apprentissage et à gérer leurs installations.

Priorités pour la réforme

L'état très dégradé des universités et l'effet cumulé des années de négligence impliquent des besoins énormes. Une priorisation minutieuse apparaît nécessaire, principalement à cause des contraintes de ressources dans le moyen terme. La première priorité est de sélectionner les cours et les disciplines du premier cycle importants pour le développement économique du pays. Les choix appropriés devraient portés sur les cours de sciences appliquées, d'ingénierie et de technologie, la formation des enseignants, les études en santé, en communication, en économie et en gestion. La deuxième est d'étendre l'offre de cours de courte durée pour la formation de techniciens supérieurs, éventuellement par la création de nouveaux IST dans différentes régions, ou en permettant aux universités d'offrir des cours similaires avec de nouvelles dispositions pour le contrôle de qualité, la participation patronale et la gouvernance.

La troisième réforme prioritaire pour améliorer la pertinence et la qualité est d'accélérer l'évolution vers le système LMD d'une manière structurée, en ciblant des cours prioritaires spécifiques au premier cycle. Cette réforme, qu'il convient de soutenir avec un financement adéquat pour l'élaboration des cours, une revalorisation des professeurs et des infrastructures, des TIC et des matériels additionnels, va permettre d'opérer la révision des programmes et des méthodes pédagogiques, y compris l'introduction de qualifications générales utiles dans les cours. Elle va également beaucoup améliorer le flux d'étudiants et l'efficacité interne. Diverses méthodes ont été mises à l'essai dans des pays européens, y compris dans les pays candidats à l'adhésion à l'UE, parmi lesquelles certaines peuvent être plus appropriées pour Madagascar (Encadré 3).

Encadré 3. Stratégies pour passer au LMD dans certains pays européens

Norvège

- En 2003, la structure Licence-Maîtrise a été introduite par la loi avec des directives générales pour la conception de nouveaux diplômes et programmes d'études.
- Il y a eu une phase de transition jusqu'à 2005, à la suite de laquelle tous les programmes d'études ont été convertis.
- Les conseils d'université sont souvent impliqués dans la prise de décision sur les nouveaux programmes d'études.

Pays-Bas

- En 2002, la nouvelle loi sur l'enseignement supérieur a établi que dès 2002–03, les « hogeschlen » (les universités et leurs équivalents) devaient convertir leurs anciens programmes d'études pour correspondre aux nouvelles structures Licence-Maîtrise dans un délai de deux ans.
- Les programmes d'études nouvellement développés devaient suivre la structure Licence-Maîtrise, tandis que la conversion des programmes d'études existants doit être réglementée dans la nouvelle structure jusqu'en 2007 comme une clause discrétionnaire.
- Le nombre de programmes en Licence et en Maitrise a beaucoup augmenté depuis l'introduction de la loi sur l'enseignement supérieur de 2002.

Autriche

- Avec la loi sur l'université de 2002, les universités autrichiennes sont devenues juridiquement indépendantes et sont désormais capables de décider elles-mêmes de la conversion des programmes d'études existants dans la structure progressive.
- Certaines matières sont déjà entièrement converties au modèle Licence-Maîtrise (en particulier dans l'informatique et les disciplines techniques), alors que la conversion les disciplines de droit, de théologie, de lettres et de culture est particulièrement lente.

France

- Sur la base de plusieurs arrêtés ministériels du printemps 2002, le processus de mise en œuvre des programmes de Licence et Maîtrise s'est déroulé chronologiquement par vagues régionales consécutives.
    + 1^e vague de 2003 à 2006 dans 23 universités;
    + 2^e vague de 2004 à 2007 dans 32 universités;
    + 3^e vague de 2005 à 2008 dans 16 universités;
    + 4^e vague de 2006 à 2009 dans 17 universités;
- La durée des vagues correspond au contrat de quatre ans qui lie les universités régionales au Ministère de l'Education et qui constitue la base de négociation du budget.

(continué)

> **Encadré 3. Stratégies pour passer au LMD dans certains pays européens (*Continué*)**
>
> ♦ Tous les nouveaux programmes d'études seront d'abord élaborés par les professeurs, puis acceptés par le Conseil d'administration et le Conseil de l'enseignement supérieur de chaque institution avant d'être soumis au Ministère pour approbation.
>
> **Hongrie**
>
> ♦ Un décret a été publié en 2004 pour que le processus de conversion soit suivi par une loi sur l'enseignement supérieur au début de 2005.
>
> ♦ Dans le cadre des groupes de travaux nationaux, les exigences d'enseignement et de qualifications ont été définies, sur la base duquel des programmes d'études concrets peuvent être élaborés.
>
> ♦ A partir de 2006/2007, des programmes détaillés de Licence doivent être établis dans toutes les universités hongroises. Les programmes de Master devront également être développés plus tard.
>
> **Albanie**
>
> ♦ En contournant la loi, l'organisation des études du premier cycle dans certaines branches/cours pilotes a été finalisée conformément à la « Déclaration de Bologne ».
>
> ♦ Avec la signature de la « Déclaration de Bologne » en septembre 2003, son application est entrée en vigueur dans certains cours pilotes durant l'année académique 2004–05 dans 6 écoles d'enseignement supérieur.
>
> ♦ Des groupes de travail ont été créés pour superviser le système.
>
> *Source :* Alesi et al, 2005. et Rapport national sur le processus de Bologne en Albanie 2005.

En plus de la réforme LMD, le développement académique des professeurs dans les domaines critiques peut être organisé par plusieurs jours de séminaires et d'ateliers. Ces derniers pourraient se concentrer sur des thèmes généraux de renforcement de capacité comme les méthodes de recherche, l'utilisation des TIC pour l'enseignement et la recherche, les méthodes pédagogiques et les présentations sur l'état de recherche et de la littérature dans certains domaines prioritaires. En outre, un programme de développement de personnel peut être établi pour encourager les étudiants à obtenir des maitrises ou des doctorats dans les disciplines indispensables pour combler la demande en enseignants. Ces mesures devront être complétées par des changements dans le recrutement et la rémunération des professeurs, lesquels sont discutés plus loin dans ce rapport.

Madagascar pourrait également envisager de développer davantage les partenariats avec des universités étrangères. A l'heure actuelle, il y a quelques cas isolés de collaboration, notamment sur la délivrance de diplômes conjoints. Plusieurs pays en développement d'Asie et d'Afrique anglophone utilisent systématiquement ces partenariats pour renforcer la capacité des institutions publiques et privées dans certains domaines, et pour créer des modèles d'excellence avec de nouveaux programmes, méthodes pédagogiques et d'évaluation, savoirs universitaires ingénieux, et méthodes modernes de gestion. Les exemples de partenariats vont des accords de franchise et de jumelage à des accords de diplômes conjoints et de campus entièrement détenus par les universités étrangères (Bashir, 2007). Le nombre de partenaires est également en augmentation, avec des institutions de haute qualité dans les pays en développement en concurrence avec les universités des pays développés. L'expérience internationale montre qu'un leadership et un engagement fort du gouvernement, ainsi qu'une analyse technique solide, sont nécessaires pour maximiser les avantages de ces partenariats et éviter le risque d'escroqueries. Une politique claire, un cadre réglementaire solide pour les partenaires étrangers et des mesures d'accréditation et d'assurance de qualité sont des conditions préalables essentielles pour réduire les risques pour les deux parties prenantes.

Enfin, comme dans les autres sous-secteurs, les réformes mises en œuvre par les institutions elles-mêmes ont plus de chances de réussite. Elles exigent des mécanismes de financement novateurs, comme des subventions compétitives et des changements de structure de gouvernance des universités, lesquels sont examinés plus loin dans ce rapport.

Formation des enseignants, une réforme prioritaire dominante

Les enseignants constituent la composante essentielle de toute stratégie visant à améliorer la qualité de l'enseignement. La formation et le développement professionnel des enseignants devraient être l'une des priorités principales de la réforme de l'enseignement post-fondamental à Madagascar. En raison de la particularité de l'EFTP, la possibilité d'étendre l'INFOR pour former les enseignants de ce sous-secteur devrait être évaluée. Cette section se focalisera sur les enseignants de lycée et les professeurs d'université.

Le vieillissement du corps enseignant constitue à la fois un défi et une opportunité—défi puisqu'il faudra davantage d'enseignants, et opportunité puisque l'ensemble du corps enseignant peut être renouvelé sur une période de 15 ans—, à condition que les stratégies appropriées soient adoptées. Le nombre exact de nouveaux enseignants nécessaires par an dépendra du degré d'extension de l'enseignement post-fondamental, mais quel que soit le scénario, des milliers d'enseignants doivent être formés sur les dix prochaines années. Les réformes prioritaires spécifiques pour le lycée et les institutions d'enseignement supérieur sont les suivants :

Enseignants du lycée

Diverses stratégies devront être développées, en prenant en compte la disponibilité des institutions et le niveau des ressources. Étant donné l'insuffisance des capacités institutionnelles de formation et le faible nombre de formateurs des enseignants actuels, il est préférable d'envisager une stratégie à deux volets.

- Commencer par des programmes de développement des enseignants en service, en lien avec les réformes mises en œuvre au niveau de l'école. L'attention doit porter sur l'amélioration de l'enseignement en classe, la familiarisation des enseignants avec les nouveaux supports et méthodes pédagogiques, et l'appui aux enseignants dans leur mise en œuvre. Ces méthodes ne sont pas appropriées pour approfondir la connaissance des contenus des disciplines. L'amélioration de l'enseignement pourrait alors être complétée par des cours additionnels pour accroître la maîtrise des matières pendant les vacances.
- La réforme de la formation initiale doit aborder la question de savoir s'il faut un diplôme d'accès à la formation des enseignants ou une certification supplémen-

taire d'enseignement après une licence ou une maîtrise. Dans le contexte malgache, la dernière option est probablement la meilleure, en raison du besoin d'accroître rapidement l'offre d'enseignants du secondaire. Pour avoir de nouveaux enseignants dans les classes le plus vite possible, la conception des programmes de certification des enseignants pourrait combiner périodes d'enseignement et périodes d'études.

La capacité des universités à former rapidement plus d'enseignants de lycée sera restreinte. Encourager le développement des institutions privées de formation des enseignants, avec des programmes accrédités, constitue une manière d'accroître l'offre. Le gouvernement pourrait soutenir ce développement par un cadre réglementaire approprié, des subventions publiques pour certaines catégories d'étudiants (par ex., dans certaines disciplines ou dans certaines régions), et l'appui au développement des programmes et du matériel. L'enseignement ouvert et à distance constitue une autre perspective encourageante, actuellement très utilisée dans plusieurs pays africains. Enfin, un grand effort doit être déployé pour examiner la formation des formateurs et accroître son offre.

Dans l'élaboration des stratégies, il serait préférable de prendre en compte le projet d'extension du collège et la réforme de son programme. Le MEN envisage effectuer une étude détaillée pour la planification de la formation des enseignants du collège, et cela pourrait être étendu au lycée. L'étude devrait : (i) estimer les besoins annuels en enseignants, par matière, en particulier pour les sciences, les mathématiques et les langues ; (ii) concevoir les qualifications d'enseignant pour chaque catégorie d'enseignant ; (iii) développer des options alternatives pour l'enseignement et la formation initiale et continue, en prenant en compte les coûts, les exigences de renforcement de capacité, et la capacité d'ajustement à travers le secteur privé et/ou l'enseignement ouvert et à distance ; et (iv) évaluer la rémunération et les possibilités de développement de carrière des enseignants.

Professeurs d'université

Un autre défi majeur dans la réforme de l'enseignement post-fondamental est le besoin de développer un corps professoral dynamique pour former les nouveaux enseignants et mener des recherches dans les domaines importants pour la croissance économique de Madagascar. Aujourd'hui, plusieurs professeurs des universités de Madagascar sont proches de la retraite, donnant ainsi la possibilité de restructurer le corps professoral et répondre aux besoins.

Recrutement d'un nouveau corps professoral. Même si le nombre exact doit être estimé, Madagascar a besoin de plusieurs centaines de nouveaux professeurs très qualifiés dans les prochaines années. Il en faut des titulaires de doctorat dans les disciplines prioritaires, avec une longue expérience universitaire. Une stratégie de recrutement bien définie doit être développée pour s'assurer que les nouvelles recrues répondent aux critères. Avant de s'engager dans le recrutement, le ministère doit examiner les questions essentielles suivantes :

- Méthode de répartition des postes et des domaines prioritaires
- Attentes en matière de qualité
- Formation complémentaire pour les non titulaires d'un doctorat
- Vacations contre postes réguliers.

Méthode de répartition des postes. Pour réorienter les programmes universitaires, la poursuite de la méthode actuelle de « répartition automatique » basée sur l'augmentation non maîtrisée des inscriptions ou sur les seules décisions universitaires doit être évitée. Les priorités doivent être définies à la fois par les universités et le ministère, en prenant en compte les domaines prioritaires fixés par le gouvernement et basés sur les besoins de développement économique et du marché du travail. Le choix des domaines prioritaires doit être effectué par le ministère, principal bailleur de fonds et responsable pour orienter les universités vers les besoins de développement économique du pays. Les critères de sélection des domaines prioritaires doivent être basés sur les besoins du marché du travail, en impliquant éventuellement les universités dans l'identification de certains domaines prioritaires à partir d'éléments factuels. Des règles précises pour l'examen des propositions et la répartition des postes doivent être développées.

Attentes en matière de qualité. L'idéal est d'insister que tous les candidats soient titulaires d'un doctorat, mais cela peut être impossible à court terme. Les non titulaires doivent être immédiatement envoyés en formation pour le doctorat après leur recrutement. Toutefois, leurs postes doivent être conditionnés par l'obtention d'un doctorat en trois ans dans le cadre d'un programme approuvé. En raison de la faible capacité nationale de recherche, la possibilité d'une formation doctorale à moindre coût à l'étranger doit être étudiée. Puisque Madagascar est membre de la SADC, l'Afrique du Sud représente une option intéressante, mais des possibilités sont également disponibles dans les pays asiatiques. Les programmes bilatéraux avec les pays européens doivent également être explorés. Le principal rôle du ministère serait d'identifier les programmes susceptibles d'être approuvés, sécuriser le financement et les accords, développer les réglementations et faciliter la formation rapide des jeunes recrues.

Restrictions d'âge. La majorité des candidats doit avoir moins de quarante ans, avec un doctorat obtenu dans la trentaine au plus tard. Cela nécessitera de plafonner l'âge dans le nouveau recrutement, et les méthodes pour le faire doivent être étudiées.

Vacations contre postes réguliers. Le Ministère doit envisager de recruter chaque nouveau professeur sous une forme de contrat d'emploi, avec renouvellement et augmentations de salaire basés sur l'excellence de la performance. Les contrats peuvent être établis pour une période initiale de trois ans. Pour attirer les bons candidats et refléter le faible niveau de sécurité et le fort niveau de performance attendu, le recrutement initial et le premier renouvellement doivent être rémunérés avec un salaire moyennement élevé.

D'autres renouvellements pourraient entraîner une promotion et une plus grande augmentation du salaire. Les professeurs dont les contrats ne sont pas renouvelés ne seraient pas en mesure de poursuivre après la période de grâce. Une fois la stratégie adoptée, le ministère doit élaborer les réglementations détaillées et le processus doit être mis en œuvre de manière transparente. Cependant, des changements doivent être introduits dans les méthodes de paiement des heures supplémentaires pour s'assurer que les professeurs vacataires sont récompensés pour leur excellente performance et que les mesures d'incitations ne sont pas faussées.

Développement des professeurs. Une stratégie pour le développement des professeurs doit être conçue, en prenant en compte à la fois les besoins immédiats à court terme et le développement des professeurs à long terme. Pour répondre aux besoins de court terme, une série d'ateliers peut être organisée par le ministère ou l'une des universités, avec l'objectif d'améliorer les connaissances dans les domaines importants, les méthodes d'enseignement et d'apprentissage (y compris l'utilisation de nouveaux supports et de l'Internet), et les méthodes d'évaluation et de recherche pour suivre l'évolution dans les domaines de spécialisation. Si la mise en œuvre peut être décentralisée aux universités, la planification et le financement sont mieux assumés au niveau central pour optimiser l'utilisation des ressources. Les universités pourraient identifier des listes d'orateurs et de présentateurs potentiels avec la facilitation du ministère sur le processus.

Le développement à long terme doit inclure la dotation de support de recherche. Compte tenu de la nécessité de concentrer les financements sur l'instruction, le montant affecté aux supports de recherche doit être mieux ciblé et suivi. La priorité doit être donnée aux jeunes boursiers, avec des financements complémentaires compétitifs pour d'autres travaux de recherche. L'accent sera mis initialement sur la recherche appliquée.

CHAPITRE 5

Accès et équité de l'enseignement post-fondamental

Si la première des priorités pour Madagascar est d'améliorer la qualité et la pertinence de son système d'enseignement post-fondamental, le pays doit également, pour plusieurs raisons, mettre en place des stratégies visant à développer cet enseignement. Premièrement, accroître le faible taux d'inscription enregistré actuellement dans l'enseignement post-fondamental est un impératif stratégique pour Madagascar. Cela est en effet indispensable, si on désire élever le niveau de formation de la main d'œuvre durant les quinze à vingt prochaines années et développer un capital humain permettant de participer à l'économie du savoir. Deuxièmement, il est nécessaire d'assurer une plus forte participation des groupes à faible revenu, aujourd'hui virtuellement exclus de l'enseignement secondaire et supérieur. Renforcer la possibilité d'accès à l'éducation pour les plus démunis a un impact global considérable sur l'augmentation des salaires, ainsi que sur la mobilité et la cohésion sociale. Sur le plan de l'équité, dans le contexte malgache où le développement rural et régional est l'un des piliers du PAM, la dimension régionale est un autre élément à prendre en considération. Troisièmement, le gouvernement peut difficilement se permettre d'ignorer la pression que génère l'accroissement du nombre d'élèves et d'étudiants au sein du système éducatif, qui est le résultat combiné de la croissance démographique et d'un taux d'achèvement de l'enseignement primaire plus élevé.

A moins de mettre rapidement en place des mesures destinées à augmenter l'accès à l'éducation, le pays risque de voir ses rares ressources absorbées par l'extension d'un système actuel très dispendieux et inefficace. La pression liée à la présence de milliers d'élèves et d'étudiants supplémentaires chaque année ne peut être ignorée par les responsables politiques. Plutôt que d'adopter des mesures *ad hoc* risquant de saper les réformes visant à améliorer la qualité et la gouvernance, il serait préférable de mettre à profit les années qui viennent pour diversifier l'accès et améliorer l'équité.

Les mesures destinées à améliorer l'accès et l'équité peuvent prendre la forme d'une hausse de l'offre publique, mettant à disposition des fonds publics visant à stimuler la demande et à compenser les coûts du privé, ou encore d'une meilleure utilisation du secteur privé et des nouveaux systèmes de distribution. Ce chapitre analysera chacun de ces facteurs.

Un boom démographique est prévu, qui renforcera la demande en enseignement post-fondamental

Entre 2005 et 2015, la tranche d'âges correspondant à l'enseignement post-fondamental, c'est-à-dire le groupe des jeunes entre 15 à 24 ans, augmentera d'environ 3,3% par an, un taux qui aura tendance à retomber à près de 2,4% par an entre 2015 et 2025. Entre 2005 et 2025, le nombre de ceux qui auront entre 15 et 19 ans augmentera de 60%, passant d'environ 2 millions à 3,2 millions, tandis que le nombre de ceux âgés de 20 à 24 ans croîtra de 76%, passant, lui, de 1,7 à 2,8 millions.

Des dispositions doivent donc être envisagées pour répondre aux besoins à venir de milliers d'élèves et d'étudiants supplémentaires, même aux taux de participation actuels, et selon des indicateurs efficaces. Une amélioration à ce sujet entraînerait une augmentation automatique du nombre d'élèves souhaitant poursuivre leurs études aux niveaux supérieurs de l'enseignement. Par exemple, une augmentation du taux de réussite au *baccalauréat* aurait pour effet d'augmenter le nombre de candidats admissibles à l'enseignement supérieur. Si une telle augmentation est souhaitable en elle-même, les flux d'étudiants entrant à l'université devront néanmoins être gérés efficacement, sans leur enlever pour cela la possibilité de suivre un cursus d'enseignement supérieur.

Augmentation de l'offre publique

La disponibilité des moyens publics est la principale contrainte de Madagascar face à l'augmentation de l'offre publique. Quelles que soient les solutions alternatives envisagées, l'offre publique continuera d'être nécessaire en milieu rural, au lycée et à l'EFTP, ainsi qu'à l'enseignement supérieur. L'une des façons d'augmenter cette offre avec des ressources limitées consiste à chercher comment réduire les coûts unitaires. Les mesures visant à diminuer le coût des moyens mis en œuvre dans le processus d'enseignement (tels ceux des constructions et des équipements) sont certes à ne pas négliger, mais elles ne sont pas les seules. La mise à disposition d'une école peut avoir un coût important à cause de programmes d'étude très spécialisés, qui augmentent les besoins en professeurs et en locaux. De plus, les coûts unitaires (d'un diplômé) peuvent également s'accroître sensiblement avec de forts pourcentages d'abandons, de redoublements et d'échecs.

Les réformes des structures, des programmes d'études, des méthodes d'enseignement et d'évaluation, qui ont été envisagées au chapitre précédent ne sont donc pas uniquement nécessaires pour rehausser la pertinence et la qualité. Elles contribuent également, de manière significative, à renforcer l'accès, en réduisant le coût de l'offre et en améliorant l'efficacité interne du système.

L'une des implications que cela suppose est que toute nouvelle offre publique devrait être entièrement liée à la mise en phase des nouvelles structures des programmes d'études, et des mesures d'amélioration de la qualité et de l'efficacité interne. Le gouvernement pourrait décider, par exemple, de créer de nouveaux lycées publics ne proposant que des programmes d'études et des modèles pédagogiques nouveaux. Une telle décision serait par ailleurs conforme à la stratégie de mise en œuvre des réformes selon un modèle scolaire.

Les choix pédagogiques peuvent influencer fortement les coûts des infrastructures et des équipements. Ils sont plus importants aux niveaux supérieurs de l'enseignement que dans l'éducation primaire. Le coût d'un laboratoire peut être multiplié par cinq, selon la façon dont les expériences sont conduites. Une expérience de démonstration faite par un professeur est l'option de coût la moins coûteuse, mais elle ne présente qu'une valeur pédagogique limitée. Adjoindre à l'enseignant un matériel informatique augmente le coût, mais de manière peu significative. En revanche, fournir des équipements et un espace à de petits groupes d'étudiants pour qu'ils puissent mener leurs propres expériences croît fortement les coûts.[13] La décision de prévoir des laboratoires intégrés ou distincts pour les sciences a également un impact très sensible sur les coûts.

La rationalisation de l'offre d'installations coûteuses et la garantie de leur pleine utilisation sont donc des impératifs, en particulier au lycée et à l'EFTP. L'une des possibilités est de grouper les lycées par « série » et de ne fournir des laboratoires qu'à ceux qui se spécialisent en science, de manière à bénéficier d'économies d'échelle. Une autre consiste à créer ces équipements dans certains établissements choisis et à permettre à un réseau d'écoles d'y accéder. De tels modèles sont plus susceptibles de fonctionner en milieu urbain qu'en milieu rural, où la faible densité de la population rend nécessaire l'élaboration d'autres modèles. C'est cette diversité dans les caractéristiques de l'île, et sa taille, qui nécessitent cette diversité de modèles. Dans tous les cas et avant un lancement à grande échelle des modèles choisis, les défis lancés à leur conception et à leur mise en œuvre exigent une gestion, une expérimentation et une évaluation prudente.

Dans l'enseignement supérieur, les universités pourraient être choisies pour des spécialisations dans certaines disciplines (en particulier en science et technologie). Ceci, une fois de plus, pour assurer des économies d'échelle.

Afin de promouvoir une équité régionale et d'assurer un meilleur accès aux populations sous-desservies, là où l'offre publique serait nécessaire (parfois à des coûts supérieurs à la moyenne en raison de faibles densités de population), des critères clairs doivent être intégrés dans les cycles de planification et d'allocation budgétaire, actuellement inexistants. Le ministère pourrait effectivement adapter le modèle développé pour l'offre d'écoles primaires. Celui-ci met en équivalence le besoin d'offrir un accès général aux niveaux 1 à 5, dans un rayon de 2 km de chaque village, et la nécessité d'offrir plus de classes de niveaux 6 et 7 dans le nouveau cycle primaire. Ce modèle implique un processus d'allocation en deux étapes. Dans la première, le ministère définit une enveloppe budgétaire pour chaque district, en utilisant une formule pondérée, qui tient compte de la population d'âge scolaire primaire, de la densité de la population et du pourcentage d'inscriptions. Dans la seconde, chaque district

---

13. Basé sur des estimations non officielles, collectées dans le cadre de l'étude régionale de la Banque mondiale sur l'enseignement secondaire en Afrique. Le coût d'un laboratoire de chimie pour 40 étudiants dans lequel le professeur fait la démonstration des expériences coûterait environ 10 000 euros. Si les étudiants sont répartis en 13 groupes de 3 avec l'équipement nécessaire pour chaque groupe, le coût passerait à 45 000 euros. Fournir du matériel informatisé supplémentaire aux enseignants et aux étudiants ferait passer le coût à 55 000 euros. Selon les estimations, le coût d'un laboratoire de physique et de biologie est encore plus élevé.

détermine l'allocation par commune/communauté en prenant en compte deux priorités : offrir une école aux villages ne disposant d'aucun établissement et veiller à ce que les écoles proposant des cycles incomplets soient mises à niveau.

Contributions de la demande

Entre 1960 et 1972, Madagascar avait un programme de bourses destiné à favoriser la scolarisation des élèves issus de familles pauvres. Depuis, aucun programme gouvernemental systématique n'a vu le jour dans l'enseignement scolaire, même si les étudiants du supérieur continuent de bénéficier de bourses. Alors qu'elles étaient théoriquement destinées à aider les étudiants les plus défavorisés, elles sont devenues en pratique un droit, au cours des dix dernières années. Aujourd'hui, presque tous les étudiants inscrits dans un établissement d'enseignement supérieur reçoivent une bourse du gouvernement. La proportion de bénéficiaires est passée de 52% en 1993 à 83% en 2006.

La situation actuelle accentue les inégalités dans l'accès à l'offre post-fondamental, en attribuant des bourses à tous les étudiants du supérieur, dont la grande majorité sont issus des 20% des familles les plus riches de Madagascar, alors que ceux des quintiles inférieurs n'en bénéficient d'aucune. Concevoir un programme de bourse promouvant la participation des étudiants défavorisés au lycée et à l'EFTP devrait être une priorité absolue. Mais l'un des aspects critiques d'une telle conception est de savoir comment déterminer des critères d'éligibilité transparents. Dans les pays agricoles à faible revenu, évaluer le revenu familial n'est pas une chose aisée. Une possibilité consisterait à cibler les étudiants originaires de zones rurales ou venant de districts, et choisis pour leurs faibles pourcentages d'inscriptions, puisque la pauvreté à Madagascar est géographiquement localisée. Cibler les filles peut également être une option. Toutefois, une étude a montré que cela pouvait poser des problèmes aux familles, car dans les familles pauvres, ce sont aussi bien les garçons que les filles qui n'ont pas accès à l'enseignement secondaire. Un autre moyen pour s'en sortir serait de réduire les coûts administratifs et de contrôle.[14]

Le programme de bourses universitaires ne répond ni à des critères d'équité ni à des critères d'efficacité. Tout d'abord, les étudiants inscrits dans des établissements d'enseignement supérieur privés ne sont pas éligibles pour des bourses gouvernementales, et il n'existe aucun système de prêt étudiant à Madagascar. Cela crée une situation discriminatoire du point de vue de l'équité et représente une contrainte sérieuse à l'extension du secteur de l'enseignement supérieur privé, que le gouvernement est cependant supposé encourager. Ensuite, bien que les bourses soient attribuées à tous les étudiants, les montants en valeur absolue sont faibles, car les ressources étant rares, elles sont réparties avec parcimonie. De plus, il existe des différences considérables dans la manière que chaque établissement, parfois même chaque

---

14. "Etude de faisabilité sur les transferts d'argent sous condition à Madagascar". Rapport de consultants de la Banque mondiale. Novembre 2005. Cette étude a étudié le cas du programme Ambassador's Girls' Scholarship Program, parrainé par le gouvernement des Etats-Unis à Madagascar. Ce programme a fonctionné pendant six ans dans l'ensemble des six régions. Près de mille jeunes filles en ont bénéficié et ont obtenu une bourse de cent dollars par an (dix dollars par mois durant toute l'année scolaire). Cette somme est seulement destinée à subvenir aux dépenses scolaires des jeunes filles, dont 30% au maximum peuvent être utilisés pour les dépenses alimentaires. Cependant, la rigidité de ce programme et le contrôle strict auquel il donnait lieu engendraient des coûts élevés et un temps important. (Banque mondiale, 2007a).

école/faculté au sein d'une même université, applique la règle. A l'université d'Antseranana, par exemple, tous les étudiants de première année de l'École polytechnique et de formation des enseignants techniques obtiennent une bourse, tandis qu'à la Faculté des sciences, seuls 40% des nouveaux étudiants bénéficient d'une bourse. Les étudiants qui redoublent leur année ne conservent que la moitié de leur bourse, alors qu'ils en conservent l'intégralité à l'université d'Antananarivo. Les étudiants inscrits à l'Institut d'administration des entreprises n'ont droit à aucune bourse. Dans les Instituts supérieurs de technologie (IST), les étudiants qui ne fréquentent pas assidûment les cours perdent leurs bourses. De même, la proportion varie de manière significative d'une université à une autre, avec un seuil relativement faible de 59% à l'université de Mahajanga et un maximum de 90% à l'université de Toamasina.

Les expériences menées sur la conception et la mise en œuvre des programmes d'aide aux étudiants dans l'enseignement supérieur sont nombreuses au niveau international, et elles devraient être étudiées pour trancher en faveur de telle ou telle option. Bourses et prêts peuvent être envisagés, bien que l'expérience montre que les étudiants issus des familles les plus pauvres ne peuvent compter sur les seuls prêts, et ont également besoin d'un financement supplémentaire consenti sous forme de donations. Il est par ailleurs essentiel de simplifier la gestion des prêts, y compris la mise en place de critères d'éligibilité facilement vérifiables, et la réduction des formalités administratives et des garanties requises pour le dépôt des demandes. Garantir une parfaite gestion est indispensable pour assurer la pérennité à long terme de ce système.

Le ministère de l'Éducation pourrait se pencher sur la politique d'aide aux étudiants en prenant en compte les axes suivants :

- Évaluer si les sommes actuelles sont suffisantes pour les étudiants dont les bourses constituent la seule et unique source de revenu, et augmenter les montants en conséquence.
- Définir des critères d'éligibilité en fonction de besoins plus stricts pour assurer un ciblage adéquat des ressources d'aide financière limitée.
- Lier la perspective de conserver une bourse de manière permanente aux résultats académiques des étudiants.
- Entreprendre une étude de faisabilité pour la mise en place d'un système de prêt aux étudiants.
- Évaluer la possibilité de remplacer les bourses des étudiants de première année par des prêts non remboursables en fin d'année pour les étudiants passant en deuxième année.
- Évaluer la possibilité d'accorder des bourses aux étudiants nécessiteux et ayant obtenu de bons résultats, et qui souhaitent s'inscrire dans un institut d'enseignement supérieur privé accrédité.

Systèmes d'apprentissage ouverts et à distance[15]

L'apprentissage ouvert et à distance (EOD) au niveau scolaire et universitaire permet d'améliorer l'accès en introduisant de la flexibilité dans l'apprentissage, pour ceux des étudiants qui

---

15. Les termes *apprentissage ouvert* et *enseignement à distance* représentent des approches centrées sur l'ouverture de l'accès à l'offre d'enseignement et de formation, sur le fait de dégager ceux qui apprennent des contraintes du temps et de l'espace, et d'offrir des opportunités d'apprentissage flexibles aux apprentis, qu'ils soient isolés ou en groupes. (UNESCO, 2002)

ne peuvent poursuivre des études longues ou qui souhaitent reprendre des études, ainsi qu'en réduisant les coûts de l'offre scolaire. Cette dernière utilise un cadre différent et fait appel à des enseignants à temps partiel qui font office de tuteurs. Madagascar dispose déjà d'une certaine expérience dans l'utilisation de l'apprentissage à distance au niveau du supérieur (CENTEMAD-Centre national de télé-enseignement de Madagascar), une méthode qui avait fait des débuts prometteurs mais connaît maintenant une phase de déclin. Non seulement le nombre d'inscriptions a baissé de moitié au cours des dix dernières années, mais le coût de production d'un diplômé est plus élevé que dans le cadre d'un apprentissage individuel, conséquence des taux élevés d'abandon et de redoublement. Des programmes mieux adaptés sont maintenant initiés dans l'enseignement primaire (enseignement par le biais de la radio) et au collège (écoles ouvertes).

Dans le cas de Madagascar, les groupes cibles potentiels sont non seulement des étudiants, mais aussi les enseignants, les travailleurs de la santé et d'autres, là où il est nécessaire d'améliorer les qualifications à grande échelle et relativement rapidement.

La mise en œuvre de systèmes EOD repose sur trois facteurs de succès clés. Tout d'abord, le cours doit être pertinent et utile pour les bénéficiaires et permettre une qualification ou une certification adéquate, validée par le système d'éducation et/ou les employeurs. Cela implique d'assurer la qualité et l'équivalence avec les programmes officiels, faute de quoi ces programmes risquent d'être perçus comme un enseignement de moindre qualité et d'être peu demandés. Ensuite, pour pouvoir fonctionner à grande échelle (c'est-à-dire être des programmes non expérimentaux et non étroitement ciblés), le modèle doit être fondé sur un système permettant un autofinancement sur une période de quelques années seulement—ce qui non seulement assure sa pérennité, mais veille à ce qu'il y ait une pression sur les responsables pour réduire les coûts et s'adapter à la demande. Le choix de mécanismes d'offre et de plate-formes technologiques appropriés est critique. Enfin, une structure de gouvernance adéquate et une gestion professionnelle sont nécessaires.

Les progrès technologiques et le fonctionnement de vastes programmes EOD dans de nombreux pays ont permis de faire fonctionner ces programmes dans des pays à faible revenu et aux infrastructures limitées. L'offre de moyens d'apprentissage à différents niveaux, qui peuvent être acquis facilement, sous forme de matériels brevetés ou d'origine ouverte (souvent en différentes langues) a permis de lever un obstacle—celui du coût élevé du développement des cours. Les modèles fonctionnant dans d'autres pays peuvent être adaptés facilement, en veillant à bien respecter les critères de conception.

Enseignement scolaire. Il existe un grand nombre d'approches, qui intègrent différents types de technologies et divers systèmes de distribution. Les technologies varient de systèmes de correspondance à des chaînes de télévision et de radio éducative, en passant par des systèmes multimédias et des systèmes basés sur l'internet. Les systèmes de distribution se concentrent sur des modèles publics ou des modèles scolaires, bien que ces derniers soient plus appropriés au lycée.

L'Institut national de l'enseignement ouvert (NIOS—*National Institute of Open Schooling*) en Inde, qui est le plus grand système scolaire ouvert au monde, avec près de deux millions d'élèves inscrits, propose des exemples de conception et de mise à disposition de programmes. Sa mission principale est de fournir un enseignement et une formation aux élèves sortis du système scolaire et aux groupes marginalisés, par le biais d'un système très souple d'enseignement ouvert, réelle alternative à l'enseignement secondaire officiel. La figure 25 illustre la structure de ce système d'étude. Le système NIOS reste flexible, concevant des programmes interactifs adaptés aux besoins d'un groupe d'élèves donné, évaluant le savoir qu'ils ont acquis et répercutant les résultats de cette évaluation dans les programmes pour les affiner.

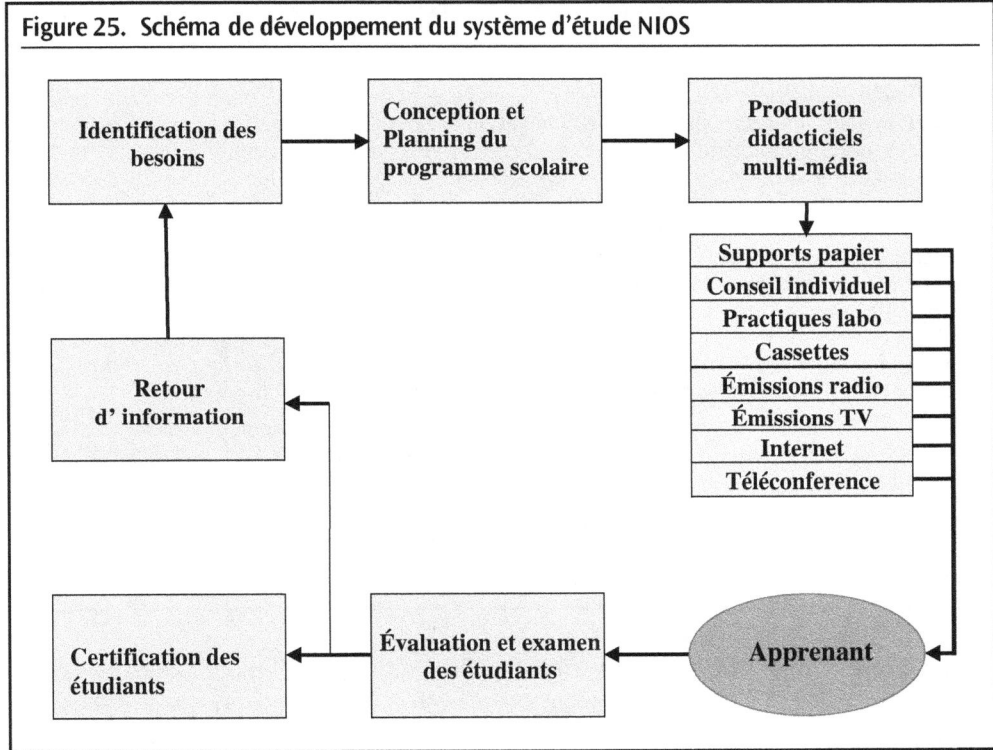

Figure 25. Schéma de développement du système d'étude NIOS

Bien qu'à l'origine, l'objectif principal de cet institut ait été d'assurer un enseignement secondaire, il a maintenant élargi ses qualifications, passant de l'enseignement fondamental au lycée, tant général que professionnel. Il fonctionne désormais par le biais de dix centres régionaux et de trois mille centres d'études répartis dans tout le pays et à l'étranger, assurant un enseignement en six langues et envisageant de s'étendre à l'ensemble des dix-huit langues officielles du pays. (Voir l'encadré 4).

A côté de l'enseignement pour les étudiants, l'utilisation de l'EOD s'étend aux enseignants. Au Brésil, les professeurs du primaire, sans qualifications préalables, reçoivent une formation du système national d'enseignement à distance, le PROFORMAÇÃO. Ce programme combine études personnelles et ateliers bihebdomadaires utilisant à la fois du matériel imprimé et des vidéos.

Niveau du supérieur. Dans le monde entier, les programmes EOD sont les plus populaires au niveau du supérieur, où les étudiants peuvent se consacrer, dans une plus grande mesure, à un apprentissage individualisé. Après le succès de l'expérience Open University conduite en Grande-Bretagne, de nombreux pays (dont des pays en développement) ont suivi ce modèle de format universitaire en faisant appel à des systèmes multimédias intégrés.

> **Encadré 4. Principales caractéristiques de l'Institut national de l'enseignement ouvert en Inde**
>
> *Structure flexible.* Le NIOS offre une grande souplesse dans le choix des sujets/cours, des lieux d'apprentissage et des transferts des crédits, qui proviennent du CBSE et des Écoles ouvertes d'État et qui permettent aux élèves de poursuivre leurs études. Un élève peut avoir jusqu'à neuf chances de se présenter aux examens publics, dans un délai de cinq ans. Les crédits obtenus sont accumulés jusqu'à ce que l'élève obtienne le nombre de crédits nécessaires à sa certification.
>
> *Types de plans d'étude.* Les programmes d'enseignement ouvert du NIOS sont un mélange de systèmes traditionnels d'apprentissage individuel et de méthodes non traditionnelles, telles que des matériels didactiques parfaitement conçus, des programmes audio-vidéos (en mode diffusion et non-diffusion), des vidéoconférences/téléconférences, des films et des programmes audio couvrant les points du programme d'étude, dispensés par des tuteurs dans le cadre de Programmes de contact personnel et évalués par des devoirs notés par le tuteur. De plus, pour les cours, à chaque niveau, du collège ou du lycée ou de la formation professionnelle, des programmes audio et vidéo adaptés aux programmes d'étude correspondants, en sciences, mathématiques, sciences sociales, hindi, anglais, etc., ont également été conçus pour les élèves. Le matériel des cours d'enseignement secondaire du NIOS est disponible à la fois sous forme imprimée et sur l'internet, de façon à pouvoir être utilisé par d'autres étudiants et par qui veut apprendre. Une version sur CD, non gratuite, est également disponible.
>
> *Autofinancement.* Après avoir bénéficié d'un financement du gouvernement indien et de l'assistance technique du Commonwealth of Learning, le NIOS assure désormais son autofinancement grâce aux frais à payer par les étudiants. Les matériels imprimés publiés par le NIOS et destinés aux élèves et étudiants ne sont pas payants. Leurs coûts de production sont intégrés dans la structure des frais de scolarité.
>
> *Source:* Prasad, 2007.

La création d'une université ouverte ou de programmes EOD modernes dans les universités existantes fait l'objet d'un examen très approfondi à Madagascar. Une nouvelle initiative visant à assurer un enseignement à distance par le biais de l'Agence des universités francophones est en cours de discussion. Des études de faisabilité devraient être lancées pour décider du choix des programmes, des étudiants, des mécanismes de fourniture, des plateformes technologiques et des modèles commerciaux. Il pourrait être intéressant de lancer ces programmes dans des disciplines où l'offre peut être rapidement rentabilisée, par exemple dans les études commerciales, les MBA, les langues, la comptabilité, etc. Plusieurs études ont mis en lumière les dix caractéristiques du succès des universités ouvertes. C'est sur cette base que les options envisagées à Madagascar devraient être évaluées (Encadré 5).

Renforcer l'offre du secteur privé[16]

Le secteur privé a connu une croissance rapide depuis 1996, la croissance la plus significative s'étant produite au niveau des lycées. En 2006–07, le secteur privé représentait 54% du second

---

16. Cette section traite à la fois de l'enseignement secondaire et de l'enseignement supérieur. Les statistiques officielles du MEN, ainsi qu'une étude financée conjointement par la Banque mondiale et l'Agence française de développement (d'Aiglepierre, 2008), fournissent toutefois des données plus nombreuses sur l'enseignement secondaire. Cette étude couvrait l'enseignement scolaire, pour lequel une enquête sur les collèges avait été réalisée. Mais la plupart des établissements comportant à la fois collège et lycée, les résultats ont essentiellement une valeur indicative pour l'enseignement secondaire privé. Aucune étude détaillée n'a encore été conduite sur les établissements d'enseignement supérieur privés.

Encadré 5. Les dix caractéristiques du succès des universités ouvertes

1. Mission organisationnelle
   - Clarté des objectifs
   - Communication à l'ensemble du public
   - Fort soutien politique
2. Programmes d'étude et cours
   - Permettre aux étudiants d'utiliser leur apprentissage pour leur carrière et leur mobilité sociale
   - Garantir l'équivalence des programmes ou leur validation par le système éducatif/les employeurs
3. Stratégies et techniques d'enseignement
   - Largement déterminées par les programmes de cours, la science économique et la disponibilité de moyens de transport
   - Les cours de science et de technologie exigent des laboratoires et des ateliers pour les travaux pratiques des étudiants
   - La technologie ne doit pas exclure les groupes qui peuvent ne pas y avoir accès (p. ex. la télévision et les systèmes d'apprentissage informatiques peuvent ne pas être disponibles partout)
4. Matériels et moyens d'apprentissage
   - Éléments les plus importants d'un système d'apprentissage ouvert
   - Les choix concernant le processus de développement sont critiques (p. ex. création de cours à domicile et centralisés, processus de développement et de production, dispersion des différentes composantes entre des agents institutionnels et/ou commerciaux, ou acquisition de matériels d'apprentissage « clé en main »)
   - L'acquisition et l'adaptation des matériels deviennent plus rentables à cause du coût élevé des cours qui évoluent et de la variété des qualifications spécialisées requises
   - La propriété et la qualité doivent demeurer sous la tutelle de l'institution chargée de la distribution, pour en assurer la responsabilité
5. Interactions des communications
   - Une communication effective et rapide des informations entre les étudiants et l'institution, des conseils sur les cours et les programmes, sur les frais, les examens, etc.
   - Forte identification des étudiants avec leur école, d'où une meilleure rétention
6. Systèmes locaux d'aide pour ceux qui apprennent
   - Assurer l'accès à des tuteurs, à une bibliothèque (et à des laboratoires pour les cours de science et de technologie), et à des opportunités d'interaction avec d'autres étudiants
7. Systèmes de distribution
   - Mise en place de mécanisme pour que les cours soient, en temps voulu, entre les mains ou sur les écrans des élèves, et selon des plans prévus et programmés.
   - L'utilisation des médias de diffusion publics, des autoroutes de l'information ou des services postaux doit être planifiée longtemps avant le lancement de l'opération
8. Assistance de tuteurs
   - Sélection, formation et contrôle attentifs des tuteurs de formation
   - Évaluation de la charge de travail pour les tuteurs qui travaillent à temps partiel

(continué)

> **Encadré 5. Les dix caractéristiques du succès des universités ouvertes** (*Continué*)
>
> 9. Personnel
>   - Mélange de qualifications variées des enseignants d'un établissement d'enseignement supérieur traditionnel
>   - Nombre réduit d'universitaires à plein temps et renforcement des personnels administratifs
>   - Formation des universitaires traditionnels avant qu'ils ne deviennent effectivement des instructeurs EOD
> 10. Gestion et administration
>   - Direction engagée, gestion efficace, administration appréciable et efficiente
>
> *Source :* Adapté de l'UNESCO, 2002.

cycle de l'enseignement secondaire, contre 39% pour le premier cycle, et 64% pour les CEFTP. La part du secteur privé dans le nombre d'inscriptions à l'enseignement supérieur est montée à près de 8% (Figures 26a et 26b). Ces établissements privés se concentrent pour l'essentiel dans quelques districts, notamment autour de la capitale, Antananarivo. Néanmoins, la répartition géographique des lycées est bien plus importante (Figure 27). Dans toutes les régions, ces établissements desservent principalement les populations urbaines : 70% des collèges—et un pourcentage équivalent d'élèves—sont regroupés dans les zones urbaines, un pourcentage qui passe à près de 85% pour les lycées privés.

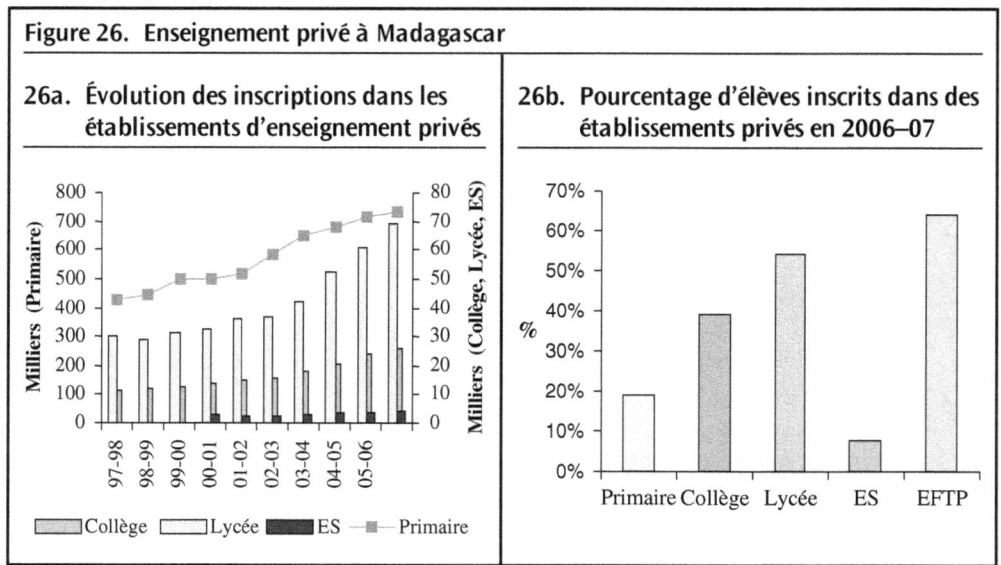

Figure 26. Enseignement privé à Madagascar

26a. Évolution des inscriptions dans les établissements d'enseignement privés

26b. Pourcentage d'élèves inscrits dans des établissements privés en 2006–07

Remarque : Les données sur les CEFTP concernent l'année 2005.
Source : MEN.

Mais en dépit de ces pourcentages élevés du nombre d'inscrits, les établissements privés restent relativement peu nombreux—332 lycées, 350 CEFTP et seulement 21 établissements d'enseignement supérieur, des chiffres qui reflètent en partie la faiblesse des inscriptions dans

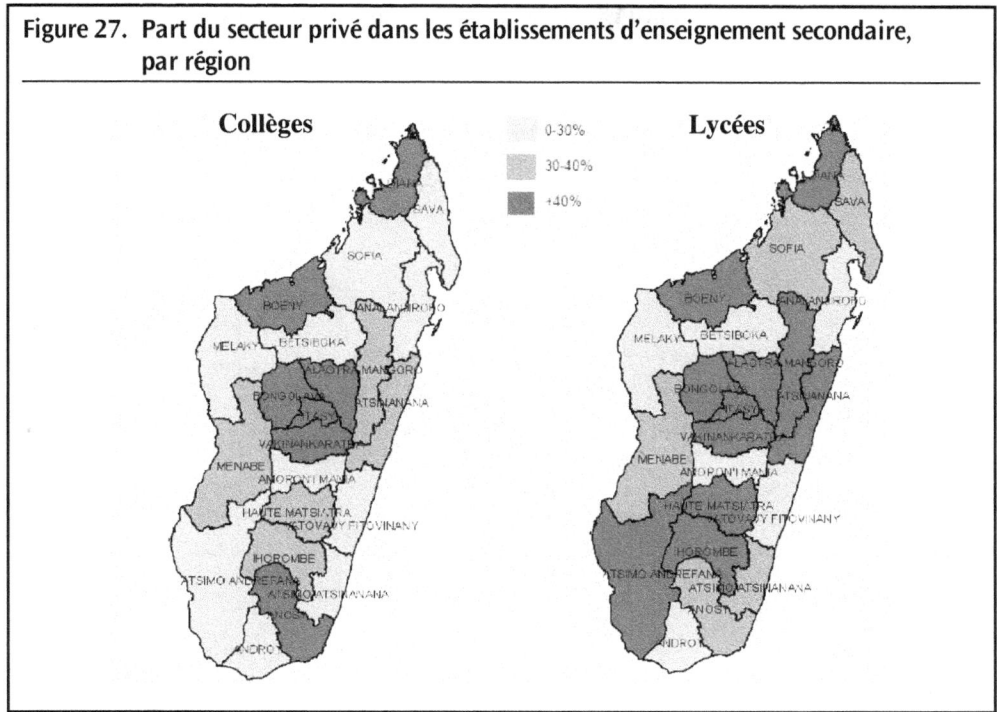

Figure 27. Part du secteur privé dans les établissements d'enseignement secondaire, par région

Source : D'Aiglepierre, 2008

ces niveaux de l'enseignement. En revanche, on compte quelque 5 300 écoles primaires et plus de 1 100 collèges privés, ce qui laisse envisager un potentiel de croissance si la demande est présente et si les conditions d'une offre scolaire adéquate sont réunies.

Programmes. La plupart des établissements scolaires offrent plusieurs niveaux d'enseignement, allant des classes maternelles au lycée, même si un enseignement technique est rarement proposé. Officiellement, il n'existe aucune différence dans les programmes d'enseignement général, proposés par les établissements publics ou privés. Madagascar offre un programme unique, exception faite des différences observées dans l'enseignement religieux, enseignement qui est dispensé par des établissements rattachés à telle ou telle église. L'un des attraits du secteur privé est que la plupart des établissements assurent un enseignement de meilleure qualité en français. C'est également la langue de l'enseignement dans les écoles publiques (à partir du niveau 3), mais la plupart des professeurs sont incapables de communiquer en français.[17] Comme dans de nombreux autres pays, les CEFTP privés se concentrent sur des domaines d'étude à moindre coût orientés vers les services. Les établissements d'enseignement supérieur privés dispensent quant à eux essentiellement des formations préprofessionnelles de niveau *Bac+2* dans un certain nombre de disciplines.

Affiliation religieuse. Dans l'enseignement scolaire, le secteur privé comprend un certain nombre d'établissements religieux et quelques écoles laïques. Les plus nombreuses sont les

---

17. Aux termes du nouveau programme EPT, le malgache est la langue d'enseignement du niveau 1 au niveau 5.

écoles catholiques, qui accueillent 44% des élèves, suivies des écoles laïques non rattachées à une église, avec 16%. Les écoles protestantes représentent 7%, et les luthériennes 3% (Figure 28).

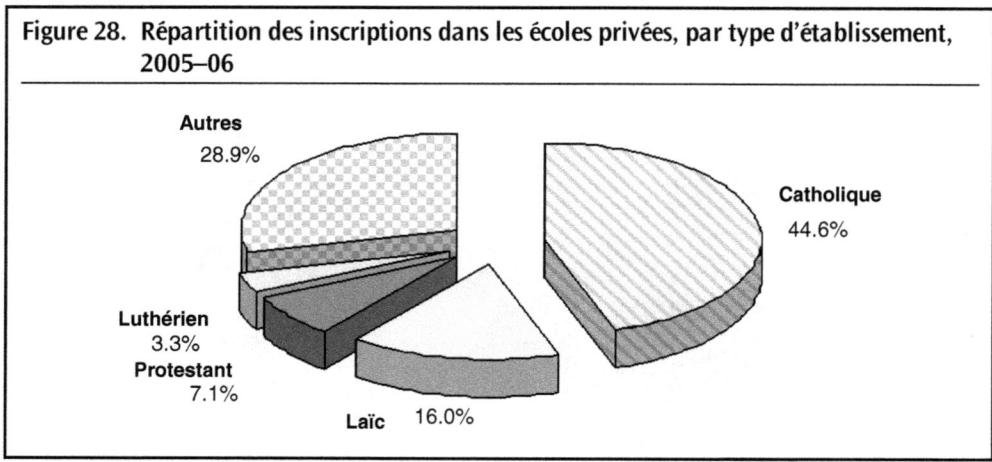

Figure 28. Répartition des inscriptions dans les écoles privées, par type d'établissement, 2005–06

Source : D'Aiglepierre, 2008.

Taille des écoles. Les collèges et lycées privés sont souvent plus petits que les établissements publics. Par rapport à un nombre moyen d'inscriptions de respectivement 342 et 477 dans les collèges et les lycées publics, celui des collèges et des lycées privés est de 212 et 182. Les écoles secondaires privées comme publiques étant majoritairement situées dans des zones urbaines, la concurrence a entraîné une diminution du nombre.

Enseignants. Les écoles privées présentent également un ratio élèves-enseignants bien inférieur : 23 dans les collèges (contre 32 dans le public) et 16 dans les lycées (contre 20 dans le public). Toutefois, la plupart des enseignants y sont temporaires, proviennent généralement des écoles publiques et enseignent dans plusieurs établissements. Ils disposent en général de qualifications supérieures, mais n'ont aucune formation pédagogique. Ils bénéficient également d'une formation « sur le tas » sensiblement moindre que leurs collègues du public.[18]

Le recours à des enseignants polyvalents et à plus d'heures d'enseignement dans les écoles privées constitue un contraste important avec les écoles publiques. Plus de 50% des enseignants des écoles privées enseignent plus d'une matière, contre moins de 40% dans le public, mais les professeurs des écoles publiques enseignent dans plus de classes. Les professeurs des écoles privées travaillent en moyenne 10 heures de plus que ceux des établissements publics, et près de 40% des professeurs du privé travaillent dans plus d'une école. En conséquence, bien que les salaires dans le public soient près d'une fois et demi supérieurs à ceux du privé, le total des revenus mensuels est sensiblement le même.

Demande d'enseignement privé.[19] Qui choisit l'enseignement privé et pour quelles raisons ? Comme nous l'avons dit plus haut, l'enseignement privé à Madagascar est pour l'es-

---

18. Basé sur les résultats de l'étude conjointe de la Banque mondiale-Agence française de développement et sur les résultats d'enquêtes.
19. Basé sur les résultats de l'étude conjointe de la Banque mondiale-Agence française de développement et sur les résultats d'enquêtes.

sentiel le même que l'enseignement public en termes de programmes et de langue des établissements, ce qui n'est pas le cas dans d'autres pays. L'enquête a montré que les parents dans les écoles privées ont généralement un niveau d'enseignement plus élevé, et qu'en moyenne, le revenu de leur ménage est supérieur de 25%. Toutefois, cela est essentiellement vrai dans les zones urbaines, car dans les zones rurales, il ne semble pas y avoir de différences significatives entre les revenus des familles. La principale différence réside dans les fonctions occupées—les familles du privé occupent des emplois supérieurs dans l'administration, sont des hommes d'affaire ou ont des professions libérales. Le choix de l'école privée est parfois fait avant le premier niveau, en particulier chez les familles les plus aisées, mais pour la majorité d'entre elles, le choix se fait après le niveau 5, où environ les deux tiers de ces élèves passent d'un système à l'autre. Près de la moitié des écoles ont un régime de sélection à l'entrée. Le coût est un élément important pour ceux qui choisissent l'école publique ; en revanche, ceux qui optent pour l'école privée urbaine attachent plus d'importance à la qualité qu'ils perçoivent de l'enseignement et des infrastructures. Mais d'autres raisons existent ; les écoles privées offrent plus d'heures d'enseignement (près de 31 à 33 heures dans le privé, contre 29 dans le public) et l'absentéisme des professeurs y est moindre.

Coûts du privé. Au niveau du collège, le coût annuel est estimé entre 1,8 et 2,8 fois celui du public. En moyenne, au niveau du collège, les établissements laïques sont les plus coûteux pour les familles : une dépense moyenne d'environ 115 dollars US y est requise, contre 75 dans les établissements religieux et 40 dans le public. Entre un cinquième et la moitié de cette dépense est liée aux coûts en début d'année, qui semblent être le principal obstacle aux yeux des parents.

Résultats des examens. Le taux de succès au *baccalauréat* dans les lycées privés est semblable à celui enregistré dans le public, mais on constate de grandes disparités entre les écoles. Les écoles secondaires publiques disposent d'enseignants de meilleure qualité et la concurrence est plus forte pour y entrer, ce qui permet à ces écoles de choisir les meilleurs élèves. Sans disposer de données précises sur l'apprentissage des élèves, il est toutefois difficile d'évaluer les performances relatives des établissements privés et publics. Il existe peu de différences dans les taux de réussite aux examens entre les écoles privées et publiques. Seuls 50% des élèves obtiennent leur brevet dans les deux types d'écoles.

Contraintes sur le développement de l'enseignement privé

La récente enquête sur les écoles secondaires privées a montré que la possession foncière et de biens immobiliers est le facteur le plus important dans le choix de l'implantation d'une école secondaire privée. Près des deux tiers d'entre elles sont soit propriétaires de leur terrain, ou en ont la libre jouissance (le terrain pouvant être la propriété de l'école ou d'une institution religieuse). L'achat de terrain n'est pas facile, en partie du fait du coût, mais aussi du manque de clarté des titres de propriété foncière et des questions légales qui y sont attachées. Une autre contrainte importante est l'accès au crédit. Le capital moyen nécessaire pour fonder un collège privé est d'environ 20 millions d'ariary (près de 10 000 dollars US), y compris les coûts de la construction, du terrain et de démarrage. La quasi-totalité en est financée par les économies personnelles du fondateur ou par des contributions d'institutions religieuses, de parents ou de bailleurs de fonds étrangers. Le recours au crédit bancaire ou à des instituts de micro-finance est négligeable. Même lorsqu'un crédit est souscrit, il ne dépasse en général pas 2 500 dollars US. Ces deux contraintes—terrain, et accès au crédit ainsi que son coût—sont communes à toutes les entreprises.

Il existe un large éventail de subventions publiques pour les écoles privées, qui peuvent bénéficier de cinq types de transferts, qui sont repris dans le Tableau 3. Ces transferts manquent toutefois d'objectifs clairs et sont sujets à des modifications arbitraires. Cela reflète un manque de cadre politique cohérent pour l'enseignement privé et crée des incertitudes pour les opérateurs privés. Parmi les exemples de changements à répétition des politiques :

- *Les subventions pour les salaires des enseignants* : un montant nominal de 10 dollars US par enseignant est attribué aux professeurs des écoles privées disposant d'un certificat d'enseignement. Cette politique a connu de nombreux changements après sa mise en œuvre en 1996. Elle a été suspendue entre 2000 et 2002, reprise en 2003, suspendue à nouveau en 2004 et 2005, et remise en vigueur en 2006.
- *Les contrats d'école* : ils assurent le financement des activités pédagogiques des écoles selon un contrat d'obligation de résultat. Ces contrats ont été suspendus en 2003 puis remis en vigueur en 2006. Leur taux de couverture est très bas.
- *Bourses scolaires pour les écoles primaires privées* : elles sont destinées à compenser la suppression des frais de scolarité et l'achat des fournitures scolaires. Elles ont été instituées en 2003.
- *Subventions aux organismes nationaux de l'enseignement privé* : soutien aux coûts administratifs. Cette subvention a augmenté entre 2000 et 2006, mais elle reste très faible.

Au total, les subventions au secteur privé représentent près de 3% des dépenses récurrentes totales, hors personnel, du ministère. Ce pourcentage relativement peu élevé est ventilé selon divers canaux, ne présentant chacun qu'un impact limité. Il n'existe aucun type de subventions pour les établissements d'enseignement supérieur privés.

Cadre réglementaire. Le cadre juridique reconnaît le droit à l'enseignement privé, et les établissements privés sont libres de fixer le niveau des frais de scolarité et les salaires des enseignants. Trois types d'autorisations sont nécessaires pour créer une école privée : (i) les infrastructures scolaires doivent répondre aux critères minima précisés dans les statuts, (ii) le directeur de l'établissement doit satisfaire aux critères de qualification, et (iii) le personnel enseignant doit disposer des qualifications requises à chaque niveau. Au niveau des lycées, cela signifie que le directeur d'établissement doit avoir un certificat d'enseignement depuis au moins trois ans et que les enseignants doivent avoir achevé le premier niveau des études universitaires (Bac +2). Les demandes d'ouverture d'écoles sont en général soumises au responsable du district de l'enseignement primaire, au responsable régional de l'enseignement secondaire, et à l'office national du second cycle de l'enseignement secondaire (*Office National de l'Enseignement Privé*—ONEP) pour les lycées. Les autorisations concernant le chef d'établissement et le personnel enseignant doivent être demandées au responsable du district ou au responsable régional.

Le cadre réglementaire au niveau de l'établissement paraît relativement clair et simple. Les autorisations pour les écoles secondaires sont censées être accordées dans un délai de

Tableau 3. Types de financement public pour les écoles privées					
Subvention	Niveau d'enseignement	Objectif	Coût unitaire	Critères d'éligibilité/dépenses	Nombre de bénéficiaires
1. Salaires des enseignants	Primaire, collège, lycée	Encourager les enseignants à obtenir leur certificat	20 000 ariary/ enseignant/an (US$10)	Enseignant avec certificat. Distribué par CISCO.	18 200 enseignants
2. Contrats d'école	Primaire, collège, lycée	Améliorer les performances	Montant variable	Plan de développement scolaire, approuvé par CISCO/directions régionales.	100 écoles
3. Réduction des frais de scolarité	Primaire	Gratuité de l'enseignement primaire	270 000 ariary/ enseignant/ an (US$ 135)	Écoles ayant des frais inférieurs à US $ 1 par mois	4 300 écoles
4. Bourses scolaires	Primaire	Gratuité universelle de l'enseignement primaire	US$ 1 par élève	Toutes les écoles primaires privées	Toutes les écoles primaires
5. Subvention aux organismes d'enseignement privé (Directions Nationales)	Primaire, collège, lycée	Soutien aux coûts administratifs	5 cents par enfant inscrit	Tous les organismes nationaux reconnus de l'enseignement privé (pourcentage du total des transferts)	

Remarque : 1. Les montants exprimés en dollars sont des approximations faites sur la base d'un taux de change de US$ 1=2000 ariary.
Source : Adapté de d'Aiglepierre, 2008.

trois mois. Néanmoins, près de 12% des écoles fonctionnent sans avoir reçu d'accord officiel, leurs demandes étant apparemment rejetées pour cause de manque d'informations. Une meilleure communication des procédures et une meilleure formation des personnels au niveau des districts et des régions devraient permettre de surmonter ces problèmes.

Les obligations des écoles privées incluent la conservation des documents juridiques, des registres d'élèves et un rapport annuel à l'ONEP sur les inscriptions, les enseignants, les finances et l'emploi des subventions. Il n'existe toutefois aucun suivi régulier ni aucune évaluation de la qualité des écoles privées.

Contrairement à l'enseignement secondaire, la politique et le cadre réglementaire de l'enseignement supérieur et de l'enseignement technique/professionnel ne sont pas clairs et sont appliqués de manière incohérente. Une demande d'ouverture d'un nouvel établissement privé requiert une visite des locaux et le contrôle du respect des normes. Une autorisation provisoire est accordée pour deux ans, au-delà de laquelle il est procédé à une évaluation avant qu'une autorisation permanente ne soit accordée. Il n'existe cependant aucune accréditation, même si ces institutions proposent des programmes approuvés par l'État. En pratique, l'accord du ministère est très long à obtenir, ce qui pousse les établissements à demander l'autorisation du ministère du Travail, qui a également autorité pour approuver.

Dans l'enseignement supérieur, deux types d'autorisation sont décernés : l'autorisation simple d'ouvrir un établissement et l'*"homologation"*. Il n'existe aucun système d'accréditation ou d'assurance qualité. Depuis 2002 toutefois, l'*"homologation"* a été suspendue et depuis 2005, aucune nouvelle autorisation d'ouverture d'un établissement d'enseignement supérieur n'a été accordée. Le nombre de ces établissements a en conséquence stagné, bien que les établissements existants continuent d'accroître le nombre de leurs inscriptions. Le ministère reconnaît qu'il est nécessaire d'actualiser les procédures de reconnaissance et d'introduire un système d'accréditation, et a préparé une ébauche de critères en s'appuyant sur l'assistance technique financée par la Banque mondiale. Les actions ont toutefois été mises en suspens dans l'attente de ces mesures.

Mesures visant à renforcer l'offre scolaire privée. Utiliser le secteur privé pour renforcer l'offre scolaire en particulier dans les zones urbaines est un choix politique astucieux, qui autorise le gouvernement à concentrer ses ressources sur l'amélioration de l'accès à destination des régions et des groupes sous-desservis. Dans l'enseignement scolaire, l'existence d'un cadre réglementaire raisonnable signifie que cela peut se faire assez rapidement. Les efforts doivent se porter sur (i) la clarification et la communication des procédures, (ii) la rationalisation des programmes de subvention aux lycées (ainsi qu'aux collèges) et la création de fonds de développement scolaire et/ou de programmes de bourses présentant des critères d'éligibilité transparents et des mécanismes de mise en œuvre bien conçus, et (iii) la constitution des ressources aux niveaux central et local pour mettre en œuvre ces programmes.

Dans les CEFTP et l'enseignement supérieur, la priorité doit être donnée à la finalisation et à l'approbation des procédures d'autorisation et d'accréditation. Une assistance technique supplémentaire sera nécessaire pour concevoir les mécanismes institutionnels et mettre les ressources à disposition. Une étude plus détaillée des établissements privés dans ces deux sous-secteurs, visant à identifier les contraintes supplémentaires, devra également être lancée.

CHAPITRE 6

Partenariats pour la croissance— Innovation et formation en cours d'emploi

Malgré quelques exemples remarquables, ni les institutions d'enseignement supérieur de Madagascar ni ses entreprises n'ont joué un rôle significatif dans la promotion de l'innovation appliquée ou le développement de la main d'œuvre. En conséquence, Madagascar n'arrive pas à tirer profit de son potentiel afin d'augmenter la productivité par le développement et la fabrication de produits à plus haute valeur ajoutée.

Le présent chapitre décrit et examine le rôle capital que les institutions d'enseignement supérieur et les entreprises du secteur privé pourraient jouer pour rendre Madagascar plus productif. Ce chapitre, structuré en différentes sections, comment Madagascar se situe par rapport à d'autres pays (« Situation actuelle : compétitivité globale et innovation ») ; les investissements qui sont réalisés actuellement dans les domaines de l'innovation et du développement de la main d'œuvre (« Situation actuelle : investissements dans l'innovation et la formation ») ; et comment ces investissements pourraient être optimisés grâce à une intervention publique (« Orientations des politiques : investissement dans l'innovation et développement de la main d'œuvre »).

Situation actuelle—Compétitivité globale et innovation

Position comparative de Madagascar

Madagascar se situe très bas par rapport aux indices internationaux de compétitivité et de connaissance. En 2007, l'indice de compétitivité mondiale (ICM), qui classe les pays suivant des paramètres considérés comme essentiels pour la croissance économique, place

Madagascar à la 118e position sur un total de 131 pays.[20] En soi, cette classification n'est ni surprenante ni extraordinaire, si on la compare à d'autres pays à faible revenu de l'Afrique subsaharienne. Elle suggère que les outils que Madagascar utilise actuellement pour optimiser sa productivité sont limités.

Cependant, la possibilité de changement existe bel et bien. Madagascar occupe la 35e place pour ce qui est du temps nécessaire pour démarrer une entreprise, ce qui reflète bien les progrès que le pays a réalisés dans la simplification de ses procédures depuis la dernière évaluation de l'ICM en 2005.

Enseignement supérieur et formation

Résultats médiocres pour l'ICM. Le système d'enseignement supérieur et de formation de Madagascar est un système de qualité médiocre. L'ICM s'articule autour d'un ensemble de sous-indices et de piliers (Tableau 4). Pour ce qui est des piliers, Madagascar occupe une des dernières positions en ce qui concerne la rubrique « enseignement supérieur et formation » (121), suivie seulement par « sophistication du marché financier » (123).

Les positions dans chacun des sous-indices mettent en évidence les indicateurs qui contribuent au positionnement extrêmement bas en matière d'enseignement supérieur et de for-

Tableau 4. Position de Madagascar dans l'indice de compétitivité mondiale, 2007/08

	Position
Classification générale (sur 131 pays)	118
Sous-indice A : Exigences fondamentales	**120**
1er pilier : Institutions	93
2e pilier : Infrastructure	115
3e pilier : Stabilité macroéconomique	118
4e pilier : Santé et enseignement primaire	106
Sous-indice B : Facteurs d'amélioration de l'efficacité	**121**
5e pilier : Enseignement supérieur et formation	121
6e pilier : Efficacité du marché des biens de consommation	105
7e pilier : Efficacité du marché de l'emploi	63
8e pilier : Sophistication du marché financier	123
9e pilier : Niveau de préparation technologique	111
10e pilier : Taille du marché	104
Sous-indice C : Innovation et sophistication	**94**
11e pilier : Sophistication des affaires	104
12e pilier : Innovation	84

Source : Forum économique mondial, 2008.

---

20. L'ICM utilise deux types de données : i) données de l'Enquête auprès des cadres d'entreprise administrées par le FEM et ii) des données de référence. Les premières comprennent des informations qualitatives basées sur des évaluations subjectives ; les secondes sont des données quantitatives récoltées auprès d'organisations internationales. Sur les 113 variables qui composent l'indice, approximativement deux tiers proviennent de l'Enquête auprès des cadres d'entreprise et un tiers provient de sources ouvertes au public.

mation (Tableau 5). Madagascar obtient des résultats médiocres en termes de taux de scolarisation dans le secondaire et le supérieur, d'accès Internet dans les écoles, de disponibilité de services spécialisés en recherche et formation, de niveau de formation du personnel et de qualité générale du système éducatif. La qualité de l'enseignement des mathématiques et des sciences, la qualité des écoles de gestion et la disponibilité de scientifiques et d'ingénieurs obtiennent des résultats relativement plus élevés.

Tableau 5. Position de Madagascar dans l'ICM pour l'enseignement supérieur et la formation, 2007

Pilier/Sous-indice	Position (1 = élevée, 131 = basse)
Pilier Enseignement supérieur et formation	121
Scolarisation enseignement secondaire (données de référence)	126
Scolarisation enseignement supérieur (données de référence)	121
Accès Internet dans les écoles	116
Disponibilité au niveau local de services spécialisés de recherche et de formation	108
Niveau de formation du personnel	107
Qualité du système éducatif	101
Qualité de l'enseignement des mathématiques et des sciences	83
Qualité des écoles de gestion	74

Source : Forum économique mondial, 2008.

Innovation

Meilleurs résultats dans l'ICM. En revanche, le positionnement de Madagascar en matière d'innovation est meilleur (84) et est dû à l'obtention de résultats relativement élevés (inférieurs à 100) pour tous les sous-indices liés au domaine de l'innovation, à l'exception d'un seul—la qualité des institutions de recherche scientifique (Tableau 6). Ces positions suggèrent que

Tableau 6. Position de Madagascar dans l'ICM en matière d'innovation, 2007

Pilier/Sous-indice	Position (1 = élevée, 131 = basse)
Pilier Innovation	84
Qualité des institutions de recherche scientifique	106
Collaboration université-entreprise pour la recherche	96
Capacité d'innovation	91
Brevets (données de référence)	89
Dépense des entreprises en R&D	86
Disponibilité de scientifiques et ingénieurs	62
Acquisition publique de produits de technologie avancée	53

Source : Forum économique mondial, 2008.

Madagascar possède un certain nombre de points forts en innovation sur lesquels le pays peut s'appuyer : collaboration université-entreprise pour la recherche, capacité d'innovation, brevetage, dépense des entreprises en recherche et développement, disponibilité de scientifiques et ingénieurs, et acquisition publique de technologie avancée.

Relativement bons résultats pour l'indice de l'économie du savoir. Les indicateurs d'innovation de l'indice de l'économie du savoir de la Banque mondiale confirment la conclusion de l'ICM que Madagascar possède des points forts en matière d'innovation susceptibles d'être exploités. La Figure 29 montre les résultats de Madagascar pour les indicateurs liés à l'innovation, par rapport à l'ensemble des pays d'Afrique subsaharienne[21]. Même si les apports d'investissements directs étrangers et le pourcentage des exportations de produits de technologie avancée par rapport à l'ensemble des exportations de produits manufacturés demeurent faibles, le taux de scolarisation dans les études scientifiques, le nombre de brevets accordés par le *United States Patents and Trademarks Office* (USPTO—l'office des brevets et des marques des États-Unis) et la dépense du secteur privé en recherche et développement (R&D) sont relativement élevés.

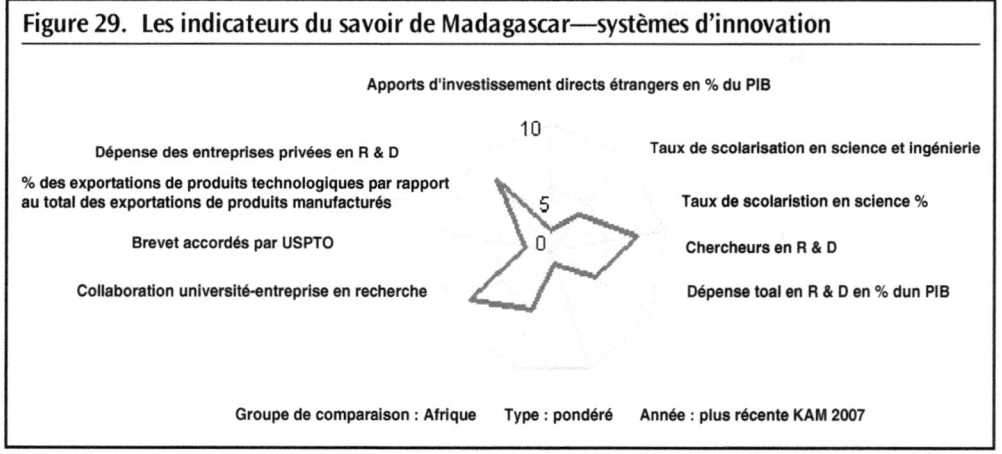

Figure 29. Les indicateurs du savoir de Madagascar—systèmes d'innovation

Source : site Internet de la Méthode d'évaluation des connaissances de la Banque mondiale (*Knowledge Assessment Methodology*—KAM) (www.worldbank.org/kam).

La Figure 30 montre que, comparativement à deux pays africains à revenu intermédiaire comme l'Afrique du Sud et Maurice, Madagascar obtient encore de bons résultats en termes de taux de scolarisation dans les études scientifiques, de qualité de l'enseignement des mathématiques et des sciences, et de dépense du secteur privé en R&D.

---

21. L'indice utilise 140 indicateurs pour mesurer les performances des pays dans les quatre piliers de l'économie du savoir : incitation économique et régime institutionnel, éducation, innovation, et technologies de l'information et de la communication. L'indice est la moyenne simple des résultats normalisés obtenus par le pays pour les variables principales. Les diagrammes affichent la *performance comparée*—les variables sont normalisées sur une échelle de 0 à 10 en fonction des groupes de comparaison. La procédure de normalisation est disponible sur le site Internet de la Méthode d'évaluation des connaissances de la Banque mondiale (*Knowledge Assessment Methodology*).

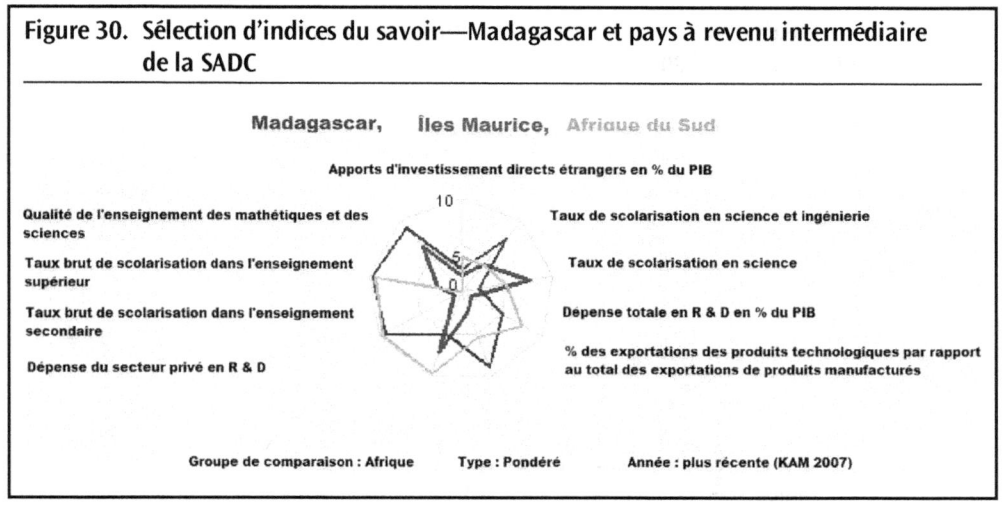

Figure 30. Sélection d'indices du savoir—Madagascar et pays à revenu intermédiaire de la SADC

Source : site Internet de la Méthode d'évaluation des connaissances de la Banque mondiale (Knowledge Assessment Methodology—KAM) (www.worldbank.org/kam).

Résultats modestes en matière d'innovation au niveau des entreprises. Les données de l'enquête d'Évaluation du climat d'investissement (ECI) réalisée en 2005 apportent des informations sur l'innovation dans les entreprises du secteur formel, comme le montre le Tableau 7. Ces informations complètent celles des indices de compétitivité mondiale et d'économie du savoir.

Les entreprises de Madagascar n'ont pas innové à une échelle significative. La dépense des entreprises de Madagascar en R&D est supérieure à celle d'autres pays à faible revenu de l'Afrique subsaharienne, avec 0,4% des ventes. Mais en même temps, seul un tiers environ des entreprises ont introduit les nouvelles technologies de production et moins de 10% d'entre elles ont obtenu la certification ISO. Pour plus de trois quarts des entreprises, l'achat de nouveaux équipements—une approche moins sophistiquée de l'innovation—constitue le principal moyen d'acquérir de nouvelles technologies. Moins de 7% des entreprises affirment utiliser d'autres méthodes pour mettre à jour les technologies utilisées, comme par exemple le recrutement de personnel techniquement qualifié, les accords de licence en matière de technologie ou l'utilisation de projets clé en main et le développement en interne de nouvelles technologies. Aucune entreprise n'a affirmé avoir acheté des technologies aux universités ou aux institutions publiques (n'apparaît pas sur le tableau).

En résumé, Madagascar a de bonnes bases en matière d'innovation, notamment un bon taux de scolarisation dans un enseignement des mathématiques et sciences de relativement bonne qualité, un nombre assez important d'innovations brevetées et un niveau assez élevé d'investissement privé en R&D (même si, avec un taux inférieur à 1%, ce niveau est encore très bas si on le compare aux niveaux d'investissement en R&D des entreprises des pays à revenu élevé). Par ailleurs, les entreprises malgaches s'efforcent de traduire le potentiel d'innovation dans le développement et la vente de produits et de services de valeur supérieure. La section « orientations des politiques » de ce chapitre examinera les moyens à travers lesquels l'intervention publique peut mener une recherche et un développement plus productifs.

Tableau 7. Indicateurs d'innovation pour les entreprises manufacturières du secteur formel de Madagascar, 2005

Pays	Année	Titulaire de Certification ISO	Licence de technologie délivrée par des entreprises étrangères	Nouvelle technologie de production	Nouveau produit ou mise à jour importante de produits existants	Dépense en R&D (% des ventes)	Nouveaux équipements	Recrutement de personnel qualifié	Accords de licence/ opérations clé en main	Coentreprises
MOYENNE	TOUS	14	14	37	64	0,5	62	8	4	20
Afrique du Sud	2003	42	23	61	89	0,5	25	8	11	39
Bénin	2004	3	4	..	62	0,6	64	6	2	19
Érythrée	2002	7	..	..	..	0,2	..	..	..	..
Éthiopie	2002	2	..	..	..	0,1	33	14	3	32
Kenya	2003	..	8	..	..	0,3	39	4	6	25
Madagascar	2005	7	8	37	66	0,4	77	7	2	7
Mali	2003	7	10	50	66	0,7	62	5	2	12
Maurice	2005	28	24	62	72	2,3	73	6	4	13
Ouganda	2003	..	..	47	..	..	66	6	3	18
Sénégal	2003	6	15	..	..	..	75	3	2	16
Tanzanie	2003	12	16	32	63	1,1	36	13	1	35
Zambie	2002	6	8	50	78	0,2	24	10	9	32

Source : Site Internet des enquêtes sur les entreprises de la Banque mondiale (www.enterprisesurveys.org).

Situation actuelle—Investissements dans l'innovation et la formation

L'innovation dans les institutions de troisième cycle

Le niveau d'innovation dans les institutions de troisième cycle de Madagascar est faible pour deux raisons principales. Tout d'abord, et comme nous le soulignerons dans le chapitre suivant, Madagascar consacre peu de ressources publiques à la recherche et au développement. En 2007, sa dépense pour la recherche scientifique s'élevait à 4% des 65,5 millions de dollars du budget public de l'éducation. Ce faible niveau de financement se traduit concrètement par un manque d'installations de recherche, d'équipements et de titulaires de doctorats (à peine plus de 380). Le financement des projets de recherche est également peu élevé, ce qui explique le peu de publications académiques (en 2005, seul 1% du corps professoral avait publié des articles dans des revues académiques) et donc le manque de transfert de la connaissance nécessaire pour stimuler l'innovation.

En second lieu, les mesures d'incitation ne sont pas structurées en vue d'encourager les universités ou le corps professoral à se lancer sérieusement dans la recherche. Un cadre de réglementation clair fait défaut à la recherche. Sans une vision claire de la manière dont les résultats de la recherche sont répartis, ni les chercheurs ni les universités ne sont véritablement encouragés à entreprendre des recherches. En outre, de nombreux membres du corps enseignant complètent leurs rémunérations universitaires par des heures d'enseignement supplémentaires dans les universités et/ou institutions privées. Lorsqu'ils ont à choisir entre la recherche (pour laquelle le financement disponible est limité, de même que les possibilités de compensation financière) ou l'augmentation de leurs revenus, de nombreux professeurs d'université font le choix raisonnable d'augmenter leurs revenus.

Formation du personnel dans les entreprises

Les entreprises malgaches investissent modestement dans la formation du personnel, en particulier les grandes sociétés qui forment leurs responsables et autres cadres, ainsi que les effectifs ayant poursuivi des études de niveau supérieur. Cependant, étant donné les effets positifs sur la productivité, les investissements dans la formation des compagnies malgaches sont encore trop faibles. Cette section analyse la nature de la formation du personnel prodiguée dans les entreprises, telle qu'elle est mise en évidence dans l'étude ECI (Évaluation du climat d'investissement) réalisée en 2005, ainsi que le rendement de la formation.

Impact de la formation. La formation des employés dans le secteur industriel formel semble assez étendue. Environ 48% des entreprises déclarent avoir organisé des activités de formation interne ou externe durant l'année précédant l'enquête (soit en 2004). Ce taux était supérieur à la moyenne de 40% enregistrée dans la région et nettement plus élevé que celui des entreprises d'Asie du Sud. L'étendue de la formation est beaucoup plus élevée dans les grandes entreprises (100 travailleurs ou plus), plus de trois quarts des sociétés ayant entrepris l'une ou l'autre activité de formation. À l'autre extrémité du spectre, 32% des petites entreprises (de moins de 20 travailleurs) prodiguent une formation.

Intensité de la formation. Un nombre relativement restreint de travailleurs bénéficiaient d'une formation. Environ 27% des travailleurs employés dans les entreprises qui prodiguaient une formation bénéficiaient de celle-ci. Dans l'ensemble, moins de 10% de l'ensemble des travailleurs permanents qualifiés de l'échantillon recevaient l'un ou l'autre type de formation (par rapport au taux de 22% enregistré dans la région). Ainsi, même si le pourcentage des entreprises engagées dans des activités de formation semblait plus élevé que dans d'autres pays, le déficit de formation est important si l'on tient compte du nombre relativement restreint de travailleurs qui en bénéficient. La formation semble concerner essentiellement les responsables et les cadres.

Sources de la formation. Environ 24% des entreprises dispensaient une formation interne, 12% une formation externe et 13% les deux types de formation. L'étendue de la formation externe était particulièrement faible dans les petites entreprises, dont seulement 10% dispensaient une formation externe, par rapport à plus de 50% dans les grandes entreprises. Nous ne disposons pas de données sur les types d'institutions de formation utilisés (institutions nationales publiques et privées ou institutions étrangères). Une étude sur l'industrie textile et de la confection montrait que de nombreuses entreprises, en particulier les sociétés étrangères opérant dans les zones franches industrielles, avaient tendance à envoyer leurs cadres moyens et leurs spécialistes suivre des formations à l'étranger.

Déterminants de la formation. Les déterminants de la formation peuvent être analysés en utilisant un modèle logistique dans lequel la variable de l'indicateur—si une société forme ses employés—est inférée à partir d'un ensemble de variables explicatives. Les effets marginaux montrent les effets d'un changement unitaire dans l'une des variables explicatives sur la probabilité qu'une entreprise forme ses employés, calculée sur la valeur moyenne des variables explicatives[22]. Les variables qui ont l'impact statistiquement le plus important sur la probabilité de formation sont : la taille de la société, son caractère innovant, le niveau de formation moyen de ses travailleurs et son intensité capitalistique. Les entreprises du secteur textile et de la confection et des industries chimiques et pharmaceutiques ont également plus de probabilités de former leurs travailleurs (Tableau 8).

Ces conclusions sont cohérentes avec les résultats empiriques d'autres pays. Les entreprises qui consacrent un capital plus important par travailleur ont tendance à être à haute intensité de technologie et à nécessiter des travailleurs ayant les qualifications adéquates apportées par la formation. Les grandes entreprises ont généralement de plus grandes capacités managériales et peuvent aussi accéder à une formation à moindre coût. Elles sont aussi capables d'investir dans la formation sans craindre que leurs travailleurs qualifiés ne les abandonnent au profit de la concurrence. La formation dans les entreprises est complémentaire aux études, car les travailleurs qui en ont fait profitent généralement mieux de la formation.

Impact sur la productivité. Les entreprises ne s'engagent dans des activités de formation que si elles peuvent en tirer des augmentations de productivité. Un modèle de fonction de production peut être utilisé pour évaluer l'impact sur la productivité. L'Annexe 2 montre les résultats d'un modèle de frontière stochastique de production qui calcule par régression la valeur ajoutée d'un ensemble de variables explicatives telles que le capital physique, l'emploi (équivalent temps plein, permanent et temporaire), la proportion de travailleurs féminins, le secteur industriel, l'introduction ou non d'innovations dans l'entreprise, le nombre d'années d'études des travailleurs et le fait que l'entreprise forme ou non ses travailleurs. La réserve de capital humain, mesurée par le nombre moyen d'années d'études des travailleurs, a un effet positif sur la productivité de l'entreprise, avec un taux de rendement de 9% par année d'études. L'introduction de la variable d'éducation réduit considérablement le rendement du capital physique et suggère une complémentarité entre celui-ci et le capital humain (Modèle 4 de l'Annexe).

La formation des travailleurs est bénéfique pour les entreprises. La formation interne, mesurée par une variable de l'indicateur (le fait que l'entreprise forme ou non ses employés), a un impact estimé important en contribuant à augmenter la productivité de 33% (Modèle 5). La formation externe n'a pas été intégrée au modèle étant donné qu'un nombre relativement faible d'entreprises a recours à ce type de formation. Cependant, même si la formation améliore la productivité, comme nous l'avons montré précédemment, seules les entreprises appartenant à certaines catégories sont susceptibles de former leurs employés— les grandes entreprises et les entreprises innovantes, entre autres. Les économies d'échelle

---

22. Par exemple, pour une entreprise qui innove, la probabilité de former ses employés est environ 0,18 supérieure à celle d'une entreprise qui n'est pas tournée vers l'innovation. Le coefficient lui-même indique le log-odds d'une société qui entreprend des activités de formation (par rapport à une société qui ne forme pas ses employés) ; si l'on prend l'exposant, on obtient les chances qu'a l'entreprise de former ses employés (par rapport aux chances qu'elle a de ne pas le faire).

Tableau 8. Facteurs qui déterminent la décision de former les employés dans le secteur industriel formel, 2004

Variable dépendante = Probabilité d'une formation	Moyenne	Coefficient	Effet marginal
Capital/travailleur (10^6)	57,14	0,0013*	0,0003*
Niveau d'études des employés (années)	8,22	0,2161**	0,0524**
Taille de l'entreprise (catégorie exclue = petite)			
Moyenne	0,38	0,2579	0,0628
Grande	0,22	2,0796***	0,4722***
Entreprise innovante	0,34	0,7652*	0,1868*
Étrangère	0,33	0,4608	0,1127
Exportatrice	0,22	0,0248	0,0060
Située dans une zone franche industrielle	0,15	−0,7780	−0,1754
Secteur (exclu = industrie agroalimentaire)			
Textile, confection	0,30	2,0327***	0,4681***
Bois et ameublement	0,23	1,1841*	0,2876
Papeterie et imprimerie	0,02	1,5266	0,3529
Industries chimiques et pharmaceutiques	0,08	1,7162**	0,3927**
Métallurgie et équipements	0,07	0,0026	0,0006
Non-métal et plastique	0,04	0,0173	0,0042
Autres	0,13	0,5206	0,1287
Constante		−4,1513	
Pseudo R^2		0,2287	
Nombre d'observations		166	

***=significatif à 1% ; **=significatif à 5% ; *=significatif à 10% ; ^ = significatif à 20%.
Remarques : 1. Le modèle logistique avec la variable dépendante (0.1) montrant si l'entreprise a ou non formé ses travailleurs (formation interne ou externe). 2. L'effet marginal calculé par la valeur médiane des variables continues ou pour une variation de 0 à 1 des variables discrètes. 3. Une entreprise innovante est une société qui, dans les années précédentes, a introduit une nouvelle technologie de production pour un nouveau produit ou pour la modification du processus de production d'un produit existant.
Source : Lassibille, 2008.

réalisées dans la prestation de la formation en sont une des raisons. Les plus petites entreprises, qui utilisent un capital physique relativement restreint et celles qui emploient des technologies mûres n'ont pas besoin de fournir une formation complémentaire à leurs travailleurs et le niveau de capital humain de ceux-ci est également plus bas.

Impact sur les rémunérations. La formation professionnelle bénéficie aussi aux travailleurs à travers une augmentation de leurs rémunérations, avec un taux de rendement estimé de 8%. La formation profite donc tant aux entreprises—en termes d'augmentation de la productivité—qu'aux travailleurs—en termes d'augmentation des rémunérations. Cependant, seules certaines catégories de travailleurs en bénéficient : ceux qui ont des niveaux d'études plus élevés (Tableau 9), les cadres et les spécialistes. Les autres catégories de travailleurs ont moins de chances de recevoir une formation.

Tableau 9. Facteurs qui déterminent la formation et l'impact sur les rémunérations, secteur industriel 2005		
Variable dépendante = Impact sur les rémunérations	Moyenne dans l'échantillon	Effet marginal
Effets sur les chances de participation à des programmes de formation[a]		
Nombre d'années d'études	12,02	0,004***
Niveau d'études (%)[b]		
Enseignement secondaire général	48,1	0,035**
Enseignement secondaire technique	9,0	0,0521
Enseignement secondaire professionnel	5,7	0,096*
Enseignement supérieur	17,7	0,142**
Position (%)[c]		
Ouvriers qualifiés	19,1	–0,035***
Ouvriers non qualifiés	44,3	–0,082
Employés	26,4	–0,049***
Effet de la formation sur les rémunérations	—	8,00**

Remarques : *= significatif à 10% ; **= significatif à 5%. ; ***=significatif à 1%.
[a] Le tableau synthétise les résultats de différentes régressions pour différentes spécifications du modèle. Les données proviennent du module des travailleurs.
[b] Par comparaison avec un employé ayant fait au plus des études primaires.
[c] Par comparaison avec un cadre/spécialiste.
Source : Lassibille (2007) analyse des données de l'ECI (Évaluation du climat d'investissement) 2005.

Raisons du sous-investissement dans la formation. Il apparaît que les entreprises malgaches sous-investissent dans la formation : bien que la formation soit associée à des effets positifs sur la productivité (un avantage pour l'entreprise) et sur les rémunérations (un avantage pour le travailleur), les entreprises n'investissent pas dans la formation de la plupart de leurs employés.

Plusieurs raisons expliquent pourquoi les entreprises consacrent trop peu de ressources au développement de leur personnel. Elles n'investissent dans la formation que si elles risquent de perdre leur avantage compétitif si *elles ne forment pas* leurs employés. Dans de nombreux secteurs, au sein des entreprises fonctionnant avec un capital limité et des travailleurs peu qualifiés, les employeurs pensent que les travailleurs ne seront pas capables d'assimiler la formation, parce que leur niveau d'études est trop bas. La majorité des entreprises utilise des technologies « mûres » pour lesquelles une formation supplémentaire apporte peu d'avantages économiques. De plus, pour les petites entreprises, les coûts d'opportunité supportés lors de la participation des travailleurs à une formation externe sont très élevés (par exemple, la totalité de la production peut se trouver paralysée si un travailleur sur cinq participe à des activités de formation). Le manque de programmes de formation abordables et la crainte de perdre les travailleurs qualifiés au profit d'entreprises concurrentes peuvent également conduire à un niveau d'investissement trop faible.

Pour ces différents motifs, même si la formation produit effectivement des effets positifs et des rendements élevés, les décisions prises dans le secteur privé ne conduisent pas forcément à un niveau optimal d'investissement. Une intervention du secteur public et éventuellement des programmes de financement sont peut-être nécessaires pour augmenter la formation. La section suivante de ce chapitre propose une série d'outils que les politiques peuvent utiliser pour encourager les entreprises à investir davantage dans la formation de leur personnel.

Orientations des politiques—Encourager l'investissement dans l'innovation et la formation

Institutions d'enseignement supérieur

D'un point de vue stratégique, Madagascar doit s'efforcer d'augmenter le nombre de chercheurs et de titulaires de doctorat dans les domaines prioritaires. Le nombre actuel de diplômés qui obtiennent chaque année un doctorat (à peine plus de 380) est insuffisant. Une augmentation du nombre de chercheurs et de titulaires de doctorat est indispensable, d'abord et avant tout, pour développer le corps enseignant universitaire qui contribuera à améliorer le niveau de l'enseignement supérieur. Les domaines prioritaires devraient être ceux où le Gouvernement projette d'augmenter la scolarisation des élèves de premier cycle, conformément à ses objectifs de croissance. Les politiques de recrutement des enseignants universitaires doivent aussi évoluer, comme expliqué dans le Chapitre 4. Une dernière modification pourrait être d'associer la prestation de la formation en doctorat aux nouvelles politiques et conditions de recrutement dans les universités. Une augmentation du nombre de chercheurs et de titulaires de doctorat est également nécessaire si l'on souhaite améliorer la qualité de la recherche universitaire. Des mesures devraient encourager les jeunes universitaires prometteurs à se lancer dans la recherche. Elles pourraient notamment prévoir que les titulaires d'un diplôme de maîtrise ayant obtenu des résultats élevés et faisant preuve de potentiel puissent être recrutés en qualité de chercheurs et elles pourraient également envisager la création d'un « programme pour jeunes diplômés » qui octroie de petits dons aux nouveaux titulaires de doctorat afin qu'ils puissent poursuivre leur recherche, dans le but de développer l'innovation appliquée dans les domaines prioritaires pour l'économie.

Étant donné les atouts relatifs de Madagascar en termes de capacités de recherche, le Gouvernement pourrait commencer à promouvoir activement la recherche appliquée dans une série de domaines prioritaires sélectionnés. La recherche universitaire traditionnelle a jusqu'à présent été plutôt académique, avec l'idée implicite de créer des « nouvelles technologies » grâce à la recherche fondamentale. Cependant, avec le triste état de l'infrastructure actuelle et le manque de chercheurs qualifiés, le développement de nouvelles technologies n'est pas un objectif réaliste pour Madagascar. En outre, et comme nous l'avons souligné plus haut, il est plus urgent aujourd'hui de traduire le potentiel d'innovation dans le développement et la vente de nouveaux produits et services à plus haute valeur ajoutée.

Une approche plus productive de l'innovation s'articulerait autour de deux principes : i) se concentrer sur la recherche appliquée et la résolution des problèmes liés aux processus de production, et ii) encourager les universités à acquérir de façon proactive des technologies qui peuvent être adaptées aux conditions locales. Outre le secteur formel, les adaptations technologiques devraient également concerner le secteur primaire (agriculture, horticulture, pêche, etc).

La politique visant à promouvoir la capacité de recherche et d'innovation pourrait être axée sur quatre domaines :

1. *Développement de jeunes chercheurs.* Créer un cadre de jeunes chercheurs dans les domaines prioritaires, par le biais de prix attribués à des programmes de doctorat.
2. *Financement compétitif de la recherche.* Fournir des fonds de recherche compétitifs, afin de résoudre les problèmes importants pour le développement économique du pays et des régions.
3. *Formation continue des chercheurs.* S'assurer que les chercheurs expérimentés ont accès, en participant à des ateliers et des séminaires, aux méthodes de recherche et aux derniers développements dans leur domaine de spécialisation. Cet élément pourrait être lié au programme de développement du corps enseignant dans les universités.
4. *Promotion des contrats de recherche.* Actuellement, les entreprises étrangères opérant à Madagascar s'engageraient plus facilement dans des activités de recherche que leurs homologues nationaux. Il serait intéressant de vérifier si ces entreprises étrangères passent des contrats de recherche à l'étranger et si les chercheurs malgaches sont capables de s'engager dans des contrats de recherche avec ces entreprises. Le Gouvernement pourrait fournir des subventions de contrepartie pour encourager les entreprises étrangères à mener leurs activités de recherche dans le pays.

Pour mener à bien ces actions, des réformes du financement et de la gouvernance sont indispensables dans les universités et les institutions de troisième cycle. Ces réformes sont abordées dans les chapitres suivants.

Entreprises privées

Les entreprises malgaches sous-investissent dans la formation, en dépit des effets positifs de la formation sur la productivité et les rémunérations. De plus, la formation est largement limitée aux grandes entreprises qui ont principalement recours à la formation interne. Lorsque les entreprises ont recours à la formation externe, elles utilisent fréquemment des institutions étrangères.

Comme nous l'avons souligné précédemment, les motifs du sous-investissement dans la formation semblent être le manque de besoin compétitif de l'organiser ; la difficulté des travailleurs à assimiler le contenu de la formation en raison de leurs faibles niveaux d'éducation ; l'utilisation d'équipements obsolètes pour lesquels la formation n'est ni nécessaire ni source d'avantages économiques ; le manque de programmes de formation abordables ; et la crainte de perdre les travailleurs qualifiés au profit des entreprises concurrentes.

Le Gouvernement peut jouer un rôle primordial pour contrecarrer ces facteurs en: i) encourageant la coopération industrielle afin de promouvoir la formation dans les entreprises et ii) en donnant aux institutions nationales d'enseignement et de formation la possibilité de s'impliquer dans ce marché. Ces deux mesures de politiques nécessitent la mise en place de mécanismes de gouvernance appropriés permettant aux employeurs de formuler leurs besoins de formation, de participer à l'élaboration de programmes qui répondent à leurs besoins et d'accréditer les prestataires de formation.

CHAPITRE 7

Adaptations aux changements— Problèmes et réformes de la gestion des dépenses et des finances publiques

L'amélioration de la qualité et l'accroissement de l'accès à l'enseignement post-fondamental nécessite plus de moyens, tant privés que publics. L'utilisation efficace de ces moyens est un problème majeur pour Madagascar. L'expérience internationale montre que le *mode d'apport* des moyens publics, en changeant le comportement des écoles, peut fortement influencer l'efficacité et l'amélioration de la qualité.

Ce chapitre examine l'évolution et la composition des dépenses publiques dans l'enseignement post-fondamental, les dépenses par élève, les composantes des dépenses de fonctionnement et les problèmes inhérents à l'utilisation des moyens. Il examine l'efficacité de la gestion budgétaire et l'impact des récentes réformes. Le chapitre se termine par l'identification des priorités à donner à la réforme dans trois domaines : meilleure utilisation des moyens, mobilisation accrue des moyens et réforme dans les mécanismes d'allocation des moyens.

Évolution et composition des dépenses publiques

Entre 2002 et 2006, les dépenses publiques de l'éducation ont augmenté de 62%, après ajustement pour inflation, soit 13% par an. Bien qu'honorable, cette augmentation vient après des années de sous-investissement, l'année 2002 ayant même été une année de crise. Madagascar a dépensé environ 2% de son PIB en 1996, une part qui est passée progressivement à 3,3% en 2001, est tombée à 2,7% en 2002 et qui a retrouvé maintenant ses niveaux d'avant la crise. L'effort consenti par Madagascar dans ses dépenses publiques en faveur de l'éducation est comparable à celui d'autres pays à faible revenu (Figure 31).

Les parts par sous-secteur des dépenses publiques de l'éducation montrent la priorité accordée à l'enseignement primaire et une certaine protection au niveau du collège ; elles lais-

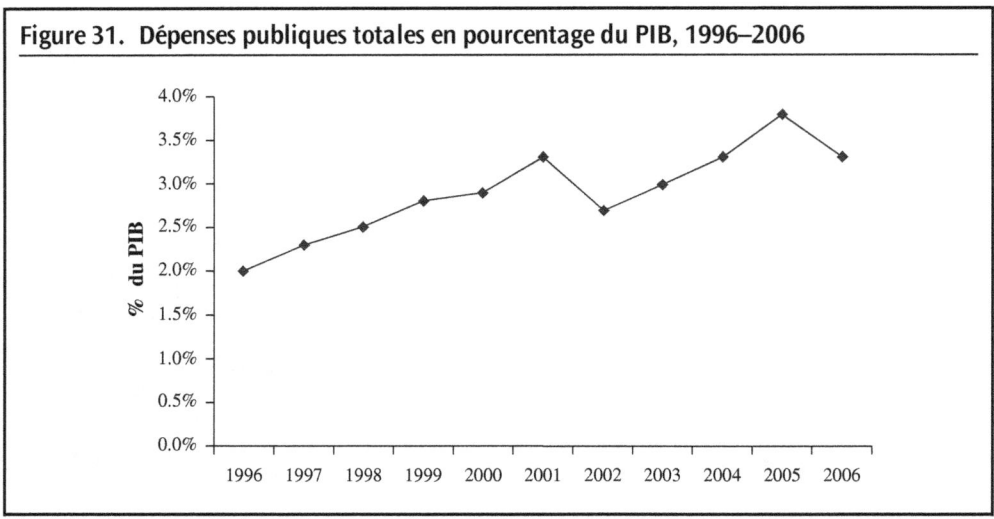

Figure 31. Dépenses publiques totales en pourcentage du PIB, 1996–2006

Source : Analyse des données du MEN Banque mondiale.

sent supposer un manque de financement des niveaux post-fondamentaux. Entre 2002 et 2006, les dépenses réelles de l'enseignement primaire ont augmenté de près de 125% et celles du collège de près de 50%. Elles ont également augmenté dans tous les autres sous-secteurs : 35% d'augmentation au niveau du lycée et au niveau de l'enseignement supérieur, mais seulement 10% d'augmentation dans l'enseignement et formation technique et professionnel (EFTP). En conséquence, la part des dépenses publiques totales revenant à l'enseignement primaire est passée de 43% à 59%. Celles des autres sous-secteurs ont toutes diminué : au lycée de 7% à 6%, dans la formation technique/professionnelle de 3% à 2% et dans l'enseignement supérieur (y compris la recherche scientifique) de 19% à 16%. Il est prévu que cette dernière continuera à reculer pour tomber à environ 13% en 2007. Hors recherche scientifique, l'enseignement supérieur ne reçoit que 11% du budget de l'éducation (tableau 10).

Par rapport au PIB, les dépenses publiques en faveur de l'enseignement post-fondamental sont minimes. Madagascar dépense environ 0,4% du PIB pour l'enseignement supérieur (mise à part la recherche scientifique) et environ 0,2% pour le lycée. Les dépenses en faveur de l'enseignement supérieur sont plus faibles que la moyenne, même par rapport aux pays francophones de l'ASS (0,5%) et aux pays anglophones (0,8%).

Les dépenses d'investissement ont presque quadruplé en termes réels entre 2002 et 2006. La majeure partie de cette augmentation est enregistrée dans l'enseignement primaire, largement financée de l'extérieur, ce qui explique l'accroissement de la part de ce sous-secteur. En 2006 par exemple, sur le total des dépenses d'investissement de 109 milliards d'Ariarys, environ 98 milliards ont été consacrés à l'enseignement primaire. Ces chiffres sont quelque peu trompeurs parce qu'une partie importante des « dépenses d'investissement » en faveur de l'enseignement primaire comprend des dépenses de fonctionnement (par exemple, pour la rémunération des enseignants du primaire et la formation des enseignants).[23] Même en tenant compte de ces ajustements, la part des autres sous-

---

23. Une partie de ces dépenses est financée par des projets extérieurs et par conséquent classée comme "dépenses d'investissement" dans le budget.

Tableau 10. Affectation des dépenses publiques de l'éducation par sous-secteur, 2002–07							
	Part de l'éducation par sous-secteur						
	2002	2003	2004	2005	2006	2007 (est.)	% d'augmentation réelle 2002–06
Dépenses totales de l'éducation (milliards d'Ariarys prix courants)	163	206	266	388	387	463	61,9%
Dont : (%)							
Maternelle	—	—	—	—	—	0,5%	n.d.
Primaire	43%	38%	51%	57%	59%	55%	124%
Collège	11%	14%	10%	11%	10%	10%	48%
Lycée (y compris l'enseignement technique)	7%	6%	4%	6%	6%	5%	36%
EFTP	3%	3%	3%	3%	2%	2%	11%
Enseignement supérieur	16%	10%	10%	10%	13%	11%	35%
Recherche scientifique	3%	7%	2%	3%	3%	2%	65%
Administration	18%	23%	19%	11%	8%	14%	(32%)
Articles de mémo :							
Total en millions de dollars US	119	166	142	194	181	247	
Taux de change (1 $US)	1366	1238	1869	2003	2142	1874	

Remarques : 1. Les dépenses totales représentent le budget exécuté (base des engagements) et comprennent les dépenses de fonctionnement et d'investissement. 2. Les données de 2007 sont provisoires. 3. L'augmentation réelle est calculée en utilisant les dépenses ajustées par rapport à l'inflation, par sous-secteur et pour le total. 4. Le total pour l'Éducation qui est entre parenthèses est à prix courants.
Sources : 1. Pour 2002–05, MEN, 2008b. *Rapport d'État du Système Éducatif National Malgache*. 2. Pour 2006 et 2007, MEN. 2008a. *Mise en œuvre du plan Éducation Pour Tous-Bilan annuel 2007*. Annexe 1.3 Taux de change tirés de la banque de données en ligne de la Banque mondiale sur les Finances mondiales de développement.

secteurs est extrêmement faible avec des montants absolus faibles et variables. En 2006, l'investissement au lycée était de 2,1 milliards d'Ariarys (environ 1 million de dollars US) et dans l'EFTP, 980 millions d'Ariarys (0,5 million de dollars US). Toutefois, l'investissement dans l'enseignement supérieur et la recherche scientifique était considérablement plus élevé à un niveau de 7,9 milliards d'Ariarys (environ 3,6 millions de dollars US), mais cela était surtout dû aux dépenses consacrées à la recherche scientifique, financées par des projets extérieurs dans d'autres secteurs. L'investissement dans les institutions d'enseignement supérieur a été de l'ordre de 2 à 4 millions de dollars US par an entre 2002 et 2006 (tableau 11).

Les dépenses d'investissement sont largement financées par des sources extérieures, ce qui explique la grande part de l'enseignement primaire et les parts négligeables des autres sous-secteurs. Les bailleurs de fonds ont apporté des fonds presque exclusivement pour l'enseignement primaire : en 2006, le financement des bailleurs de fonds en faveur de

Tableau 11. Affectation des dépenses d'investissement dans l'éducation par sous-secteur, 2002–07

	Part des dépenses d'investissement					
	2002	2003	2004	2005	2006	2007
Dépenses totales d'investissement (milliards Ar courant)	27	49	69	123	109	123
Dont (en%) :						
Maternelle	—	—	—	—	—	2%
Primaire	15%	15%	69%	81%	90%	86%
Collège	2%	2%	3%	3%	0,3%	2%
Lycée	3%	1%	0%	3%	2%	4%
EFTP	3%	1%	1%	0,9%	0,1%	0,4%
Enseignement supérieur	22%	5%	5%	7%	1%	0,9%
Recherche scientifique	9%	24%	3%	5%	6%	4%
Administration	47%	52%	18%	0%	0,7%	1%
Total en millions $US.	19,7	40,0	37,0	61,6	51,0	65,5

Remarques : 1. Budget exécuté (sur la base des engagements). 2. Les données de 2007 sont provisoires.
Sources : 1. Pour 2002–05, MEN, 2008b. *Rapport d'État du Système Éducatif National Malgache.* 2. Pour 2006 et 2007, MEN. 2008a. *Mise en œuvre du plan Éducation Pour Tous-Bilan annuel 2007.* Annexe 1.3 Taux de change tirés de la banque de données en ligne de la Banque mondiale sur les Finances mondiales de développement.

l'éducation était de 68 milliards d'Ariarys, soit environ 10 fois le financement pour tous les autres niveaux d'enseignement combinés. Pour la même raison, la recherche scientifique reçoit une part plus élevée du total des dépenses d'investissement que l'enseignement supérieur (figure 32).[24] Dépendant fortement du financement des bailleurs de fonds dans le secteur de l'éducation, les enveloppes budgétaires traduisent, dans une grande partie, les priorités des bailleurs. Le budget d'investissement intérieur est trop faible pour avoir un impact significatif sur le changement des priorités par sous-secteur.

L'augmentation des dépenses publiques réelles de fonctionnement a juste suivi le rythme de la scolarité au lycée et dans l'enseignement supérieur (tableau 12). Dans l'EFTP, la dépense unitaire, par élève, a baissé d'environ 25% entre 2002 et 2006, principalement en raison de l'augmentation du ratio élèves/enseignant. Exprimé en dollars, la dépense unitaire au lycée, l'EFTP et l'enseignement supérieur était respectivement d'environ 180 $US, 206 $US et 570 $US en 2006. Ces faibles valeurs absolues traduisent principalement les faibles niveaux de salaire. En comparaison avec plusieurs autres pays de l'Afrique subsa-

---

24. En 2006, un projet de l'Association internationale de développement (IDA-*International Development Association*) affecté au développement rural représentait le gros des dépenses d'investissement de recherche et développement (R&D) ; en 2007, la majeure partie était due au Programme national de nutrition (*National Program on Nutrition*), financé par l' UNICEF.

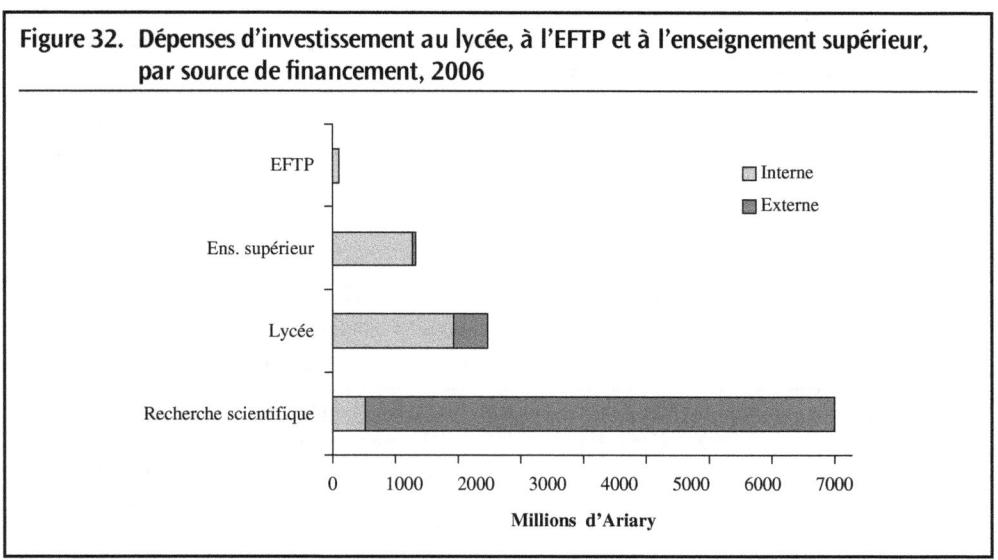

Figure 32. Dépenses d'investissement au lycée, à l'EFTP et à l'enseignement supérieur, par source de financement, 2006

Remarques : Données sur l'exécution budgétaire.
Source : MEN 2008a : Mise en œuvre du plan Éducation pour tous : bilan annuel 2007. Mars 2008, Annexe 1.

harienne (ASS), ces valeurs ne sont pas disproportionnées, ni par rapport au PIB par habitant ni par rapport à un ratio de dépense unitaire dans l'enseignement primaire.[25]

Au lycée, presque toutes les dépenses de fonctionnement couvrent les salaires, les coûts de fonctionnement des établissements ne représentant que 1%. Dans les lycées publics, les dépenses complémentaires sont financées par les frais d'inscription, qu'elles sont libres de fixer. Les dépenses de formation des enseignants, le développement des programmes de cours et du matériel brillent par leur absence (Figure 33).

La part disproportionnée représentée par les salaires du personnel au lycée fait ressortir le manque important d'efficacité des dépenses publiques à ce niveau—faibles ratios élève/enseignant, sous-occupation des enseignants et proportion relativement élevée du personnel administratif. Le ratio moyen élèves/enseignant, qui est de 20/1 dans les lycées publics, est plus faible que la moyenne en ASS. Il résulte de l'ultra-spécialisation des programmes de cours et de la surcharge des matières, ainsi que de la petite taille des établissements et du faible nombre d'heures d'enseignement. Le salaire des enseignants publics du lycée représente environ 7 fois le PIB par habitant, ce qui n'est pas anormal étant donné le niveau universitaire des enseignants. De toute façon, comme leur salaire est fixé dans le cadre des salaires de la fonction publique, il existe peu de marge de manœuvre. Cela signifie cependant que les enseignants sont coûteux et qu'ils doivent être utilisés avec précaution. Si Madagascar souhaite maximiser l'utilisation de ses ressources, le pays ne peut pas se permettre des charges de travail aussi faibles pour ses enseignants et des ratios

---

25. Les dépenses de fonctionnement par élève dans l'eseignement primaire sont minorées dans le tableau qui utilise la classification budgétaire, car certaines dépenses ordinaires figurent dans le budget d'investissement. L'ajustement de ces dépenses donnerait des ratio de dépenses par élève dans chaque sous-secteur conformes aux normes des pays à faible revenu.

Tableau 12. Dépenses publiques de fonctionnement par élève, par niveau d'enseignement, à prix constants, base 2006

(000 Ariarys)	2002	2003	2004	2005	2006	Augmentation moyenne annuelle
Primaire	45,4	44,3	42,7	46,4	43,4	Voir note 1
Collège	135,7	161,3	133,9	147,2	117,2	−3,6%
Lycée	340,5	396,5	320,4	370,9	344,4	0,3%
EFTP	519,4	526,9	660,6	598,9	387,6	−7,1%
Enseignement supérieur	948,3	804,7	896,7	806,6	1065,7	3,0%

Remarques : 1. L'augmentation annuelle moyenne n'est pas calculée pour l'enseignement primaire afin d'éviter une mauvaise interprétation des données, étant donné qu'une part importante des dépenses de fonctionnement (par exemple la rémunération des enseignants de la communauté) est financée par des dépenses classées comme investissement dans le budget.
Source : MEN, 2008b. *Rapport d'État du Système Éducatif National Malgache* (en cours).

élèves/enseignant aussi bas. En résumé, le lycée de Madagascar a une structure de coût élevée, camouflée par les faibles niveaux absolus des coûts unitaires (en dollars).

Au niveau de *la formation technique/professionnelle,* les frais du personnel représentent environ 78%. Les ratios élèves/enseignant ont quadruplé dans les centres de formation professionnelle (CFP) passant de 4/1 à 16/1. Cette situation a suivi le gel des recrutements et a entraîné le vieillissement du corps enseignant. Les institutions ont également augmenté leur taille pour s'adapter aux augmentations de la scolarité. La taille moyenne d'un centre de formation professionnelle est passée de 34 élèves en 1999 à 138 en 2005, alors que les nouvelles constructions ont été limitées. Toutefois, les charges de travail des enseignants, à un niveau de 20 heures par semaine, sont environ 50% inférieures aux moyennes internationales.

Environ le quart du budget public est transféré à des installations publiques de formation, pour des fournitures. Ces établissements sont par conséquent relativement mieux

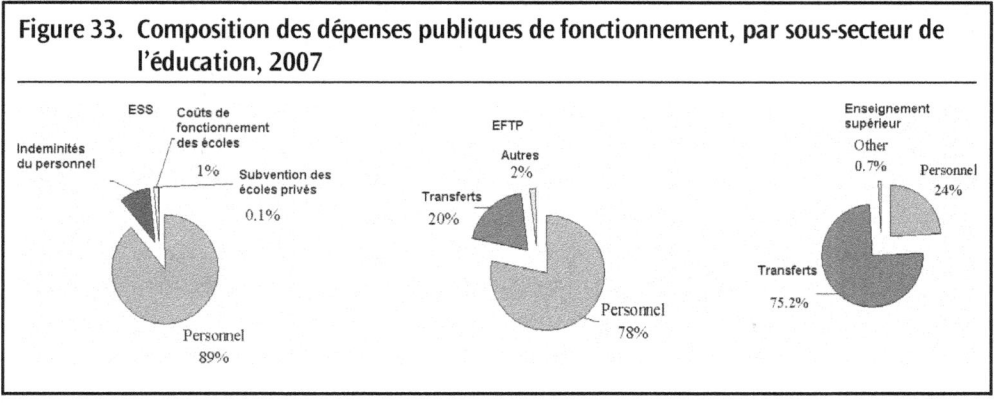

Figure 33. Composition des dépenses publiques de fonctionnement, par sous-secteur de l'éducation, 2007

Remarques : 1. Les transferts aux institutions sont destinés aux établissements publics de l'EFTP et aux institutions d'enseignement supérieur, qui gèrent ces fonds. Pour ces dernières, le paiement des heures supplémentaires des enseignants universitaires est inclu. 2. Les données, estimations provisoires, concernent la réalisation du budget (sur la base des engagements).
Source: Zaafrane 2008.

financés que le lycée. En outre, les institutions de formation sont autorisées à mobiliser des moyens complémentaires.

Au niveau de *l'enseignement supérieur,* les salaires du personnel enseignant permanent sont inclus dans le budget du ministère de l'Éducation et sont payés directement par le ministère des Finances. Ces salaires représentent un quart des dépenses de fonctionnement. Trois quarts des dépenses sont des transferts aux institutions publiques, qui sont gérés par ces institutions. Les transferts comprennent des dépenses diverses, qui incluent le coût des heures d'enseignement supplémentaires du corps enseignant, le salaire du personnel non enseignant, les frais d'exploitation (pédagogiques et frais généraux), ainsi que des bourses nationales aux étudiants. Les universités interviennent pour plus de 80% des transferts totaux (figure 34).

On obtient une meilleure classification économique des dépenses de fonctionnement de l'enseignement supérieur en répartissant les transferts selon leurs composantes. Cette classification montre qu'environ 54% des dépenses ordinaires couvrent la rémunération du personnel, dont deux tiers sont consacrés aux enseignants (salaires et heures supplémentaires) et le reste au personnel administratif (figure 35). Environ 30% des dépenses courantes totales étaient affectés aux bourses, laissant seulement 10% pour les charges administratives et pédagogiques des universités.

Les universités gèrent environ 80% des fonds publics destinés à l'éducation et la structure de leurs dépenses témoigne de sérieuses carences dans l'utilisation des moyens :

- Environ un tiers du budget d'une université va à l'administration centrale (Présidences) des universités, un autre tiers aux institutions d'enseignement actuelles et un tiers aux bourses.
- Quatre postes représentent la majorité des charges de l'administration centrale : le salaire du personnel non enseignant engagé par l'université (32%) ; les frais de carburant et de déplacement (15%) ; l'eau et l'électricité (10%) ; et le logement des

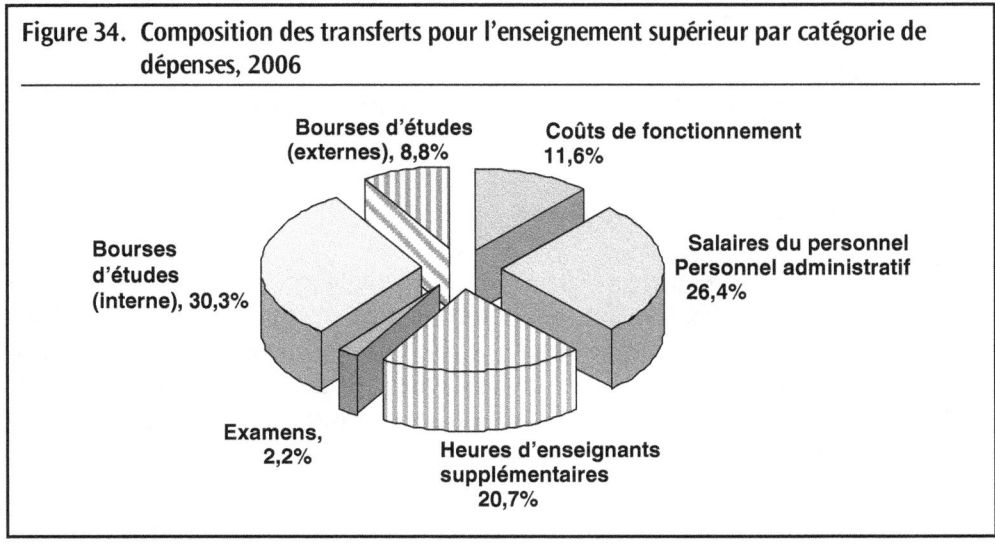

Figure 34. Composition des transferts pour l'enseignement supérieur par catégorie de dépenses, 2006

Source : Zaafrane, 2008.

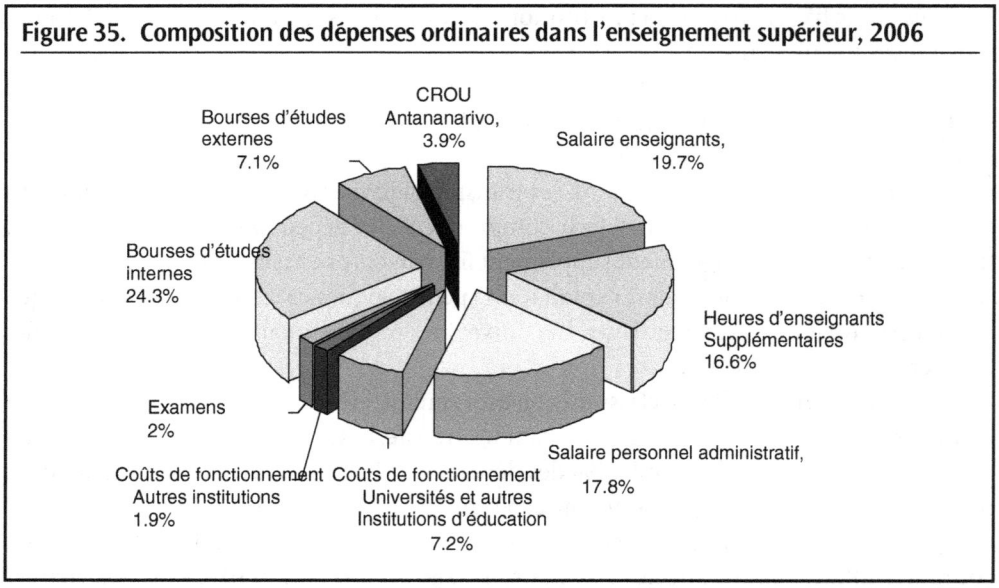

Figure 35. Composition des dépenses ordinaires dans l'enseignement supérieur, 2006

Remarque : Le CROU est le *Centre régional des œuvres universitaires,* qui est la structure en charge des dortoirs et des cantines des étudiants à l'Université d' Antananarivo.
Source: Zaafrane, 2008.

étudiants, les examens etc. (25%). La formation du corps enseignant n'intervient que pour 1% des dépenses de l'administration centrale.
- Environ la moitié des dépenses dans les facultés est consacrée aux bourses et un autre quart aux heures supplémentaires d'enseignement ainsi qu'au personnel temporaire. 10% reviennent au personnel administratif.
- Que ce soit au niveau de l'administration centrale ou des institutions d'enseignement, très peu est dépensé pour le développement professoral ou pour la recherche. Au total, les présidences ont dépensé moins de 5 000 $US pour le développement des professeurs et environ 350 000 $US pour la recherche. Dans les facultés et les institutions, un autre montant de 100 000 $US a été dépensé pour la formation des professeurs et 200 000 $US pour la recherche.
- Par étudiant, la charge des équipements administratifs et pédagogiques ne représentait que 65 $US par an. Cela représente un sinistre indicateur de la réalité des institutions d'enseignement supérieur de Madagascar, qui manquent de matériels didactiques et pédagogiques de base.

Les heures supplémentaires des enseignants, mises en graphique, montre l'inefficacité des dépenses publiques. Depuis 1992, le gel du recrutement des professeurs d'université a conduit à une explosion des heures supplémentaires d'enseignement, qui représentent aujourd'hui presque 85% du total des heures enseignées (Figure 36). Cette situation résulte de plusieurs facteurs. Premièrement, les professeurs et les assistants ont des charges de travail très faibles de 5 heures par semaine. La justification de cette situation invoquée initialement, expliquant que le corps professoral devait consacrer environ de 15 à 20 heures à la recherche, n'est plus de mise, car les conditions nécessaires pour faire de la recherche n'existent pas. Deuxièmement, les procédures et critères de contrôle administratif des heures sup-

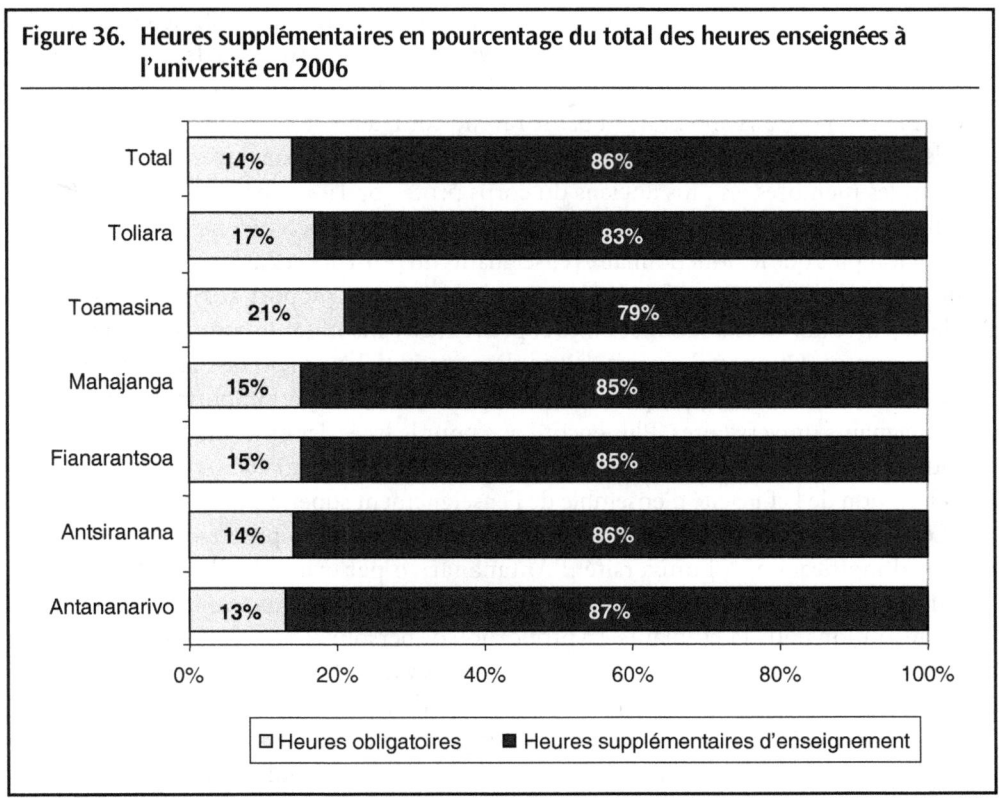

Figure 36. Heures supplémentaires en pourcentage du total des heures enseignées à l'université en 2006

Source: Zaafrane, 2008.

plémentaires d'enseignement sont faibles. Entre 2002 et 2007, le taux horaire des heures d'enseignement supplémentaires a augmenté de 174%. Il en résulte que les heures supplémentaires d'enseignement rapportent autant aux membres du corps professoral que leur salaire normal. La répartition de ces heures supplémentaires entre les départements et les membres du corps professoral ne répond pas à des critères transparents. Dans l'ensemble, comme les membres du corps professoral sont enclins à accroître leur rémunération en accumulant des heures supplémentaires, ce phénomène a un effet négatif sur la qualité de l'enseignement et de la recherche. De plus, il crée des droits acquis qui protègent les méthodes d'enseignement existantes de peur que les revenus des enseignants soient perturbés.

Niveau de salaire des enseignants universitaires

À moyen terme, la révision des procédures des rémunérations et de recrutement du corps professoral est une priorité majeure pour le fonctionnement efficace des universités. Au début des années 90, l'objectif premier du gel du recrutement était le contrôle des dépenses salariales pour pouvoir polariser les moyens des pouvoirs publics sur la gestion de la crise macroéconomique du moment. Depuis, et longtemps après que cette crise se soit atténuée, les pouvoirs publics ont maintenu le gel des recrutements et le système d'heures supplémentaires. Il en résulte un manque de nouveaux enseignants pour faire face au nombre croissant d'étudiants inscrits—et les professeurs en place comblent ce déficit en donnant des heures supplémentaires coûteuses, en plus de leur salaire normal. En 2007, le salaire annuel moyen d'un enseignant universitaire était d'environ 6 100 $US, soit près de 17 fois le revenu par habitant. En termes réels, les niveaux de salaire sont restés à peu près constants au cours de cette décennie. Ce salaire n'inclut pas le revenu complémentaire gagné grâce aux heures supplémentaires d'enseignement, qui peut doubler la rémunération de certains enseignants (surtout les membres les plus anciens du corps professoral). Les professeurs d'université sont donc relativement bien payés à Madagascar. Hors revenu complémentaire, ils perçoivent 3,4 fois plus que les fonctionnaires enseignants du primaire et 2,5 fois plus que les enseignants du secondaire. Toutefois, en termes absolus et par rapport aux normes des pays d'ASS, ces niveaux de salaire sont faibles et peuvent être insuffisants pour attirer un professeur compétent. Quoi qu'il en soit, le problème essentiel provient de l'absence de réglementation et de contrôle appropriés dans la répartition d'une part importante des revenus des enseignants universitaires. Plus encore que pour le lycée, les enseignants constituent la ressource la plus coûteuse, et leur charge de travail et leurs performances sont cruciales pour l'amélioration de l'efficacité d'ensemble de l'enseignement supérieur.

Le ratio élevé entre le personnel administratif et le corps professoral est un autre facteur d'inefficacité. À l'université d'Antananarivo par exemple, il y a un personnel administratif de 2 200 personnes pour environ 500 enseignants, ou une personne de l'administration pour 11 étudiants. La proportion de personnel administratif est beaucoup plus élevée dans les institutions publiques : elle peut varier d'une personne administrative contre 6 à 16 étudiants, alors qu'elle varie de 1 à 18 dans les institutions privées.

L'une des différences majeures entre Madagascar et la plupart des autres pays francophones africains est, depuis la moitié des années 90, la non implication des institutions d'enseignement supérieur malgaches dans le financement et la gestion des restaurants et des dortoirs subventionnés, destinés à la majorité des étudiants. D'un point de vue positif, cela signifie que la part des dépenses sociales du budget de l'enseignement supérieur est moins importante que dans d'autres pays francophones. Le département CROU (Centres régionaux des œuvres universitaires) du ministère de l'Éducation ne gère les équipements qu'à l'Université d'Antananarivo.

Cependant, d'un point de vue négatif, cela montre aussi que la plupart des institutions ne disposent pas des équipements essentiels assurant les besoins fondamentaux des étudiants. Dans tous les foyers d'étudiants des universités, les conditions de vie sont médiocres, tant du point de vue de l'espace, que celui de l'hygiène et de la sécurité. Les services de transport sont minimes. Dans les institutions disposant de dortoirs, les étudiants utilisent des poêles électriques aux frais de l'université. Cette pratique est si répandue que les frais d'électricité représentent 42,5% du budget total du CROU, le département du ministère de l'Éducation responsable des services sociaux. Le problème de l'électricité est souvent au cœur des conflits avec les étudiants, comme il a été dit plus tôt au sujet du problème des allocations budgétaires qui sont insuffisantes pour le paiement des arriérés et des retards de paiements.

Principaux problèmes dans l'utilisation des moyens

Au lycée

La taille critique des lycées tourne autour de 275 élèves, nombre en-dessous duquel les coûts unitaires des étudiants augmentent selon une progression géométrique. Dans 60% des lycées le nombre d'inscrits est inférieur à 200 élèves. Cette petite taille des lycées aggrave le problème de la sous-utilisation des enseignants due à la faible charge d'enseignement par enseignant et au nombre trop élevé de matières. Dans 70% des lycées, il y a moins de 20 élèves par enseignant (Banque mondiale 2008). La restructuration des programmes de cours proposée donne l'occasion d'une utilisation plus large des enseignants polyvalents et permet d'élever leur charge de travail au niveau des normes internationales. Elle permet également d'augmenter la taille des lycées, du moins dans les milieux urbains et semi-urbains. Une stratégie dans la construction des lycées, élaborée à partir des leçons tirées de la stratégie nationale appliquée aux constructions de l'enseignement fondamental, peut optimiser la taille des établissements et garantir des constructions utiles. Pour y parvenir, la stratégie doit intégrer des normes de planification et techniques claires, ainsi que le calcul du nombre de nouvelles classes nécessaires.

À l'enseignement supérieur

Ce sous-secteur souffre aussi de la petite taille de ses institutions. Seules deux universités (Antananarivo et Toamasina) ont le taux de scolarité minimum requis pour se qualifier comme université pluri-facultaires, qui demande beaucoup de moyens sur le plan administratif. Malgré qu'elles n'atteignent pas la taille critique, cinq sur les six universités dispensent des programmes de troisième cycle. Le taux de scolarité y est très faible, représentant 4 à 10% des inscriptions totales. Paradoxalement, la part des inscriptions dans les troisième cycles à l'Université de Mahajanga est presque le double de celle de l'Université d'Antananarivo, qui est considérée comme la principale institution de recherche du pays.

Il existe, au sein des universités, plusieurs cas de double emploi dans des écoles et instituts en place. Par exemple, l'Université d'Antsiranana abrite deux institutions tournées vers la technologie ; il s'agit de l'École supérieure polytechnique et l'École normale supérieure technique qui dispensent des cours comparables. De même, le Département de gestion des entreprises de la Faculté des sciences (*Faculty of Sciences' business administration department*) recoupe les cours offerts à l'Institut de gestion des entreprises (*Business Administration Institute*) nouvellement créé. À l'Université d'Antananarivo, les Facultés des Sciences et des Sciences humaines (*Faculties of Humanities and Science*) et l'Institut de formation des enseignants (*Teacher Training College*) dispensent plusieurs cours semblables. Il semble que des écoles, des instituts et des départements sont souvent créés sur une base ponctuelle, sans une vision stratégique de la manière selon laquelle chaque université doit évoluer. On retrouve un exemple de partage de ressources à Antsiranana où l'Institut de technologie et l'École polytechnique travaillent ensemble d'une manière satisfaisante, partageant les professeurs et les installations de laboratoire.

Gestion budgétaire

Comme il est fréquent dans les pays francophones, le ministère des Finances exerce un fort contrôle ex-ante sur les principales catégories de budgets tant au moment de la préparation qu'à l'exécution de ceux-ci. Depuis 2005, l'évolution vers des "budgets-programmes" est destinée à introduire une plus grande flexibilité dans la gestion budgétaire, en accordant au ministère un plus grand pouvoir de décision dans la réaffectation des moyens, entre les principaux programmes. Dans le cas du secteur de l'éducation, ces programmes correspondent aux sous-secteurs. Toutefois, dans la pratique, on continue d'observer une séparation claire entre la préparation et l'établissement des rapports pour les trois principales composantes du budget : les dépenses du personnel, les dépenses ordinaires non liées au personnel et le programme d'investissement public (PIP). Le premier est géré directement par le ministère des Finances, alors que le dernier est géré par les projets des bailleurs de fonds. La fongibilité des ressources dans un vaste programme (par exemple, le lycée) est autorisée par la loi budgétaire, mais n'est pas mise en œuvre en pratique, des contrôles préalables persistant au niveau des composantes budgétaires.

Il existe des faiblesses importantes dans la préparation du budget, au niveau de l'enseignement post-fondamental. Elles résultent essentiellement de l'absence de politique et de priorités claires à moyen terme pour chaque sous-secteur. Un autre facteur qui intervient est l'absence de planification et de capacités techniques dans la préparation du budget répondant à ces priorités, y compris le manque d'outils. Le ministère bénéficie d'une assistance technique, financée dans le cadre du Projet en faveur de la gouvernance et du développement institutionnel (*Bank's Governance and Institutional Development*) et qui est utilisée proactivement avec le soutien de la Banque, principalement dans le contexte de l'éducation pour tous (EPT). Des avancées substantielles ont été réalisées lors de la préparation de la note de politique sectorielle et du plan des dépenses à moyen terme, qui est mis à jour chaque année, et qui est utilisé pour les discussions budgétaires avec le ministère des Finances et pour les compromis dans les allocations sous-sectorielles.

Toutefois, les progrès ont été relativement limités dans l'enseignement post-fondamental par rapport à l'enseignement primaire. Dans ce dernier, les outils de préparation du budget sont créés, y compris l'utilisation de la base de données du personnel, le calcul des coûts unitaires, la planification de la construction. Un plan annuel d'exécution est préparé pour l'EPT, et le ministère met en place des outils semblables pour des directions techniques individuelles ainsi que pour les bureaux des régions et des districts. Par contre, la préparation du budget dans l'enseignement post-fondamental suit toujours un mode marginal, avec peu de liens avec les objectifs stratégiques.

L'exécution du budget pose toujours des problèmes majeurs, malgré les efforts considérables consentis par le ministère des Finances pour simplifier les procédures. Une étude commandée par la Banque mondiale en 2005, dans le cadre des dépenses publiques, a révélé que l'autorisation de dépenses demandait souvent jusqu'à 18 signatures. Par ailleurs, la période d'exécution du budget est dans les faits limitée à 6–7 mois, avec les engagements qui ne commencent qu'en avril et qui s'achèvent en octobre/novembre. Si le ministère des Finances impose des limites à l'exécution du budget au cours des six premiers mois, c'est en raison du manque de recettes intérieures pendant cette période. La réforme des procédures d'exécution du budget qui aurait dû accompagner le processus jusqu'aux budgets-programmes, n'a pas pu être mise efficacement en œuvre, par manque de clarté et par manque de formation du personnel du ministère des Finances dans les districts, et pour des problèmes de matériels informatiques, etc. L'attention se porte plus sur le contrôle des apports des ressources, plutôt que sur leur gestion et leur utilisation.

Le troisième domaine de la gestion budgétaire, celui du suivi, est sans doute celui qui présente le plus de points faibles, surtout dans l'enseignement post-fondamental. Le ministère soumet à l'Assemblée nationale des rapports sur la réalisation d'objectifs matériels et non sur l'exécution du budget. Au ministère, les rapports courants ne sont ni établis ni révisés à des fins de gestion. Le programme de l'enseignement pour tous (EPT) est une exception. Dans le cadre de révisions réalisées par des bailleurs de fonds, des rapports d'exécution semestriels sont établis, couvrant des indicateurs de résultat, l'exécution du budget, l'état d'avancement d'activités clés, de nouvelles initiatives et les prestations des institutions. Un aspect positif des rapports de l'EPT est la discussion autour des problèmes et des défis qui se sont présentés dans la mise en œuvre du programme.

Le suivi n'est pas sans problème. Les dépenses du personnel étant contrôlées par le ministère des Finances, le ministère de l'Éducation ne suit ni le volume du personnel ni les dépenses (sauf pour l'enseignement primaire). Les transferts qui représentent une part importante du budget de l'enseignement supérieur, ne sont pas du tout suivis, étant gérés par les institutions. Comme dit précédemment, ces transferts financent les heures supplémentaires des professeurs (frais pratiquement égaux aux salaires du corps enseignant) ainsi que les salaires du personnel administratif des universités. Les universités soumettent des rapports au directeur des finances du ministère de l'Éducation, mais ces rapports ne sont pas analysés.

Cette absence de rapports et d'analyses explique pourquoi les postes clés des dépenses ont augmenté de manière incontrôlable et pourquoi les universités peuvent continuer pendant des années de ne pas payer les factures d'électricité. De même, les pouvoirs publics n'évaluent pas les moyens générés par des organisations autonomes, telles les universités et les dépenses qu'elles financent.

Les priorités de la réforme

Améliorer l'utilisation des moyens

Au lycée, des décisions politiques clés doivent être prises pour améliorer l'utilisation des ressources, au niveau du système. La première est d'utiliser mieux les enseignants en faisant, par exemple, une réforme des programmes d'étude. La deuxième est de planifier soigneusement la répartition des établissements. Le rapport de la Banque mondiale sur l'enseignement secondaire suggère que, jusqu'à 275 élèves inscrits, des économies d'échelle sont réalisables dans des lycées. Ceci est de toute évidence plus facile à appliquer dans les zones urbaines. Pour les zones rurales, où la population est dispersée, il faut trouver de nouveaux types d'établissements et présenter des mécanismes d'offre alternatifs.

Dans l'EFTP, plus courte est la durée de la formation, plus efficient est l'utilisation des ressources existantes.

Dans l'enseignement supérieur, la taille non viable de la majorité des universités et la dispersion des ressources au travers un nombre relativement élevé de programmes de troisième cycle demandent deux types de décisions de la part des pouvoirs publics. En premier lieu, le ministère de l'Éducation doit évaluer, pour chacune des quatre universités sous peuplées, s'il est possible d'étendre la scolarité à au moins 5 000 étudiants. Les universités où cet objectif n'est pas réalisable dans un avenir proche pourraient être rétrogradées et fonctionner comme simple(s) institut(s) universitaire(s) ordinaire(s). Ensuite, les programmes des troisième cycles doivent être regroupés dans une ou deux universités au plus pour bénéficier d'économies d'échelle.

Pour optimiser l'exploitation des installations existantes et des moyens disponibles, chaque institution doit faire l'exercice d'une planification stratégique, qui rationaliserait les offres de programmes et de cours existants, et qui orienterait la création de nouveaux programmes dans les années à venir. Les universités qui se chargeraient de tels exercices, demandant une assistance technique, pourraient bénéficier d'un financement complémentaire.

Le problème des heures d'enseignement supplémentaires exige d'abord celui des conditions d'emploi et du statut du corps enseignant, ainsi que celui, plus général, des conditions de rémunération de la fonction publique. La meilleure solution est d'introduire de nouvelles conditions de recrutement pour de nouveaux enseignants dans des cours prioritaires. Elles incluraient des salaires plus élevés basés sur un nouveau système d'évaluation de leurs performances, tenant compte de leurs prestations d'enseignants et de chercheurs. L'exemple du Pakistan mérite d'être étudié. Une nouvelle voie vers la titularisation y a été instituée pour les nouveaux enseignants, qui bénéficient de salaires plus élevés, mais qui ont à respecter des conditions de productivité plus strictes. La participation de ces institutions d'enseignement supérieur est volontaire, mais en participant, elles bénéficient de financement complémentaire. Toute initiative de réforme du recrutement des professeurs et de leur rémunération doit garantir que ce seront les meilleurs qui seront engagés et récompensés—le but étant de renforcer la qualité générale de l'enseignement universitaire et de s'assurer que la formation des enseignants est de grande qualité.

Même si l'Etat n'est pas impliqué dans le financement direct des services sociaux des étudiants, chaque institution d'enseignement supérieur peut faciliter l'organisation de services sociaux de base, en faveur des étudiants, par la sous-traitance avec des entreprises du secteur privé ou des mécanismes avec les municipalités compétentes. Les expériences réussies, comme celle de l'Institut de technologie d'Antananarivo, où les cafétérias n'étaient pas subventionnées, mais gérées par l'Association des étudiants, devraient être étudiées soigneusement et imitées.

Dans tous les sous-secteurs, l'amélioration du bon fonctionnement interne, par la réduction des abandons, du redoublement et des échecs aux examens, libère des moyens financiers et physiques.

Favoriser la mobilisation des moyens dans les institutions publiques, avec une plus grande redevabilité

Aujourd'hui, la mobilisation des moyens n'est importante que dans l'EFTP et l'enseignement supérieur. Toutefois, elle peut être aussi étendue au lycée par la création, par exemple, d'un fonds destiné à l'acquisition de manuels scolaires et de matériels pédagogiques, au niveau de l'établissement. Ce fonds mettrait en commun des moyens venant à la fois du gouvernement, des ménages et de contributions privées. Une utilisation accrue d'un matériel pédagogique est cruciale pour l'amélioration de la qualité, mais le ministère doit éviter de fournir gratuitement ce matériel. Un système de partage des coûts doit apporter une aide ciblée aux étudiants les plus pauvres.

Au niveau de l'EFTP, la possibilité d'étendre le financement des employeurs doit être activement poursuivie, mais ceci exige aussi la mise en place de structures de gestion, permettant aux employeurs de gérer les fonds. Une étude sur les options de financement doit être envisagée, qui comprendrait à la fois un impôt national sur les registres du personnel, des contributions volontaires et des fonds sectoriels pour le développement des qualifications.

Au niveau de l'enseignement supérieur, les mobilisations des ressources et l'utilisation de ces ressources complémentaires ne sont pas régies par des règles claires. La part des ressources non budgétaires a atteint environ 10% des ressources des universités. Les droits d'inscription et autres frais de scolarité représentent environ 60% de leurs ressources. Les recettes tirées des services d'expertise et autres services représentent moins de 10%. Les «cours payants» représentent encore 31% en plus et augmentent rapidement.

La première mission du ministère de l'Éducation est d'apporter à toutes ces institutions publiques d'enseignement supérieur une description claire des règlements et des procédures qui sont à appliquer, comme ils sont définis par le ministère de l'Éducation lui-même, le ministère des Affaires administratives et le ministère des Finances. À leur tour, chaque institution d'enseignement supérieur doit trouver des critères appropriés et des mécanismes de partages de ces revenus entre toutes les entités concernées (université/institut/école, département, individus). Dans beaucoup d'institutions d'enseignement supérieur des pays industrialisés, les revenus complémentaires sont répartis à part égale entre les trois niveaux.

Réformes des mécanismes d'allocation des ressources publiques

L'utilisation et la mobilisation des ressources, ainsi que les changements dans les méthodes et les résultats pédagogiques, peuvent être induits par le type d'offre des fonds publics aux institutions. Dans les lycées, l'introduction d'un fonds de développement des lycées, destiné à améliorer la qualité, peut être utilisée pour stimuler les changements dans l'enseignement, améliorer l'efficacité interne, assurer une meilleure gestion budgétaire et un suivi plus performant. Pour réussir, le programme a besoin de directives claires et les lycées du soutien d'une assistance technique dans la préparation et la mise en œuvre des plans de développement, en même temps qu'un suivi effectif.

Dans l'EFTP et dans l'enseignement supérieur, le ministère doit envisager le transfert de ressources marginales vers les institutions publiques, sur base de performances, plutôt que de chiffres historiques. Trois principaux types de mécanismes novateurs de répartition doit être envisagés dans ce contexte (les exemples présentés se rapportent à l'enseignement supérieur, mais peuvent être adaptées à l'EFTP) :

- *Formules de financement basé sur le rendement* : Les fonds destinés aux dépenses de fonctionnement (en partie ou en totalité) sont accordés sur la base d'une formule liant la cause du montant des ressources dépensées, tel le nombre d'étudiants et de professeurs, à certains indicateurs de performance institutionnels tel le nombre de diplômés. Des montants plus élevés sont parfois payés à des diplômés dans certains domaines d'étude, ou ayant des capacités spécifiques de grande priorité.
- *Contrats axés sur le rendement* : les pouvoirs publics concluent des accords régulateurs avec des institutions et fixent des objectifs mutuels, basés sur la performance et reliés à des domaines d'étude, à des indicateurs d'efficacité ou à l'utilisation de ressources.
- *Fonds concurrentiels* : Le financement est accordé à des projets, analysés par des pairs, et conçus pour améliorer les institutions quant à la qualité et la pertinence, et pour promouvoir l'innovation pédagogique et favoriser une meilleure gestion. Les institutions sont habituellement invitées à formuler des propositions qui sont étudiées et sélectionnées par des comités de pairs, suivant des procédures et des critères transparents. Les critères d'éligibilité varient d'un pays à un autre et

dépendent des orientations de politiques spécifiques recherchées. Il s'agit, par exemple, de savoir s'il faut changer toutes les universités dans leur ensemble, ou des facultés prises individuellement.

La capacité du ministère à concevoir et à mettre en œuvre ces réformes doit être renforcée. Des formules de financement, par exemple, nécessitent des données détaillées sur les facteurs qui affectent les coûts. Pour que des fonds concurrentiels soient efficaces, un comité d'évaluation indépendant s'avère nécessaire, à côté de critères et des procédures clairs et simples. Dans les pays tels que Madagascar, qui ont des communautés académiques relativement petites ou isolées, il est souhaitable de s'appuyer sur une équipe collégiale d'évaluateurs, régionaux ou internationaux, afin de réduire le danger de complaisance et d'évaluation subjective, au sein d'un groupe limité de collègues nationaux. L'utilisation d'une équipe transnationale est une pratique de longue date dans les pays scandinaves, notamment aux Pays-Bas et en Irlande.

Outre le changement des mécanismes d'allocation des ressources, le gouvernement doit remettre de l'ordre dans la situation des arriérés des universités vis-à-vis de services, tel que l'électricité. Cette situation peut exiger des actions de la part du ministère des Finances plutôt que du ministère de l'Éducation.

Le ministère doit aussi exiger une plus grande responsabilité de la part des utilisateurs de toute ressource publique, cette responsabilité faisant partie intégrante de la démarche vers ces nouveaux mécanismes de répartition. Une régularité plus grande et un contenu meilleur des rapports budgétaires sont nécessaires. Les directions du ministère chargé des lycées, de l'EFTP et de l'enseignement supérieur doivent présenter des rapports mensuels et trimestriels de suivi des finances, ainsi que des rapports d'exécution semestriels et annuels évaluant l'état d'avancement des programmes et les problèmes rencontrés. Les rapports d'exécution de l'EPT offrent déjà un modèle au niveau du ministère. Par ailleurs, toutes les institutions publiques, à commencer par les universités, et finalement tous les établissements du lycée doivent être appelés à soumettre au moins un rapport annuel concernant leurs activités et l'utilisation des fonds.

CHAPITRE 8

Changement d'orientation— Réforme de la gestion et de la gouvernance

Pour répondre aux besoins du marché du travail et à ceux liés au développement, le système d'enseignement post-fondamental doit être adapté. Cela demande d'importants changements dans l'organisation et la gestion des institutions d'enseignement, et dans tout le système post-fondamental. Les institutions doivent se tourner davantage vers le monde extérieur. Pour y arriver, elles doivent bénéficier d'une plus grande flexibilité, tout en devenant plus redevables de leurs résultats. Ceci implique des changements dans leur structure organisationnelle et leur mandat. Parallèlement, le système d'enseignement et de formation, dans son ensemble, a besoin de mécanismes qui l'aident à définir ses objectifs et à se choisir des politiques. Il doit aussi disposer de structures et instruments qui peuvent inciter les institutions à changer et à entretenir des partenariats avec les acteurs économiques. Ce chapitre traite de ces problèmes. Il identifie, dans un premier temps, les réformes clés à réaliser au niveau du système lui-même, puis, dans un deuxième temps, celles qui sont spécifiques à chaque sous-secteur.

Renforcement des mécanismes favorisant le leadership politique de cette réforme

Il est extrêmement important que les utilisateurs et les autres parties prenantes du système d'enseignement et de formation soient impliqués. Cela est vrai en particulier pour les employés, mais également pour les institutions privées, les ministères, les enseignants, etc. Étant donné le temps nécessaire à l'aboutissement de ces réformes, l'expérience prouve qu'elles ne réussissent que si elles bénéficient d'un large soutien de la classe politique.

Afin d'obtenir une large adhésion aux réformes, de nombreux pays ont placé au-dessus du ministère de l'Éducation des organismes de niveau plus élevé, qui rendent compte au Premier ministre ou au cabinet du Président. Ils peuvent définir des politiques, commander des études, s'assurer de la coordination interministérielle, organiser des consultations, ou diriger l'utilisation de fonds complémentaires vers des priorités nationales. D'autres pays ont, par exemple, créé des commissions pour des sous-secteurs spécifiques (enseignement supérieur, enseignement secondaire, développement des qualifications), ou encore des commissions plus générales axées sur le « savoir » ou « l'éducation ».

Dans cet ordre d'idée, Madagascar pourrait envisager la constitution d'une commission pour l'enseignement post-fondamental (Encadré 6). Néanmoins il est important d'en évaluer la faisabilité, compte tenu de la capacité administrative existant à chaque niveau et d'évi-

---

Encadré 6. Modèle pour une commission de réforme de l'enseignement post-fondamental

L'expérience internationale montre que les commissions de réforme sont utiles pour mener à bien des réformes dans l'enseignement. Généralement, une commission de réforme assure une supervision, surveille les progrès par rapport aux points de référence de la réforme et apporte des conseils dans les domaines critiques de la réforme ou par rapport aux goulets d'étranglement qui surviennent pendant la mise en œuvre.

A Madagascar, une Commission de réforme de l'enseignement post-fondamental (PERC-*Post-Education Reform Commission*) pourrait aider à instaurer l'imputabilité pour des réformes réussies de l'enseignement secondaire et supérieur. Un point important est de déterminer à qui la Commission doit rendre compte. Dans certains pays, il a été jugé utile de le faire au niveau du Président ou du Premier ministre. Une autre question est celle des responsabilités allouées à la commission. Parmi les possibilités, il y a :

1. La politique de recherche et développement
2. Le développement des programmes scolaires et les politiques d'évaluation
3. La réglementation des écoles secondaires et universités privées
4. La gestion des fonds pour le développement des lycées/universités, ainsi que celle des fonds pour la formation et les bourses d'études
5. La gestion de l'assistance technique financée par les bailleurs de fonds
6. La gestion du suivi et évaluation des réformes
7. La création d'un cadre national des qualifications

La PERC pourrait être autorisée à recevoir des fonds de sources locales et internationales, publiques ou privées. Elle pourrait avoir le pouvoir de passer des contrats pour des services techniques, à long ou à court terme.

Le conseil d'administration de la PERC pourrait être constitué d'une sélection des parties prenantes concernées par la réforme du post-fondamental. On pourrait y trouver des représentants (d'un niveau relativement élevé) de l'industrie privée, des ministères, du secteur de l'enseignement privé, des pouvoirs publics locaux et des fonctionnaires de l'enseignement. La durée des mandats serait telle qu'un tiers des administrateurs soit renouvelé tous les trois ans. Le conseil élirait lui-même son président tous les deux ans.

Dans ce contexte, le ministère de l'Éducation nationale demeurerait responsable de l'administration des rémunérations des enseignants, des constructions d'écoles, du suivi évaluation de routine et de toutes les fonctions liées à l'enseignement fondamental.

ter de créer de lourdes structures bureaucratiques. Les responsabilités d'un tel organisme seraient clairement délimitées et reposeraient sur une structure de gestion souple et adaptée.

Indépendamment de l'option choisie pour mener la réforme, il est important d'instaurer des mécanismes impliquant des acteurs étrangers au gouvernement tant dans des consultations qu'au niveau de la prise de décisions politiques majeures. S'il s'avère que mettre en place une commission nationale n'est pas opportun, le ministère pourrait envisager de créer des groupes de travail sur des sujets spécifiques, dont les membres seraient, dans un premier temps, choisis en dehors du système d'enseignement. Une solution alternative serait de créer un organisme directeur pour des sous-secteurs particuliers, qui demandent un haut degré de participation extérieure (par exemple une autorité nationale de la formation pour l'EFTP). Le défi le plus important pour le ministère de l'Éducation est de se tourner davantage vers le monde extérieur, en étant à l'écoute des besoins et des demandes de la société.

Redéfinition du rôle du ministère de l'Éducation

Le ministère de l'Éducation ne joue pas un rôle directeur dans la conduite du secteur. Il n'existe à ce jour ni politique ni stratégie pour le lycée, l'EFTP ou l'enseignement supérieur. Beaucoup de faiblesses qui seront analysées ci-dessous en résultent. La capacité d'élaboration de politiques, stratégies opérationnelles et plans de mise en œuvre est limitée. Et pourtant, l'exemple de l'EPT (Éducation pour tous), qui utilise un processus structuré d'apprentissage « sur le tas » en même temps qu'une assistance technique internationale, montre qu'il est possible de développer à la fois les capacités opérationnelles de direction et de planification.

Un des freins importants au renforcement rapide des capacités est causé par les fréquents changements apportés à l'organigramme et par les modifications du personnel cadre qui en résultent. En 2002, la création d'un ministère unique pour l'éducation, issu de la fusion des trois ministères de l'enseignement scolaire, de l'EFTP et de l'enseignement supérieur, a offert une occasion d'introduire une politique holistique du secteur, mais, celle-ci ne s'est pas concrétisée sur le terrain. Malgré la fusion des trois ministères, il n'y a pas eu de rationalisation des fonctions et des ressources humaines. Trois réorganisations très importantes ont eu lieu l'année dernière. Elles ont touché principalement l'enseignement post-fondamental. Il s'en est suivi un départ de personnel clé qui a entraîné une perte de capacité, aucune mémoire institutionnelle n'existant. Cette instabilité de la structure explique en partie l'absence de direction stratégique.

Les problèmes de gouvernance et de gestion plus complexes dans l'enseignement supérieur et l'EFTP sont dus à l'interface que ces sous-secteurs ont avec des interlocuteurs extérieurs au système d'enseignement, ainsi qu'avec les organismes directeurs, qui, à bien des égards, ont un grand degré d'autonomie. Ce sont ces raisons qui rendent les réformes dans ces sous-secteurs difficiles à concevoir et à mettre en œuvre.

Le ministère ne dispose pas du cadre de gestionnaires spécialistes de l'éducation, dont tout système d'enseignement moderne a besoin. La majorité du personnel considère que leur fonction consiste à exécuter le budget ou à gérer les dossiers du personnel. Ce sont pour la plupart des enseignants qui ont pris une fonction administrative. Les enseignants des universités qui travaillent au ministère continuent également à exercer leurs fonctions d'enseignement et de recherche.

Il n'existe pas de panacée pour ces problèmes. Une restructuration importante de l'organisation n'est pas une solution en soi. Il est cependant recommandé de réaliser une évaluation institutionnelle des structures principales et des processus de travail du ministère, et d'identifier les mesures à prendre pour renforcer les capacités des fonctions clés, telles que la planification, le budget, la gestion des ressources humaines et la gestion de projet. Sur cette base, un programme de développement des capacités peut être élaboré. Néanmoins, le mécanisme le plus important pour la création de capacités reste l'expérience acquise lors de la conception et de la mise en œuvre des réformes. Quoiqu'il en soit, une capacité limitée signifie que les priorités doivent être choisies avec beaucoup de soin.

Dans un premier temps, s'il veut avoir une vision à long terme de l'enseignement supérieur et y développer une stratégie, le ministère pourrait constituer une équipe ayant diverses qualifications, comprenant des membres choisis à l'extérieur du ministère et du secteur de l'enseignement. Le choix des politiques se ferait sur base des travaux d'analyse réalisés jusqu'ici. Y seraient inclus : les choix concernant les structures, les programmes d'étude, la durée des cours et les programmes prioritaires exigés par la stratégie de développement du pays. On évaluerait la faisabilité de ces choix à travers i) des analyses de la soutenabilité financière et budgétaire, utilisant des projections à moyen terme des dépenses et des ressources disponibles et ii) des consultations avec les parties prenantes. La conception de programmes opérationnels et de réformes suivrait pour la mise en œuvre de la stratégie établie.

Création à Madagascar d'un cadre national des qualifications

Une priorité essentielle pour garantir l'orientation vers l'extérieur des institutions d'enseignement et de formation est la mise en place d'un cadre national des qualifications permettant de s'assurer que toutes les qualifications de l'enseignement et de la formation de Madagascar sont clairement comprises par les étudiants et leur famille, les employeurs et la société au sens large. Un tel cadre donnerait une hiérarchie des qualifications dans l'enseignement, décrivant clairement les connaissances et les qualifications acquises dans le cadre de chaque diplôme de l'enseignement post-fondamental, ainsi que les équivalences entre les diplômes. Pour les employeurs, il servirait de cadre cohérent pour l'identification des connaissances et qualifications exigées de leurs futurs employés. Il permettrait aussi aux institutions d'enseignement de définir, selon des standards de qualifications, les critères d'admission, les programmes de cours, les méthodes pédagogiques, l'évaluation/examens des étudiants. De tels cadres améliorent l'accès et la mobilité en permettant de reconnaître clairement les niveaux d'apprentissage atteint à travers différentes sources.

La création d'un tel cadre prendra plusieurs années et les expériences internationales montrent qu'il est nécessaire de débuter avec un cadre simple. Toutes les élaborations de cadres des qualifications comprennent des étapes communes :

- Les industries identifient les emplois utiles pour leurs activités, ainsi que les qualifications et connaissances qu'ils impliquent.
- Les institutions d'enseignement et de formation élaborent les programmes de cours, les formations des enseignants, ainsi que le matériel didactique nécessaire pour atteindre les standards de qualifications.

- Les accréditations sont délivrées par les pouvoirs publics ou l'industrie pour certifier que les programmes d'enseignement et de formation satisfont les normes de qualifications.
- Une hiérarchie des qualifications est définie, avec la contribution des parties prenantes, pour déterminer les équivalences et la progression.

L'engagement des employeurs à respecter le cadre est essentiel pour garantir que les institutions d'enseignement et les étudiants l'utilisent pour définir et choisir leurs programmes. De nombreux pays ont jugé utile de fonder une agence ou une autorité nationale des qualifications, qui doit développer et mettre en œuvre le cadre. Ce choix demande une définition claire de la mission, des rôles et des responsabilités, ainsi que des structures de gestion appropriées à mettre en place. Pour débuter le processus et organiser des consultations avec les employeurs, la création d'une agence au sein même du ministère de l'Éducation serait une alternative viable, qui assurerait un support logistique et éviterait de créer des structures bureaucratiques sans mission claire.

Réformes de la gouvernance et de la gestion par sous-secteur

Malgré certains changements introduits, depuis les années 90, pour favoriser une autonomie institutionnelle, le système d'enseignement de Madagascar souffre de carences importantes dans sa gouvernance et sa gestion. De bons exemples existent néanmoins à Madagascar, qui peuvent servir de guide pour le futur avec l'expérience internationale en matière de mise en œuvre de réformes de l'enseignement.

Lycée

Un avantage indéniable que présentent les *lycées* publics est l'existence d'un conseil d'école, formé par le chef d'établissement, des représentants des parents, des enseignants et des autorités locales. Ce conseil d'école peut fixer les frais de scolarité, mais en pratique il n'influe pas sur le fonctionnement du lycée. Celui-ci a un petit budget de fonctionnement. Les enseignants sont recrutés et nommés par le ministère central. Les directeurs sont nommés par le ministère, sans formation spéciale. La Direction régionale de l'éducation nationale (DREN) est responsable de l'inspection, mais elle ne dispose souvent pas des moyens pour mener à bien les inspections et elle a peu de pouvoir.

Au niveau du ministère, le manque de compétence est flagrant. Il n'y a pas de service chargé du développement des programmes de cours, de la formation des enseignants ni de l'évaluation des étudiants[26]. Les directions administratives n'ont aucune expérience ni de l'élaboration des politiques ni de la planification.

La création de fonds destinés au développement des écoles et/ou de programmes de bourses, discutée précédemment, est une occasion d'aborder tous ces problèmes de façon

---

26. Un service pour l'élaboration des programmes de cours, du matériel pédagogique et des évaluations a été créé au sein de la Direction générale de l'éducation pour tous, et a en charge l'enseignement primaire.

gérable. Dans le cadre de ces programmes, des rôles et responsabilités précis doivent être assignés à tous les niveaux, du chef d'établissement au conseil d'école. Une formation au pilotage et un renforcement des capacités doivent y être mis en place. La création de nouveaux types d'établissements doit être assujettie au renforcement des capacités de planification avant que les lieux et les types d'établissements soient déterminés.

Formation professionnelle et technique

Suite aux réformes des années 90, plusieurs points positifs apparaissent dans l'organisation et la gestion des établissements. Les établissements d'EFTP sont autonomes dans plusieurs domaines : ils peuvent sélectionner leurs élèves, fixer les frais de scolarité et dépenser les recettes conformément aux programmes de travail approuvés et à la réglementation des pouvoirs publics. Des structures servent d'interface entre ces derniers et les employeurs. Elles comprennent, au niveau régional, le Groupement des établissements d'enseignement technique et professionnel (GEETP) et, au niveau national, le Conseil national de la formation technique et professionnelle (CNFTP).

Le système comprend néanmoins de nombreuses faiblesses. La participation des employeurs, organisée pour orienter le système de l'EFTP et exprimer les besoins de personnel dotés de diverses qualifications, est limitée. Même au sein du GEETP, les employeurs ne représentent que 30% du groupe. Une autre faiblesse est due à la présence de ministres différents qui interviennent sans grande coordination dans le financement et la réglementation de l'EFTP. En plus du ministère de l'Éducation, on y retrouve le ministère du Travail, qui donne parfois son approbation pour de nouveaux établissements, et d'autres ministères sectoriels qui font fonctionner les instituts de formation de leur secteur.

Le Gouvernement devrait créer un mécanisme pour établir des liens solides avec le marché du travail et les employeurs. Ces derniers doivent être impliqués dans les différentes étapes du processus, depuis l'identification des domaines prioritaires jusqu'à la mise en œuvre du contrôle de qualité. Une possibilité serait de créer une autorité nationale de la formation (NTA—*National Training Authority*). La NTA comprendrait des prestataires de services de formation, les pouvoirs publics et les employeurs et permettrait à ces derniers d'exprimer leurs besoins de formation. Elle définirait les politiques et les normes, surveillerait les performances, délivrerait les accréditations, assurerait le contrôle de qualité et attribuerait les fonds pour la formation. Un autre modèle appliqué dans certains pays établit des « conseils sectoriels », en particulier dans des secteurs économiques prioritaires. Ces conseils réunissent les trois principales parties prenantes et parfois des représentants des travailleurs, pour évaluer les besoins en ressources humaines et les carences en certaines qualifications, et pour trouver des solutions. Un troisième modèle consiste à relier directement l'évaluation des besoins en formation à la promotion de l'investissement, en particulier pour attirer des investissements directs étrangers (IDE). L'agence qui sollicite les IDE évalue également les carences en qualifications et propose en conséquence des mesures de formation, soit par le biais d'instituts de formation nationaux, soit en partenariat avec les investisseurs étrangers.

Une question importante qui se pose est de savoir si le ministre de l'Éducation peut prendre seul l'initiative de la constitution d'un organisme impliquant une coordination intersectorielle. L'expérience d'autres pays montre que l'initiation du processus demande l'implication de niveaux plus élevés du leadership politique.

Enseignement supérieur

Les mécanismes de gouvernance et de gestion institutionnelles des universités ne sont pas en accord avec les tendances internationales. Toutefois, il existe à Madagascar des institutions de troisième cycle qui sont bien gérés et qui utilisent leurs ressources efficacement et ont de bons résultats.

Les conseils d'administration universitaires, créés dans les années 90, ne fonctionnent pas bien. L'industrie n'y est que faiblement représentée et leur mandat est limité. Leurs fonctions principales sont d'approuver le budget et de superviser son exécution. Pendant les années 90, les présidents des universités étaient nommés par les pouvoirs publics, parmi trois candidats proposés par les conseils d'administration. Actuellement, les universités ont une approche démocratique, où les dirigeants sont élus par les personnels enseignant et administratif. Toutefois, étant donné le manque de critères complets, ce mode d'élection ne garantit pas que ce soient les candidats les plus compétents qui soient élus.

Les pratiques de gestion en vigueur dans les universités publiques sont inefficaces pour les raisons suivantes : i) les systèmes de gestion de l'information, notamment destinés au suivi financier et comptable ainsi qu'à la gestion des données liées aux performances, sont médiocres ; ii) les directeurs d'université manquent de leadership ; iii) la plupart des universités ne font pas assez d'efforts pour développer des stratégies proactives et des visions à long terme—seules quelques institutions ont accepté d'introduire une procédure d'auto-évaluation ; iv) il y a peu de liens avec l'industrie ; et v) les universités n'ont aucune culture de la flexibilité dans la gestion et de réactivité face aux demandes.

Par contre, les deux instituts supérieurs de technologie (IST) ont des conseils qui fonctionnent mieux et au sein desquels le secteur public et le secteur privé sont représentés à part égale, sont activement impliqués dans la planification stratégique de la gestion et soutiennent efficacement le renforcement des liens avec les entreprises. Les directeurs des deux IST sont nommés par le ministre de l'Éducation, sur base du mérite.

La gestion des postes et des rémunérations des enseignants est un important domaine où se manifeste un manque de flexibilité. Le ministère des Finances contrôle les rémunérations, tandis que les postes sont définis par les lois et la réglementation du service public. La marge de manœuvre des institutions publiques de troisième cycle—tant les universités que les instituts de technologie—est extrêmement restreinte dans la détermination du nombre des postes d'enseignants dont ils ont besoin. Ils ne peuvent pas proposer des régimes de rémunération compétitifs pour, à la fois, conserver leurs enseignants les plus brillants et attirer les meilleurs au niveau international. Ils ne peuvent pas non plus proposer d'autres mesures incitatives pour attirer les enseignants de leur choix, que cela soit au niveau local ou international.

Quatre axes de réformes semblent prioritaires. Premièrement, les fonctions du ministère de l'Éducation doivent évoluer pour passer de la gestion à la stratégie, et aborder des questions telles que la définition d'une vision, la planification à moyen terme, le conseil relatif aux priorités de développement et aux besoins en formation qui en découlent, l'attribution de ressources favorisant la promotion de la qualité, l'orientation des carrières et la gestion de l'information. Le tableau 13 résume les changements souhaitables.

Deuxièmement, pour faciliter les réformes financières proposées dans les sections précédentes, le ministère de l'Éducation devrait octroyer une autonomie de gestion plus grande aux institutions publiques de troisième cycle qui sont sous son autorité. En contrepartie,

Tableau 13. Deux scénarii pour la régulation gouvernementale

Domaines de surveillance et de régulation	Situation actuelle	Approche proposée
Formulation d'une vision globale et définition des politiques	Oui	à renforcer
Allocation de ressources budgétaires basées sur les performances et des critères équitables	Non	Oui
Évaluation et promotion de la qualité	limité	à renforcer
Permettre la flexibilité dans l'engagement et le renvoi du personnel enseignant	Non	Oui
Permettre la flexibilité dans la détermination des niveaux de rémunération	Non	Oui
Obligation de contrôles financiers et d'audits ex ante	Oui	Non
Permettre la flexibilité dans les règles de passation des marchés	Non	Oui
Suivi et évaluation	capacité limitée	Oui

Source : Salmi, 2008.

cela s'accompagnerait d'objectifs de performance mutuellement acceptés et d'une plus grande imputabilité des institutions. Un fonds compétitif pourrait servir d'instrument pour mettre en pratique ces changements de gestion.

Troisièmement, la composition et les pouvoirs des conseils d'administration universitaires peuvent être modifiés, ainsi que le mode de nomination des recteurs d'université. Un conseil à un niveau est de plus en plus usuel dans un nombre croissant de pays (le modèle anglo-saxon, par opposition à la structure habituelle à deux niveaux sur le continent européen). Il allie des tâches à la fois de supervision et de direction (managériales). De tels conseils ont des pouvoirs étendus, incluant le contrôle de tous les aspects de la gestion financière, la sélection du président/recteur, la fixation des conditions de recrutement et d'emploi du personnel et la prise de décisions relative à la gestion des biens de l'université.

Enfin, il faut progresser dans le nouveau système d'accréditation des institutions publiques et privées. La nouvelle règlementation proposée devrait bénéficier d'un contrôle collégial afin de s'assurer que les conditions sont adaptées à Madagascar, et qu'elles tiennent compte de la nécessité d'avoir un système diversifié offrant un accès large. Un moyen de tenir compte de l'hétérogénéité du système d'enseignement supérieur malgache est de fixer des critères différents pour les différents types d'institutions.

CHAPITRE 9

Un cadre stratégique pour l'enseignement post-fondamental à Madagascar

Ce travail constitue la première étape dans l'élaboration d'un cadre stratégique pour la réforme de l'enseignement post-fondamental basé sur des choix politiques clairs et sur un fort consensus autour de ces mêmes choix. Les prochaines étapes consisteront à se mettre d'accord sur les composantes les plus importantes de la réforme, à en concevoir les détails et à la mettre en œuvre de façon graduelle selon un rythme adapté à la concertation entre les acteurs. Ce chapitre analyse les données analytiques fournies par ce rapport et présente les réformes qui découlent de cette analyse.

Aperçu des conclusions du rapport

Justification de la réforme

La réforme du système d'enseignement post-fondamental à Madagascar suit deux logiques. Selon la première, Madagascar peut ne pas réaliser l'objectif de son Plan d'action, qui est d'atteindre d'ici 2012 une croissance annuelle du PIB de 8 à 10%, sans augmentation importante de la qualité et du taux d'achèvement scolaire de sa main d'œuvre. Réformé pour la dernière fois dans les années 70, l'enseignement post-fondamental n'est plus adapté aux exigences actuelles et futures du marché du travail. Le taux d'achèvement scolaire à Madagascar est manifestement inférieur à ce qu'il est dans d'autres pays à faible revenu. Pour mémoire, rappelons que 11% de la main d'œuvre malgache a un enseignement du niveau secondaire ou supérieur, contre 15% au Pakistan, 17% au Bangladesh, 22% en Inde, et un pourcentage saisissant de 53% au Sri Lanka. Le taux d'achèvement scolaire moyen à Madagascar a légèrement baissé entre 2001 et 2005, passant de 4,1 années à 3,9 années. Si Madagascar veut s'appuyer sur des bases de croissance solides, cette tendance doit être inversée.

Ensuite, selon la seconde logique, des réformes de l'enseignement post-fondamental sont indispensables pour offrir à un plus grand nombre de jeunes Malgaches l'occasion de renforcer un savoir-faire qui est essentiel sur le marché du travail, et, en conséquence, pour leur permettre de participer aux avantages de la croissance du pays. Aujourd'hui, la scolarisation dans l'enseignement post-fondamental favorise les étudiants des quintiles de revenus les plus élevés et originaires de régions géographiques privilégiées. En 2005, le pourcentage moyen de scolarisation au collège était de 13% pour les trois quintiles de revenus inférieurs, contre 38% pour les quintiles les plus aisés. Le taux de scolarisation moyen au lycée des trois quintiles les plus défavorisés était de 1%, contre 14% pour les quintiles de revenus les plus élevés. Ces inégalités dans le taux de scolarisation post-fondamentale maintiennent les disparités économiques et peuvent à terme saper les fondements de la cohésion sociale.

État du système actuel

Le système d'enseignement post-fondamental a besoin d'une révision en profondeur. L'enseignement fourni est de qualité médiocre. Comme nous l'avons vu plus haut, l'enseignement post-fondamental ne répond pas aux exigences actuelles et futures du marché du travail et il présente également un faible « débit », c'est-à-dire une faible force d'entraînement et de production, emmenant avec succès les étudiants du stade de l'inscription à celui de la remise de diplôme. Les taux d'abandon scolaire, de redoublement et d'échec aux examens sont élevés. Ainsi, sur 45 élèves qui s'inscrivent en première année du collège (6ème année), un seul achève des études supérieures. Comme indiqué plus haut, la scolarisation est particulièrement basse—et le « débit » faible—pour les élèves des quintiles de revenus les plus bas et venant de régions géographiques défavorisées.

Facteurs de faiblesse du système actuel

Deux raisons principales peuvent expliquer la faiblesse du système actuel : (i) une mauvaise gestion et (ii) l'inefficacité financière.

Tout d'abord et avant tout, Madagascar a manqué dans sa gestion d'une direction politique ferme, nécessaire pour mener à bien une réforme majeure. Il n'y a aucune stratégie d'enseignement post-fondamental cohérente. Il est par conséquent très difficile de créer un système d'enseignement post-fondamental cohésif. La structure de l'organisation du ministère de l'Éducation nationale change fréquemment, rendant difficile l'attribution et le maintien d'une obligation claire de rendre compte des performances du système d'enseignement post-fondamental. Enfin, il n'existe aucune « mise au courant réciproque » entre le MEN et le secteur privé, ce qui empêche le MEN de mettre en place un système post-fondamental adapté aux besoins économiques actuels et futurs.

Ensuite, sur le plan financier, le système actuel, à la fois sous-financé et d'un coût élevé, montre son inefficacité. Bien que les dépenses totales de l'enseignement à Madagascar soient comparables à celles des autres pays à faible revenu, 59% des dépenses étaient affectées à l'enseignement fondamental en 2006. La part des dépenses publiques allouées à l'enseignement post-fondamental (5,5% pour le lycée, 2,3% pour l'enseignement et l'EFTP, et 15,6% pour l'enseignement supérieur) est inférieure à la moyenne de l'ASS ou des pays francophones. De plus, ces moyens ne sont pas très extensibles étant donné (i) la structure des rémunérations des enseignants qui entrainent de fortes dépenses en personnel (pour indication, 98,7% des dépenses de fonctionnement des lycées et 78% de celles de l'EFTP sont relatives à des coûts induits par le personnel et le paiement de leurs prestations), et (ii) la structure et la spécialisation du programme des cours qui augmentent les besoins en enseignants et en salles de cours.

Priorités des réformes

Domaines clés des réformes

L'objectif de la réforme de l'enseignement post-fondamental à Madagascar est la mise en place d'un système de haute qualité, c'est-à-dire un système formé d'un ensemble d'institutions offrant aux étudiants de multiples canaux d'accès à l'enseignement post-fondamental, et qui, tout en alimentant le marché du travail en qualifications diverses, réponde aux besoins de développement économique de Madagascar. Le second objectif est de renforcer l'accès à l'enseignement post-fondamental, en particulier pour les étudiants issus des trois quintiles de revenus les plus bas et provenant de régions géographiques défavorisées.

Il y a trois domaines où les réformes sont essentielles : (i) le contenu de l'enseignement (structure, programmes de cours, enseignements et processus) et ses liaisons avec l'économie ; (ii) l'augmentation coût-efficace de la couverture ; et (iii) la mise en place d'un environnement propice à la réforme (finances, gouvernance, gestion sous-sectorielle).

Le contenu de l'enseignement. L'objectif de la réforme du contenu est d'assurer que ce contenu prépare adéquatement les étudiants aux besoins actuels et futurs du marché du travail. Il y a trois éléments essentiels dans la réforme. Tout d'abord, le programme des cours de l'enseignement post-fondamental doit être simplifié et mis en adéquation avec les besoins actuels et futurs du marché du travail. Les changements peuvent porter sur la réduction de la surcharge des matières, la réorganisation selon des filières mieux adaptées des baccalauréats techniques et généraux, et la prise en compte des besoins du secteur privé lors de l'élaboration et la modification du programme des cours. Ensuite, les réformes doivent avoir pour but d'améliorer la qualité des enseignants à tous les niveaux post-fondamentaux—au lycée, à l'EFTP et à l'enseignement supérieur. Au lycée, ces réformes peuvent inclure : la formation continue des enseignants, qui améliore l'enseignement en classe et familiarise les enseignants avec le nouveau programme des cours ; la création d'un certificat d'enseignement ouvert à tous les bacheliers ou aux titulaires d'une maîtrise, et pas seulement à ceux qui ont étudié la pédagogie au niveau universitaire ; et l'augmentation de la capacité des universités à former un plus grand nombre d'enseignants. Au niveau du supérieur, les réformes doivent modifier : le recrutement du corps enseignant, qui doit se concentrer sur le recrutement dans des disciplines prioritaires, telles les mathématiques, les sciences et les langues ; le recrutement d'enseignants liés par des contrats permanents décernés uniquement à l'issue d'une période d'essai ; et le renforcement du corps enseignant, grâce, à court terme, à des ateliers destinés à mettre à niveau les qualifications du corps enseignant et grâce, à plus long terme, à un soutien à la recherche. Enfin, des mesures d'encouragement visant à renforcer les performances des institutions du supérieur sont aussi nécessaires. Elles incluent la création de fonds de recherche compétitifs et l'accroissement des financements liés à des objectifs clairs de performance.

L'augmentation de la couverture. Le renforcement de la couverture de l'enseignement post-fondamental vise à augmenter le niveau de scolarité de la main d'œuvre et à réduire les inégalités dans la scolarisation et l'achèvement des cycles, inégalités qui existent entre les différents groupes de revenus et/ou entre régions. Dans une grande mesure, cette couverture augmentera naturellement avec l'amélioration de la qualité de l'enseignement post-fondamental. Les mesures complémentaires permettant de plus grandes augmentations de couverture ainsi qu'une meilleure équité comprennent : (i) une gestion des coûts plus efficace, l'accent étant mis sur la rationalisation de la taille des institutions et le raccourcissement de la formation EFTP ; (ii) l'amélioration de l'équité et de l'efficacité des programmes de bourse, y compris la définition de critères d'éligibilité plus stricts et fondés sur les besoins ; l'augmentation des niveaux des bourses destinées à couvrir le coût effectif de la vie pour les étudiants ; l'analyse de la faisabilité d'un programme de prêt aux étudiants ; et l'introduction de bourses en fonction des besoins au niveau secondaire ; (iii) le lancement de programmes d'apprentissage ouvert et à distance (AOD) centrés sur la sélection d'un modèle AOD approprié à Madagascar ; et (iv) une plus grande offre d'enseignement du secteur privé, commençant par la clarification des règles de la participation du secteur privé à l'enseignement post-fondamental et la mise en place d'un système de subventions nationales et locales visant à accroître cette participation.

Un cadre renforcé favorable à la réforme. Un cadre plus solide est indispensable à la réforme de l'enseignement post-fondamental—la dernière expérience de réforme entreprise à Madagascar a montré que la réforme ne réussit pas sans un cadre solide et clairement structuré. Ce cadre comporte trois éléments.

Tout d'abord, une direction politique claire et sans ambiguïté de la réforme est essentielle pour son succès. Les pouvoirs publics doivent s'engager clairement, et cet engagement doit apparaître dans un document de politique publique et dans d'autres actions concrètes. Un soutien politique large et de haut niveau doit être systématiquement recherché. La création d'un mécanisme de direction politique de la réforme et de pilotage du système post-fondamental est nécessaire. Un comité de réforme de l'enseignement post-fondamental bénéficiant d'une autorité politique de haut niveau et impliquant des acteurs externes doit être envisagé. Le rôle du ministère de l'Éducation doit être redéfini en fonction de l'option choisie.

Ensuite, la réforme a besoin d'une structure de gestion très affirmée. Cette structure doit englober une stratégie de réforme du post-fondamental à moyen terme, qui oriente les allocations budgétaires et les autres mesures envisagées ; un cadre national de qualifications, tel que les diplômes post-fondamentaux correspondent aux besoins du marché du travail et soient reconnus par les employeurs ; et la décentralisation de certaines décisions au niveau du district ou de l'établissement, accompagnée d'un financement pour soutenir ces décisions.

Enfin, une gestion financière plus stricte est nécessaire. Elle inclut la mise à niveau des qualifications de cette gestion, la rationalisation des décisions de dépenses en immobilisation (établissements, classes, enseignants) basée sur des critères bien précis d'utilisation et d'équité, et l'augmentation du financement de l'enseignement post-fondamental par le biais d'une plus forte participation du secteur privé et des droits de scolarité.[27] La réforme

---

27. Une stratégie nationale de construction d'établissements—fondée sur l'expérience de la stratégie nationale de construction pour l'enseignement fondamental—doit aider à rationaliser les décisions d'investissement concernant les établissements et les salles de classe.

doit clarifier les règles de mobilisation des ressources et définir clairement comment ces ressources peuvent être collectées, utilisées et gérées.

Principes généraux de la réforme

Pour qu'elle soit possible, la réforme de l'enseignement post-fondamental doit garder en équilibre le « système » post-fondamental, et pour qu'une telle réforme maintienne le système en équilibre, les décideurs doivent veiller à ce que :

- Les réformes du lycée, de de l'EFTP et de l'enseignement supérieur soient cohérentes entre elles et aussi avec les réformes de l'enseignement fondamental.
- Les réformes établissent un équilibre des pouvoirs entre le système d'enseignement post-fondamental national et les institutions chargées de mettre en place ces réformes aux niveaux local et régional. Le système national doit fournir le contexte des réformes et apporter des incitations aux institutions régionales ou locales, même si ces dernières ont besoin d'autonomie, d'accès et de ressources pour entreprendre les réformes.
- Les réformes soient peu à peu adaptées aux diverses institutions, pour permettre de constituer la capacité de mise en œuvre ainsi que le consensus et de procéder à des ajustements au fur et à mesure de la mise en place de cette expérience
- Le secteur de l'éducation—et le MEN en particulier—soit davantage tourné vers l'extérieur et recherche activement la participation et la coopération de personnes et d'organisations extérieures au secteur dans la conception de ce programme.
- Le rythme de l'extension de la couverture soit déterminé par la disponibilité des ressources financières par rapport aux capacités physiques et de gestion, de manière à garantir la faisabilité et la durabilité de la réforme.
- L'expertise technique soit utilisée pour concevoir les éléments clés de la réforme, tels que ceux liés à la gestion, au financement et aux modifications du programme des cours. Ces réformes ne doivent pas être lancées de manière ponctuelle sans préparation.

Coût de la réforme

Une étape importante dans l'élaboration de cette stratégie consiste à calculer le coût des mesures de la réforme proposée. Le choix final des politiques dépend de la disponibilité des ressources. Sont particulièrement importants les politiques liées à la structure et à la durée des cours, au nombre d'enseignants et aux salaires, ainsi que les coûts des installations et des équipements.

De manière plus spécifique, le ministère doit évaluer les implications financières des différents scénarii de la réforme post-fondamentale. Il doit pondérer les avantages et les coûts de chaque scénario, prenant en compte les projections des ressources nationales disponibles et les financements extérieurs. Les estimations des coûts doivent tenir compte à la fois des besoins en investissement et en dépenses de fonctionnement.

D'autres scénarii peuvent être élaborés, utilisant un modèle de simulation articulé autour de quatre modules de base : (i) la scolarisation (y compris la couverture et le taux d'achèvement, les flux d'étudiants, entre et au sein de chaque niveau de l'enseignement) ; (ii) les paramètres d'offre de service, comme la structure du programme des cours et leur spécialisation, les ratios élèves/enseignant, les types d'établissements, etc. ; (iii) les coûts, en particulier les coûts de construction, les équipements, les salaires des enseignants, les bourses ou les aides aux étudiants, et la gestion au niveau du système ; et (iv) le financement, en particulier les ressources publiques, les ressources privées et le financement des bailleurs de fonds externes. Pour chaque scénario, des différences sont intégrées dans les objectifs en faisant varier les hypothèses de chaque module.

Le ministère a de l'expérience dans la préparation et l'utilisation de modèles simples de projection des besoins financiers de l'enseignement fondamental. Mais au niveau post-fondamental, plus de détails sont nécessaires pour tenir compte à la fois du niveau de complexité plus élevé du système et de la diversité des cours et des institutions. Les estimations de coût dépendent des hypothèses relatives aux flux des élèves au travers de ces différents canaux. De plus, la direction de la planification dans l'enseignement supérieur ne dispose pas d'un personnel suffisant, et il n'existe actuellement aucun service chargé de la planification pour les lycées et pour l'EFTP.

A court terme, il doit être fait appel à une assistance technique pour construire un modèle de simulation pour l'enseignement post-fondamental, qui permette aux décideurs d'évaluer l'impact des options clés. Le résultat de ces simulations doit être utilisé comme guide dans la sélection des options finales. A moyen terme, les qualifications en planification et en projection financière doivent être renforcées au sein du ministère.

Prochaines étapes et calendrier

Madagascar doit élaborer une stratégie globale pour l'enseignement post-fondamental, en se fondant sur les éléments décrits comme des priorités dans le tableau 14. Le cadre suggéré se concentre sur cinq piliers. Les deux premiers sont liés aux réformes, au niveau du système : (i) gestion du système et (ii) mobilisation et efficacité des ressources. Les trois autres sont liés aux réformes spécifiques dans chacun des trois sous-secteurs : lycée, EFTP et supérieur.

Dans le temps, les principales priorités sont les suivantes :

- *Court terme (1 à 2 ans)* : (i) déterminer des choix politiques stratégiques ; (ii) évaluer le coût des scénarii de réforme alternatifs et la durabilité financière de chaque scénario ; (iii) choisir un scénario de réforme, pour faciliter les allocations budgétaires et les financements complémentaires par les bailleurs de fonds ; (iv) concevoir de nouvelles structures de gestion et de nouveaux instruments de financement, pour orienter le système vers les besoins du marché du travail et pour renforcer l'équité ; (v) lancer des investissements à une échelle réduite en vue d'améliorer la qualité des institutions et des programmes sélectionnés, tout en accordant une plus grande autonomie aux institutions ; et (vi) diversifier les types de programmes/institutions.
- *Moyen terme (3 à 5 ans)* : (i) mettre en place le cadre national de qualifications ; (ii) revoir le cadre réglementaire du secteur privé, les accréditations et les autres structures au niveau de du système ; (iii) augmenter l'utilisation d'instruments de financement basés sur les performances pour renforcer les réformes au niveau des institutions ; et (iv) étendre les programmes d'investissement pour mettre à niveau la qualité, pour créer des institutions pilotes et pour améliorer l'accès.
- *Long terme (au-delà de 5 ans)* : (i) améliorer le cadre national de qualifications, en fonction des réactions des employeurs, des institutions d'enseignement et des bénéficiaires finaux ; (ii) créer des systèmes de gestion assurant une interaction perma-

nente entre le MEN et les employeurs et créer des mécanismes de financement durables ; (iii) veiller à ce que toutes les institutions d'enseignement et de formation soient accréditées et deviennent autonomes ; et (iv) renforcer les réformes d'amélioration de la qualité dans le système et développer rapidement l'accès.

Tableau 14. Cadre du développement stratégique de l'enseignement post-fondamental

Court terme (de 1 à 2 ans)	Moyen terme (de 3 à 5 ans)	Long terme (au-delà de 5 ans)
\multicolumn{3}{c}{Objectif 1 : Gestion efficace du système}		

◆ Formuler une ébauche de stratégie de l'enseignement post-fondamental ; consulter les parties prenantes et finaliser la stratégie ; mener des études spécialisées, y compris sur les enseignants
◆ Déterminer le mécanisme de pilotage approprié de la réforme, y compris la redéfinition du rôle du MEN et des nouvelles structures de gestion
◆ Lancer des simulations financières pour déterminer les politiques réalisables
◆ Procéder à une évaluation de la capacité institutionnelle au sein du ministère et des institutions universitaires / de formation
◆ Élaborer et mettre en œuvre une stratégie de communication
◆ Élaborer et mettre en œuvre des politiques de recrutement des enseignants du lycée et de l'EFTP, ainsi que des politiques de développement professionnel
◆ Revoir les procédures de recrutement du personnel enseignant et de développement professionnel pour de nouvelles embauches dans des filières choisies
◆ Lancer des études de faisabilité
  ○ Cadre national de qualifications
  ○ Cadre réglementaire du secteur privé, y compris les changements nécessaires pour les accréditations, l'assurance de la qualité et les partenariats avec des prestataires étrangers
	◆ Donner l'autorité au mécanisme de pilotage de canaliser les nouveaux financements en fonction des priorités
	◆ Accorder l'autorité à des institutions choisies conjointement à de nouveaux instruments de financement
	◆ Développer et introduire des programmes de développement de gestion pour le personnel du MEN et des institutions chargées de l'éducation
	◆ Mettre en œuvre des structures clés, sur la base des résultats d'études de faisabilité
	  ○ Cadre national de qualifications
	  ○ Cadre réglementaire du secteur privé
		◆ Donner l'autorité à toutes les universités, aux instituts de formation et aux lycées
		◆ Actualiser le cadre national de qualifications sur la base des réactions des employeurs, des institutions d'enseignement et des bénéficiaires finaux

(continué)

Tableau 14. Cadre du développement stratégique de l'enseignement post-fondamental *(Continué)*

Court terme (de 1 à 2 ans)	Moyen terme (de 3 à 5 ans)	Long terme (au-delà de 5 ans)
Objectif 2 : Augmenter la mobilisation et l'efficacité des ressources		
◆ Évaluer l'étendue possible de la participation du secteur privé, incluant la taille du marché du secteur privé, la croissance et le modèle commercial ◆ Élaborer des critères de planification pour rationnaliser la localisation des établissements publics et des programmes universitaires, en tenant compte de critères d'équité régionale ◆ Préparer des outils simples de préparation budgétaire et de suivi au niveau du MEN ◆ Créer un système de contrôles efficace	◆ Concevoir et lancer des fonds concurrentiels/un financement basé sur les performances/des bourses pour améliorer la qualité, rechercher l'équité et tirer parti des changements de gestion dans les lycées, les EFTP et les universités ◆ Renforcer la capacité de gestion budgétaire du MEN ◆ Renforcer les capacités de gestion financière et de suivi au niveau des établissements	◆ Concevoir et introduire un nouveau système de transferts de fonds publics pour améliorer les performances et l'efficacité interne ◆ Créer un fond de développement à long terme pour l'enseignement post-fondamental ou pour des sous-secteurs spécifiques avec des sources multiples
Objectif 3 : Étendre un enseignement de niveau lycée de meilleure qualité		
◆ Lancer une étude pour réorganiser/moderniser les séries du baccalauréat ◆ Revoir le programme des cours dans les domaines prioritaires et identifier les besoins en matériels d'apprentissage et en équipements ◆ Lancer une étude des besoins de préparation et de développement des enseignants ◆ Concevoir et lancer un programme de bourses pour les étudiants défavorisés	◆ Étendre l'offre scolaire, les fonds de développement scolaire et les programmes de bourses ◆ Poursuivre la révision des programmes de cours ◆ Mettre en place des lycées pilotes ◆ Définir de nouveaux types de lycées à étendre dans les zones rurales, et pour les besoins régionaux/de qualifications spécifiques, ainsi que des systèmes d'apprentissage ouvert adaptés ◆ Concevoir et lancer la mise en œuvre de fonds de développement scolaire pour des lycées publics et privés sélectionnés	◆ Introduire un système d'apprentissage ouvert dans des régions sélectionnées ◆ Appliquer la réforme à tous les lycées ◆ Appliquer les changements aux examens et aux systèmes d'évaluation

(continué)

		Long terme
Court terme (de 1 à 2 ans)	Moyen terme (de 3 à 5 ans)	(au-delà de 5 ans)

Tableau 14. Cadre du développement stratégique de l'enseignement post-fondamental *(Continué)*

Objectif 4 : Améliorer la pertinence de la formation des qualifications

Court terme (de 1 à 2 ans)	Moyen terme (de 3 à 5 ans)	Long terme (au-delà de 5 ans)

♦ Prendre la décision politique d'introduire des cours de formation professionnelle après la 10ème année et d'adapter les CFP existants
♦ Entreprendre une étude de suivi des diplômés de l'EFTP
♦ Évaluer l'offre actuelle et les besoins de formation pour le secteur non officiel
♦ Revoir les programmes du LTP dans des domaines prioritaires
♦ Étendre la formation aux entreprises
	♦ Créer des mécanismes d'identification des besoins de formation sur le plan national / régional / sectoriel et rationaliser le rôle du MEN et du ministère du Travail
	♦ Piloter des modèles institutionnels et des programmes de cours porteurs
	  ○ Nouveaux programmes de formation professionnelle et du LTP dans des institutions sélectionnées
	  ○ Centres pilotes de l'FTP
	  ○ Modèles expérimentaux de formation dans le secteur non officiel
	♦ Repenser la formation professionnelle et la formation technique de niveau lycée pour la rendre plus courte et plus flexible (institutions polyvalentes et à objectifs multiples)
	♦ Introduire une formation des instructeurs avant et pendant leur service
	♦ Augmenter le financement de la formation des instructeurs et passer à un financement à la demande
	♦ Institutionnaliser les études de suivi des diplômés
		♦ Mettre en place des cours de formation professionnels revus dans des domaines prioritaires
		♦ Concevoir et mettre en œuvre la participation des employeurs dans l'évaluation et la certification des diplômés
		♦ Créer une autorité nationale de renforcement des qualifications sur la base de l'expérience
		♦ Mettre à niveau les programmes de cours dans tous les centres de formation professionnelle et des LTP
		♦ Étendre la formation du secteur non officiel sur la base des résultats des expérimentations et des essais

(continué)

Tableau 14. Cadre du développement stratégique de l'enseignement post-fondamental *(Continué)*

Court terme (de 1 à 2 ans)	Moyen terme (de 3 à 5 ans)	Long terme (au-delà de 5 ans)
Objectif 5 : Créer un systeme d'enseignement supérieur de haute qualite		
♦ Avec les employeurs et d'autres agences des pouvoirs publics, procéder à une évaluation des besoins du marché du travail, et faire des projections des inscriptions/coûts pour déterminer les priorités respectives et les objectifs quantitatifs de disciplines, types de programmes et institutions spécifiques ♦ Lancer une étude de faisabilité de l'extension des IST dans différentes régions et lancer les investissements ♦ Lancer une étude de faisabilité de l'extension/spécialisation d'universités régionales, et assurer un financement supplémentaire ♦ Préparer un plan de réforme LMD et l'introduire ♦ Lancer une étude du secteur privé, des partenariats externes et de l'apprentissage ouvert/à distance	♦ Réformer les structures de gestion de l'université ♦ Étendre le nombre d'IST, en fonction des besoins et des financements disponibles ♦ Etendre la mise en œuvre de la réforme LMD dans plus de disciplines, en utilisant un financement concurrentiel ou d'autres mécanismes de financement ♦ Étendre la formation des doctorats et les programmes de renforcement du corps enseignant ♦ Mettre en place des mécanismes d'accréditation et d'assurance qualité pour le secteur public et privé ♦ Introduire des systèmes d'offre d'apprentissage ouvert et à distance pour améliorer l'accès ♦ Concevoir et lancer la mise en œuvre de financements compétitifs dans certaines institutions/disciplines ♦ Concevoir et lancer la mise en œuvre de programmes révisés de bourses d'étudiant	♦ Augmenter les inscriptions dans le supérieur par un réseau diversifié d'universités publiques, d'IST, du secteur privé, de partenariats externes et d'ODL ♦ Poursuivre la mise à niveau des programmes dans différents domaines ♦ Lancer l'évaluation des institutions par rapport à des normes internationales ♦ Concevoir des mécanismes de partenariats université-industrie, et assurer les financements correspondants pour encourager les partenariats en recherche appliquée dans certains domaines prioritaires

APPENDICE

La réforme de l'enseignement fondamental à Madagascar— Leçons et implications pour l'enseignement post-fondamental

Le système d'enseignement et de formation a Madagascar doit faire face à trois défis : (i) fournir un enseignement et une formation plus appropriés aux besoins du marché du travail ; (ii) augmenter l'accès à l'enseignement et à la formation d'une manière efficace sur le plan des coûts ; et (iii) améliorer l'équité en matière d'éducation par le canal d'un plus grand équilibre dans le développement régional et par la création d'opportunités pour les élèves les moins favorisés.

Des réformes répondant à ces préoccupations d'une manière interdépendante sont déjà bien avancées pour le nouveau cycle d'enseignement fondamental (du CP à la seconde). Ces réformes incluent :

- Un changement dans la structure et la durée des cycles d'enseignement—en vue d'améliorer les chances d'accès et l'efficacité du fonctionnement interne, et de renforcer la pertinence du système.
- Une refonte du programme scolaire et des méthodes pédagogiques—étroitement liée à la réforme de la structure et de la durée, et indispensable à une meilleure cohérence et qualité.
- Des modèles adaptables et des solutions alternatives qui complètent le système d'enseignement officiel.
- Des programmes ciblés permettant l'amélioration des inscriptions scolaires et l'achèvement des études.

Cette annexe donne un aperçu des changements importants dans l'enseignement fondamental, ainsi que les leçons à en tirer et les implications en ce qui concerne la réforme de l'enseignement post-fondamental.

Proposition pour une nouvelle structure de l'enseignement scolaire

Le cycle scolaire à Madagascar comprend actuellement 5 années de primaire, 4 années de premier cycle secondaire (collège) et 3 années de deuxième cycle secondaire (lycée). Ce système, avec un premier cycle secondaire relativement long—schéma classique dans les pays francophone—devra faire l'objet d'une refonte entre 2008 et 2011. Le cycle primaire sera progressivement étendu à 7 ans d'enseignement, avec un cycle primaire inférieur, moins long, de 5 ans et un cycle primaire supérieur de 2 ans. Le collège sera ramené à 3 ans. Le cycle primaire et le collège constitueront un cycle d'enseignement fondamental de 10 ans. Ces réformes reflètent les tendances internationales en matière d'éducation, où les pays s'orientent de plus en plus vers un enseignement universel de 9 ou 10 ans, avec un programme commun.

Dans sa nouvelle version, le lycée sera ramené à deux ans. Ceux qui y entreront auront par conséquent dix ans de scolarisation derrière eux. L'enseignement et la formation techniques et professionnels (EFTP) vont également subir des modifications. Actuellement, les élèves peuvent entrer en formation professionnelle après la cinquième année du primaire, s'ils échouent leur entrée au collège. La réforme permettra aux élèves d'intégrer une formation professionnelle après 7 ou 10 ans de scolarisation, selon le choix fait dans les réformes de la formation professionnelle.

La réforme des premier et deuxième cycles du secondaire est bien articulée dans le nouveau plan EPT, *Plan d'Éducation pour Tous*, rédigé par le ministère de l'Éducation. Ce plan inclut l'EPT 10, le cycle d'enseignement fondamental sur 10 ans (Figure 37). Cette réforme sera financée par le budget national et grâce à une subvention de 85 millions de dollars US du partenariat Éducation Pour Tous—Initiative Fast-Track, garantie sur la période 2009–11.

Le lancement du nouveau cycle de primaire est prévu pour septembre 2008, avec l'introduction d'une nouvelle classe de 6ème dans 20 régions et de nouveaux programmes et manuels scolaires pour les classes de 6ème et de 1ère de ces mêmes régions. Cette réforme sera étendue à d'autres régions de manière progressive. La réforme du collège débutera sur une base expérimentale en 2009 et sera échelonnée, suivant les capacités de mise en application et la disponibilité des ressources.

Du point de vue du projet EPT 10, les bénéfices de dix ans d'enseignement de qualité pour tous sont directement liés à une volonté de renforcer les ressources humaines

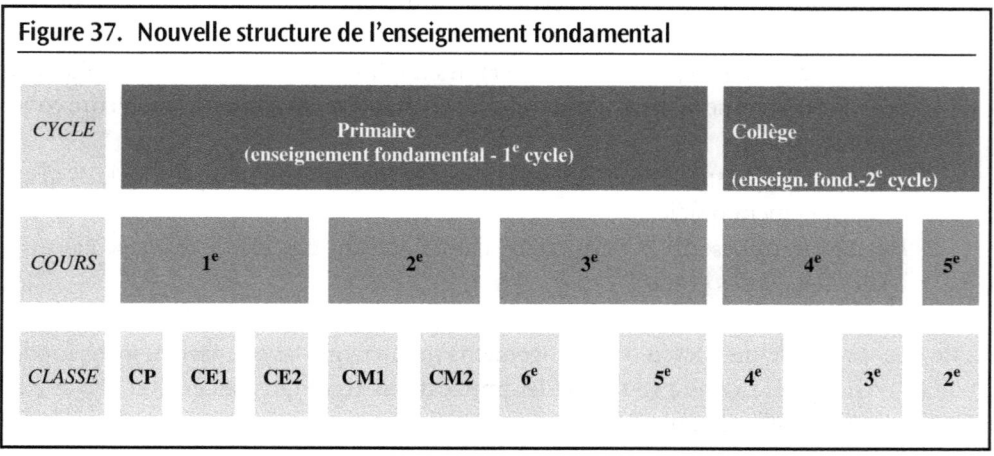

Figure 37. Nouvelle structure de l'enseignement fondamental

que réclame la stratégie de croissance économique du pays. Le ministère de l'Éducation a utilisé cette réforme pour introduire des changements majeurs dans les programmes scolaires, dans le jargon de l'instruction, la formation des enseignants et les manuels scolaires.

Le nouveau programme scolaire sera structuré autour de trois domaines d'apprentissage principaux : (i) langue malgache et sciences sociales, (ii) mathématiques, science et technologie et (iii) autres langues (français et anglais). Ces matières détermineront l'emploi du temps des enseignants et des élèves : les matériaux pédagogiques et la participation de la communauté locale sont donc d'une importance cruciale pour améliorer la qualité de l'enseignement. Ce nouveau programme remplacera celui, trop théorique et de plus en plus inadapté, qui fut instauré au moment de l'indépendance de Madagascar.

La réforme de l'enseignement primaire

Au niveau primaire, un nouveau programme utilisant le malgache comme langue d'instruction en classe de CP jusqu'en CM2 et renforçant l'enseignement du français et de l'anglais (primaire supérieur) est en cours de réalisation (Figure 38). Le renouvellement du programme sera complété par de nouveaux supports de cours, une nouvelle formation du corps enseignant, une validation officielle des programmes scolaires, ainsi que par des initiatives de développement scolaire de la part des enseignants sur le terrain. Ces changements dans la gestion et la gouvernance s'accompagnent d'une expansion progressive des responsabilités budgétaires au niveau de la région, du district et de l'école.

Réforme de l'enseignement au collège

Le défi pour l'enseignement au collège (premier cycle du secondaire) est de préparer les élèves aux trois objectifs suivants : marché du travail, vie en société et entrée en lycée (deuxième cycle du secondaire). La réforme du collège se concentrera sur trois grands domaines : (i) l'amélioration de la qualité de l'enseignement via une réforme des programmes, une nouvelle formation des enseignants, des nouveaux supports de cours, et (ii) la création de collèges d'excellence *(COE)* travaillant en réseaux avec d'autres établissements d'enseignement secondaire, et (iii) l'accès plus facile à l'éducation grâce à l'introduction de modèles d'apprentissage adaptables.

Le programme scolaire

Le nouveau programme d'enseignement secondaire se démarque du modèle traditionnel utilisé actuellement. La tendance générale dans le monde est de réduire le nombre de matières enseignées et d'alléger les programmes. Actuellement, le programme de collège de Madagascar demande environ 1100 heures de classe par an, chiffre significativement plus élevé que la moyenne de 800 à 1000 heures relevée dans la plupart des pays de l'OCDE et dans les autres régions qui modernisent leurs programmes scolaires. Un programme chargé, ainsi qu'une structure mettant l'accent sur l'apprentissage par cœur, réduit par conséquent le temps imparti à l'apprentissage autonome et personnel.

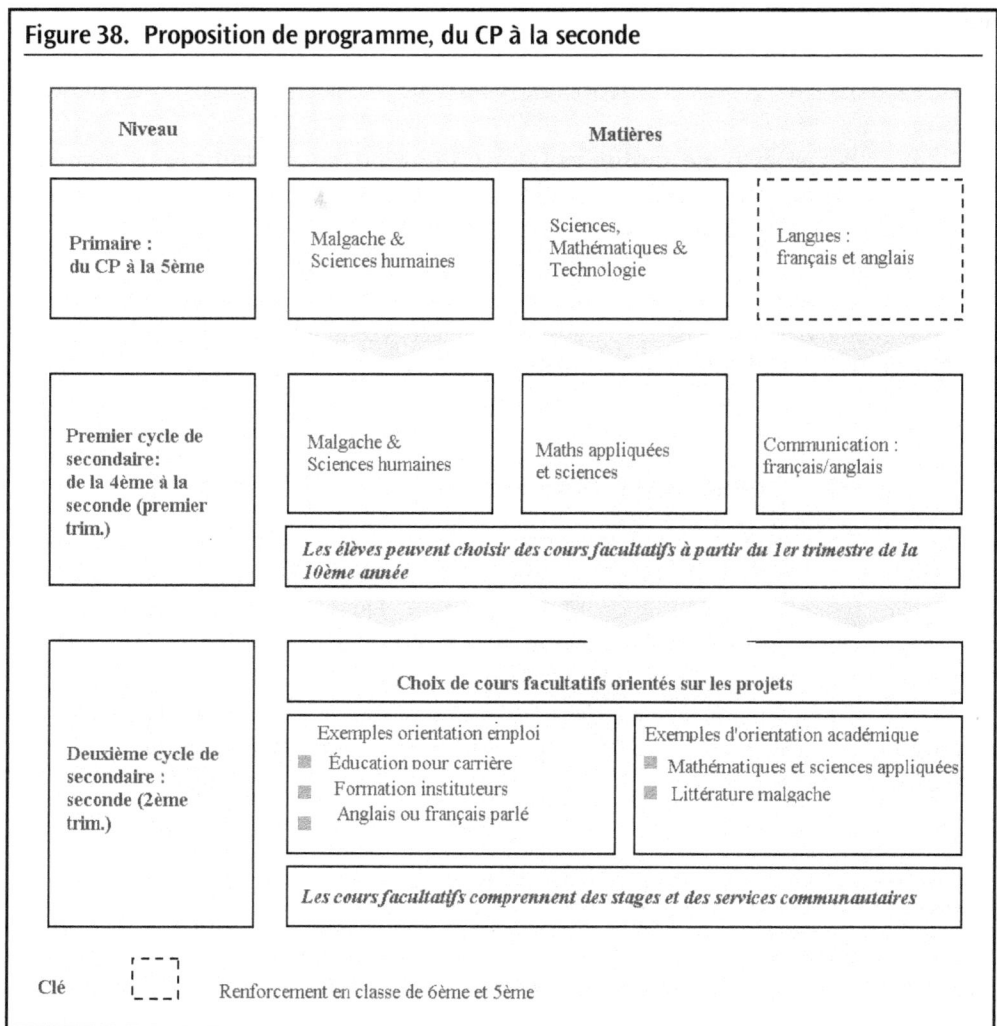

Figure 38. Proposition de programme, du CP à la seconde

Le nouveau programme du secondaire sera mis en cohérence avec le nouveau programme du primaire, et utilisera la classe de seconde pour élargir et approfondir les connaissances des élèves, en incluant des qualifications du 21ème siècle telles que la résolution de problèmes, la pensée critique et la communication (Figure 38).

Les Collèges d'Excellence (COE) et réseaux scolaires

Les COE serviront de point central pour introduire de nouveaux programmes, diffuser les méthodes d'apprentissage et former les enseignants. Les COE formeront le corps dirigeant et soutiendront un réseau de quatre à six écoles locales tandis que les nouveaux programmes et méthodes d'enseignement seront mis en place. Les tâches des COE incluront du travail de terrain avec des enseignants d'autres écoles, aussi bien dans les classes de ces derniers que dans leurs propres classes. Les changements seront disséminés au sein des écoles grâce au réseau. La mise en pratique de ces changements reposera sur une participation volontaire d'écoles publiques et privées, qui recevront alors des subventions supplémentaires et un soutien technique.

Il s'agit là d'une approche de développement de l'école en tant qu'entité. Partant du modèle traditionnel où les changements de programme se font classe par classe, ce qui se justifie pour le primaire, cette approche permet d'échelonner les changements selon leur mise en place et de développer progressivement les capacités scolaires.

La formation du corps enseignant

La réforme du programme dont l'exécution sera confiée aux COE sera épaulée par le renouvellement de la formation des maîtres et enseignants dans l'enseignement secondaire et à l'Université. Le programme sera centré sur les capacités orales des enseignants, leur connaissance des contenus enseignés, et leur maîtrise des méthodes d'enseignement. Dans le contexte de Madagascar, les qualifications suivantes sont particulièrement importantes pour l'enseignant : savoir enseigner en classe unique, être capable d'adapter le programme scolaire général aux réalités et besoins ruraux ; pouvoir enseigner les différentes matières prévues dans le programme scolaire, et travailler en équipe avec le directeur d'établissement scolaire et les autres enseignants, les parents et les responsables de communautés ; avoir les compétences pour organiser des cessions 'école ouverte', et créer des cours facultatifs. Ils doivent également savoir organiser et superviser une communauté étudiante ainsi que des stages.

Des modalités d'apprentissage flexibles

Les cessions 'école ouverte' seront mises en place afin de fournir des opportunités d'apprentissage adaptables pour ceux qui auront achevé leur cursus primaire mais seront dans l'incapacité de poursuivre leurs études ou ceux qui abandonneront l'école au cours du collège. Plusieurs pays, dont l'Inde, l'Indonésie, la Colombie et presque tous les pays de l'OCDE, ont établi des 'écoles ouvertes' permettant aux élèves qui ne peuvent assister aux cours d'étudier en vue de passer des examens. Les approches qui ont été couronnées de succès mettent l'accent sur une promotion d'élèves plus souple, un programme qui prend en compte les préoccupations rurales, des matériaux pédagogiques adaptés, des enseignants spécialement formés, et un fort niveau de participation collective. L'école ouverte a beaucoup à offrir à Madagascar. L'expérience montre également que l'expansion rapide à grande échelle d'un modèle pré-établi sans une gestion prudente et un suivi adéquat comporte des risques. Les modèles flexibles, reposant sur un système communautaire, fonctionnent mieux. Ces leçons se retrouveront dans la construction du modèle 'école ouverte' pour l'enseignement secondaire.

Améliorer l'équité

Le programme EPT 10 prévoit des mesures ciblées afin d'améliorer l'accès et l'achèvement d'un cycle d'enseignement, dans le but de réaliser l'achèvement de l'enseignement primaire universel (UPC) pour 2015 et d'étendre progressivement le collège. Au niveau du primaire, ceci devrait permettre à tous les villages de disposer d'un enseignement complet de cycle primaire (du CP au CM2) dans un rayon de 2 km et de mieux adapter le calendrier scolaire aux conditions météorologiques locales. Cette approche permet également de cibler les subventions sur des districts à faible taux de scolarisation et d'achèvement, ou sur des écoles pour améliorer la gestion au niveau de l'école. Au niveau du secondaire, la construction de nouvelles écoles sera soumise à un critère d'équité en matière de couverture géographique (en particulier les écoles publiques) et les subventions aux écoles privées encourageront l'inscription des enfants provenant de foyers vulnérables. L''école ouverte' est un autre moyen de développer les opportunités d'éducation.

Les implications et leçons à tirer pour l'enseignement post-fondamental

La réforme structurelle de l'enseignement fondamental et la simplification du programme scolaire vont permettre de dégager des économies dans deux domaines principaux : la construction de locaux et les enseignants spécialisés. Ces ressources peuvent être le tremplin pour étendre l'accès à l'éducation et améliorer la qualité de l'enseignement.

La réforme de l'éducation fondamentale a des implications à d'autres niveaux. Tout d'abord, en faisant passer l'enseignement primaire à 7 ans et l'enseignement fondamental à 10 ans, avec un nombre croissant d'enfants dans les dix prochaines années, la réforme va améliorer le niveau d'instruction de la population dans son ensemble. Cette amélioration s'accélèrera encore avec l'offre d'opportunités flexibles à une jeunesse déscolarisée. La réforme du programme scolaire peut améliorer les qualifications de la majeure partie des jeunes destinés aux emplois agricoles ou informels.

L'implication est la suivante : S'il est vrai que la réforme élargira l'accès à l'enseignement post-fondamental, d'une part pour absorber une partie des élèves de plus en plus nombreux qui termineront leur premier cycle du secondaire, et d'autre part pour accompagner la stratégie de croissance de Madagascar, il faut qu'elle soit guidée par l'objectif à moyen terme d'améliorer la qualité et de la pertinence de l'enseignement pour répondre aux besoins du marché du travail et soutenir le développement économique.

La seconde implication est que la réforme de l'enseignement post-fondamental ne peut être évitée, ne serait-ce que pour empêcher des discontinuités dans le système éducatif. Comme point de départ, il va falloir revoir les programmes des cours au niveau de l'enseignement supérieur de façon à rehausser la qualité du corps enseignant aux niveaux primaire et secondaire. De façon plus importante, une approche holistique du programme d'enseignement est nécessaire à tous les niveaux.

Enfin, des réformes aux niveaux supérieurs de l'enseignement seront nécessaires également pour élargir l'appui aux réformes des niveaux inférieurs.

L'effort de réforme permet de tirer plusieurs leçons importantes. Au-delà du niveau primaire, il est préférable que les réformes se mettent en œuvre par le canal des institutions, plutôt que par l'imposition d'un faisceau de changements dans l'ensemble du système. La réforme de l'enseignement secondaire fournit un très bon exemple. Des réformes compliquées et comportant trop d'éléments sont difficiles à gérer, surtout dans un environnement où les capacités sont peu développées. En même temps, les réformes visant une amélioration de la qualité et de la pertinence doivent aborder toutes les facettes du système éducatif : programme scolaire, enseignants, matériau pédagogique, financement et gestion, pour provoquer de réels changements au niveau de la classe. En utilisant mieux les enseignants et les salles de classes, une réorganisation des programmes pourra déboucher sur des réductions considérables des coûts. Une planification méticuleuse et des changements progressifs sont primordiaux.

Enfin, le degré d'appropriation du ministère de l'Éducation et son leadership sont indispensables pour conduire le processus de changement, qui couvre aussi bien des aspects techniques que politiques. Le projet EPT 10 a mobilisé chez ses partenaires une assistance technique internationale de grande envergure. Mais sans le leadership de la cellule Éducation Pour Tous du ministère et le recours à une approche systématique du développement des capacités, ces avancées n'auraient pas été possibles. La conduite du changement a en effet démontré qu'elle était par elle-même de développer des capacités.

ANNEXE STATISTIQUE

Annexe 1. Effectifs dans les établissements publics et privés par niveau d'enseignement, 1997–2006

Niveau d'enseignement	1997–98	1998–99	1999–00	2000–01	2001–02	2002–03	2003–04	2004–05	2005–06	2006–07
Maternelle*	108.947			42.383	45.387	93.168	142.750	132.504	146.284	148.356
Publique	1.090						14.690	8.644	8.405	8.706
Privée	50.946						128.060	123.860	137.879	139.648
Privée (autre)	56.911									
Primaire	1.892.943	2.018.707	2.208.321	2.307.314	2.409.082	2.856.480	3.366.462	3.597.731	3.698.906	3.835.716
Publique	1.468.211	1.571.282	1.708.835	1.808.428	1.892.801	2.274.443	2.715.526	2.916.089	2.983.383	3.102.833
Privé	424.732	447.425	499.486	498.886	516.281	582.037	650.936	681.642	715.523	732.883
Collège	258.934	273.613	287.873	316.390	343.937	356.973	420.592	486.239	581.615	660.448
Publique	145.652	151.296	159.504	175.069	193.091	201.357	241.213	281.322	341.441	402.077
Privé	113.282	122.317	128.369	141.321	150.846	155.616	179.379	204.917	240.174	258.371
Lycée	61.233	60.597	66.381	66.021	77.655	79.238	88.857	106.595	116.794	127.789
Publique	31.217	31.571	35.243	33.716	41.702	42.386	46.664	54.000	56.275	58.712
Privé	30.016	29.026	31.138	32.305	35.953	36.852	42.193	52.595	60.519	69.077
TVET**	8.741	10.617	12.088	13.558	14.590	15.880	15.820	17.497	20.957	19.178
Collège publique	1.380	2.217	2.046	1.875	2.264	3.261	3.610	4.174	5.105	5.223
Lycée publique	7.361	8.400	10.042	11.683	12.326	12.619	12.210	13.323	15.852	13.955
Estimated privé secteur										34.250
Enseignement supérieur	16.270	17.887	18.227	31.893	31.905	35.476	42.143	44.948	49.734	57.717
Institutions publiques	16.270	17.887	18.227	21.599	22.607	26.343	31.675	34.746	39.078	45.491
Institutions non-universitaires				442	485	565	746	794	879	980
Enseignement à distance				6.891	6.245	5.935	6.457	5.978	5902	6.885
Institutions privées				2.961	2.568	2.661	3.265	3.430	3875	4.361

Remarques : *Compte partiel. **Données exclues les apprentis, 2006–07
Source: MEN, 2008b.

Annexe 2. Institutions et enseignants par cycle

	2001/2002	2002/2003	2003/2004	2004/2005	2005/2006
Nombre d'institutions publiques	15,324	15.546	16,346	16,879	18,027
Primaire	14,436	14,637	15,420	15,890	16,917
Collège	780	801	817	875	992
Lycée	108	108	112	114	118
Nombre d'institutions privées	4,849	5,363	5,858	6,227	6,227
Primaire	3,859	4,340	4,740	4,946	5,301
Collège	739	795	862	980	1,133
Lycée	251	228	256	301	332
Nombre d'enseignants publics	46,875	49,583	58,550	60,930	70,445
Primaire	36,181	38,509	47,320	48,870	57,028
Collège	8,055	8,390	8,910	9,400	10,603
Lycée	2,639	2,684	2,620	2,660	2,814
% d'enseignants communautaires					
Primaire	n/a	18	28	33	50
Collège	n/a	n/a	11	12	20
Lycée	n/a	3	5	7	n/a
Nombre d'enseignants permanents dans les institutions privées	22,656	25,197	29,300	32,300	33,991
Primaire	14,555	16,800	16,950	18,270	19,807
Collège	6,015	6,271	8,950	10,100	10,534
Lycée	2,086	2,126	3,400	3,930	3,650

Source: Banque mondiale 2008. Données du MEN.

Annexe 3. Nombre moyen d'années de scolarisation de la population active par groupe d'âge				
	2001		2005	
	Moyenne	Déviation standard	Moyenne	Déviation standard
15–19	2,6	2,7	3,2	2,6
20–24	3,8	3,5	3,6	3,1
25–29	4,4	3,7	4,0	3,5
30–34	4,8	4,2	4,3	3,5
35–39	5,2	4,5	4,6	3,7
40–44	4,6	4,5	4,3	3,9
45–49	4,3	4,4	4,0	3,9
50–54	3,6	4,1	3,4	3,5
55–59	3,9	4,3	3,3	3,3
60–64	2,4	3,1	2,6	2,8
Total	4,1	4,0	3,9	3,5

Remarques : Calculés à partir des *Enquêtes Prioritaires auprès des Ménages* 2001 et 2005.
Source : Lassibille, 2007.

Annexe 4. Régression des Salaires—Salaires par travailleur[R][a], tous secteurs, 2001 et 2005

	2001				2005			
	I	II	III	IV	V	VI	VII	VIII
Hommes	0,187**	0,146	0,1587*	0,172*	0,122*	0,136**	0,1349***	0,146**
Expérience[b]	0,027**	0,023**	0,025***	0,026**	0,037**	0,037***	0,036***	0,038**
Expérience[2]	−0,000	−0,000	−0,001*	−0,000	−0,000**	−0,000**	−0,000***	−0,000**
Années d'étude	0,087**	—	—	0,108**	0,064**	—	—	0,099**
Niveau d'étude[b]								
Primaire	—	0,222	—	—	—	0,110	—	—
Primaire Incomplet	—	—	0,068	—	—	—	0,052	—
Primaire Complet	—	—	0,499***	—	—	—	0,279**	—
Secondaire	—	0,617**	—	—	—	0,374**	—	—
Collège	—	—	0,582**	—	—	—	0,310***	—
Lycée	—	—	0,864***	—	—	—	0,538***	—
Supérieur	—	1,054**	1,217***	—	—	0,988**	1,043***	—
Taille de l'entreprise[d] (No. Employés)								
6–10	0,136*	0,157**	0,124**	0,111	0,178**	0,195**	0,182***	0,146*
11–50	0,271**	0,319**	0,272**	0,248**	0,215**	0,234**	0,209**	0,169**
50 et au-delà	0,251**	0,277**	0,253**	0,233**	0,340**	0,380**	0,354**	0,287**
Secteur productif[e]								
Admin. Publique	0,248*	0,307**	0,2561**	0,135	0,640**	0,756**	0,692***	0,510**
Industrie	0,223*	0,194	0,206**	0,195*	0,326**	0,386**	0,366***	0,287**
Energie	0,387**	0,363**	0,386**	0,353**	0,471**	0,491**	0,448***	0,361**
Construction et Communication	0,408**	0,447**	0,379***	0,323**	0,459**	0,491**	0,472***	0,418**
Transport	0,555**	0,513**	0,522***	0,491**	0,525**	0,591**	0,563***	0,468**
Commerce/ Services	0,115	0,112	0,105	0,059	0,117	0,162	0,143*	0,084
Heures travaillées	−0,000	−0,001	−0,001	0,001	0,006**	0,005**	0,005***	0,006**
Employés Permanents[f]	−0,021	−0,050	−0,022	0,004	0,002	−0,024	−,008	0,013
Zone Rurale[g]	−0,047	−0,063	−0,050	−0,050	−0,235**	−0,237**	−0,233***	−0,236**

(continué)

Annexe 4. Régression des Salaires—Salaires par travailleurR^a, tous secteurs, 2001 et 2005 (*Continué*)

	2001				2005			
	I	II	III	IV	V	VI	VII	VIII
Province[h]								
Fianarantsoa	−0,326**	−0,320**	−0,305***	−0,315**	−0,197**	−0,175*	−0,180**	−0,227**
Toamasina	−0,139	−0,100	−0,092	−0,115	−0,038	−0,012	−0,022	−0,083
Mahajanga	0,105	0,159	0,141	0,125	−0,068	−0,040	−0,056	−0,119
Toliara	0,046	0,066	0,047	0,039	−0,225	−0,215	−,0219	−0,263
Antsiranana	0,365**	0,417**	0,394***	0,378**	0,266**	0,288**	0,272***	0,195*
Education—Qualification de l'emploi								
Employé sous-qualifié	—	—	—	0,202*	—	—	—	0,319**
Employé Sur-qualifié	—	—	—	−0,321**	—	—	—	−0,208**
Lambda[i]	−0,046	−0,230	−0,142	−0,064	−0,136	−0,141	−0,129	−0,053
Constant	9,894	10,438	10,184	9,801	9,583	9,720	9,694	9,255
R^2	0,43	0,40	0,426	0,44	0,45	0,44	0,445	0,46
Nombre d'observations	2838	2838	2838	2838	3784	3784	3784	3784

Remarques :

Calculés à partir des *Enquêtes Prioritaires auprès des Ménages* 2001 et 2005.

* = significatif à 10%; ** = significatif à 5%; *** = significatif à 1%.

[a] Salaire par travailleur, 15 à 64 ans. Les spécifications sont semi-logarithmiques; les ajustements sont pesés. Les modèles sont ajustés par le biais de ; la sélection en utilisant les résultats du modèle du choix du secteur d'emploi (voir Annexe 6 Lassibille, 2007).
[b] Différence entre l'âge de l'individu (−6) et le nombre d'années d'études.
[c] Comparé à un employé sans éducation.
[d] Comparé à un employé d'une entreprise de 5 employés ou moins.
[e] Comparé à un employé des secteurs agricole et des transports y compris les communications.
[f] Comparé à un employé contractuel.
[g] Comparé à un employé de zone rurale.
[h] Comparé à un employé de la province de Antananarivo.
[i] Terme de la sélection.

Source : Lassibille, 2007.

Annexe 5. Régression des salaires—Salaire par travailleurs[a], secteur industriel, 2005

	I	II	III	IV	V
Hommes	0,068**	0,068**	0,093***	0,113***	0,102***
Expérience[b]	0,013***	0,012**	0,013***	0,016***	0,018***
Expérience^2	−0,000	−0,000	−0,000	−0,000	−0,000
Années d'études	0,056***	0,055***	0,074***	—	—
Niveau d'étude[c]					
Primaire	—	—	—	0,154**	—
Secondaire	—	—	—	0,320***	—
Supérieur	—	—	—	1,093***	—
Niveau d'étude (Détaillé)					
Primaire	—	—	—	—	0,143**
Secondaire (Général + Tech/Prof)	—	—	—	—	0,237***
Secondaire—Technique	—	—	—	—	0,465***
Secondaire—Professionnel	—	—	—	—	0,685***
Supérieur	—	—	—	—	1,090***
Taille de l'entreprise[d] (No. D'employés)					
20–99 Employés	0,046	0,045	0,040	0,029	0,020
99 Employés et au-delà	0,205***	0,198***	0,190***	0,239***	0,216***
Secteur industriel[e]					
Nourriture et Boisson	−0,353**	−0,368**	−0,288*	−0,073	−0,109
Tabac	−0,535***	−0,528***	−0,493***	−0,313*	−0,320*
Textiles	−0,353**	−0,371**	−0,261*	−0,033	−0,054
Vêtements	−0,341**	−0,357**	−0,269*	−0,087	−0,115
Cuir	−0,276	−0,284	−0,217	−0,086	−0,132
Bois	−0,304*	−0,311*	−0,220	−0,040	−0,089
Papier et Plastique	−0,170	−0,176	−0,118	0,018	−0,060
Impression	−0,301*	−0,311*	−0,227	−0,040	−0,118
Chimie	−0,012	−0,022	0,055	0,186	0,125
Métallurgie	−0,317*	−0,335**	−0,273*	−0,105	−0,188
Machine et Equipment	−0,109	−0,113	−0,005	0,213	0,117
Ameublement	−0,135	−0,156	−0,068	0,122	0,049
Construction	−0,165	−0,162	−0,154	−0,041	−0,057
Employé Permanent[f]	0,186***	0,190***	0,184***	0,137**	0,130**
Type d'entreprise[g]					
Entreprise privée	0,411***	0,417***	0,328***	0,132	0,147
Propriétaire unique	0,249**	0,250**	0,162	−0,042	−0,034
Partenariat	0,287*	0,298*	0,206	−0,096	−0,071
Autre	0,275***	0,282***	0,186*	−0,002	0,007

(*continué*)

Annexe 5. Régression des salaires—Salaire par travailleurs[a], Secteur industriel, 2005 (*Continué*)					
	I	II	III	IV	V
A effectué une formation[h]	—	0,077**	—	—	—
Employé Sur-qualifié	—	—	–0,426***	—	—
Constant	11,859	11,865	11,726	12,122	12,186
R^2	0,30	0,30	0,34	0,39	0,42
Nombre d'observations	1628	1628	1628	1672	1672

Remarques :
Estimatés à partir de l'*Investment Climate Assessment Survey* 2005.
*= significatif à 10% ; **= significatif à 5%. ; ***= significatif à 1%.
[a] Personnes employées. Les spécifications sont semi-logarithmiques; les ajustements sont faits en *heteroskedasticity*.
[b] Expérience réelle depuis l'entrée dans la population active.
[c] Comparé à un employé sans formation. La catégorie de l'enseignement secondaire comprend l'enseignement général, technique et professionnel.
[d] Comparé à un employé d'une entreprise avec moins de 20 employés.
[e] Comparé à un employé du secteur minier.
[f] Comparé à un employé contractuel.
[g] Comparé à un employé d'une entreprise du secteur public.
[h] Comparé à un employé qui n'a pas suivi de formation avant l'enquête.
Source : Lassibille, 2007.

Annexe 6. Modèles frontaliers stochastiques de production estimés,[a] 2004

	I Moyenne	I Coeff.	II Moyenne	II Coeff.	III Moyenne	III Coeff.	IV Moyenne	IV Coeff.	V Moyenne	V Coeff.
Variable Dépendante = log valeur ajoutée										
Travail (log)	3,64	0,884***	3,64	0,869***	3,63	0,900***	3,54	1,125***	3,54	1,079***
Capital (log)	5,74	0,212***	5,74	0,200***	5,76	0,135***	5,56	0,075*	5,56	0,081*
Secteur (agro-industriel = 0)										
Textiles, Vêtements	—	—	0,27	−0,131	0,27	0,048	0,29	−0,266	0,29	−0,394
Bois et Ameublement	—	—	0,25	−0,329*	0,24	−0,471**	0,24	−0,467*	0,24	−0,469*
Papier et Impression	—	—	0,02	0,213	0,02	0,319	0,01	−1,128*	0,01	−1,025*
Chimie et Pharmacie	—	—	0,07	0,653**	0,07	0,646**	0,07	0,257	0,07	0,144
Metallurgie et Machinerie	—	—	0,05	−0,262	0,06	−0,485**	0,06	−0,423	0,06	−0,404
Non-métallique et plastique	—	—	0,03	−0,353	0,04	−0,409	0,03	−0,840*	0,03	−0,799*
Autres	—	—	0,13	−0,192	0,14	−0,194	0,13	−0,392	0,13	−0,426^
Entreprise innovante	—	—	—	—	0,32	0,674***	0,32	0,593***	0,32	0,592***
Population active féminine (%)	—	—	—	—	31,97	−0,008**	31,3	−0,007*	31,3	−0,006^
Niveau d'études des employés (années)	—	—	—	—	—	—	8,443	0,088*	8,44	0,082*
Pourvoit formation interne	—	—	—	—	—	—	—	—	0,31	0,331**
Constant	—	2,137	—	2,384	—	2,678	—	1,563	—	1,694
$Ln\sigma_v^2$	—	−0,161*	—	−0,243**	—	−0,374***	—	−0,441	—	−0,501
$Ln\sigma_u^2$	—	−1,045***	—	−0,963***	—	−0,928***	—	−0,930	—	−0,890
Wald chi^2	—	274,72***	—	307,44***	—	362,91***	—	332,36***	—	349,23***
Nombre d'observations	152	—	152	—	150	—	117	—	117	—

Remarques : *** = significatif à 1%. ; ** = significatif à 5% ; * = significatif à 10% ; ^ = significatif à 20%
[a] Fonction de production stochastique avec une distribution semi-normale et une variance hétéroscedastique (variance depend du volume des ventes)
Source: Lassibille, 2008, utilisant les données d'une enquête ICA.

Annexe 7. Dépenses publiques d'éducation par sous-secteur (Ariary)						
(En millions d'Ariary)	2002	2003	2004	2005	2006	2007
Dépenses récurrentes						
Maternelle	—	—	—	—	—	624
Primaire	65336	70985	88918	122271	129472	147623
Collège	18242	28275	24632	37389	40009	46643
Lycée	9838	11415	11403	18089	19379	19122
TVET	4331	4510	7970	9137	8123	10187
Supérieur	21324	19576	26285	35000	52607	52833
Administration	17168	21737	37773	43078	29035	63895
Total	**136239**	**156499**	**196981**	**264964**	**285391**	**340927**
Dépenses en capital						
Maternelle	—	—	—	—	—	1868
Primaire	3975	7277	47922	100298	98040	106010
Collège	399	836	2250	3586	379	1796
Lycée	907	614	0	4125	2099	4832
TVET	727	668	763	1168	98	493
Supérieur	8300	14383	5608	14243	7892	6270
Administration	12654	25713	12689	0	753	1427
Total	**26961**	**49509**	**69232**	**123420**	**109261**	**122696**
Dépenses totales						
Maternelle	—	—	—	—	—	2492
Primaire	69311	78262	136840	222569	227512	253633
Collège	18641	29111	26882	40975	40388	48439
Lycée	10745	12029	11403	22214	21478	23954
TVET	5058	5178	8733	10305	8222	10680
Supérieur	29624	33959	31893	49243	60498	59103
Administration	29822	47467	50462	43078	29788	65322
Total	**163200**	**206007**	**266213**	**388384**	**387886**	**463623**

Remarques : 1. Budgets exécutés (sur la base des engagements). 2. Les données 2007 sont provisionnelles. 3. Enseignement supérieur inclut la recherché scientifique.
Sources: 1. Pour 2002–05, MEN, 2008b. *Rapport d'Etat du Système Educatif National Malgache.*
2. Pour 2006 et 2007, MEN. 2008a. *Mise en œuvre du plan Éducation Pour Tous-Bilan annuel 2007.* Annexe 1. 3. Taux d'échange venant de la base de données en ligne de *World Bank Global Development Finance.*

Annexe 8. Dépense publiques d'éducation par sous-secteur (US$)						
(en millions US$)	2002	2003	2004	2005	2006	2007
Dépenses récurrentes						
Maternelle	—	—	—	—	—	0,3
Primaire	47,8	57,3	47,6	61,0	60,4	78,8
Collège	13,4	22,8	13,2	18,7	18,7	24,9
Lycée	7,2	9,2	6,1	9,0	9,0	10,2
TVET	3,2	3,6	4,3	4,6	3,8	5,4
Supérieur	15,6	15,8	14,1	17,5	27,7	28,2
Administration	12,6	17,6	20,2	21,5	13,6	34,1
Total	**99,7**	**126,4**	**105,4**	**132,3**	**133,2**	**181,9**
Dépenses en capital						
Maternelle	—	—	—	—	—	1,0
Primaire	2,9	5,9	25,6	50,1	45,8	56,6
Collège	0,3	0,7	1,2	1,8	0,2	1,0
Lycée	0,7	0,5	0,0	2,1	1,0	2,6
TVET	0,5	0,5	0,4	0,6	0,0	0,3
Supérieur	6,1	11,6	3,0	7,1	3,7	3,3
Administration	9,3	20,8	6,8	0,0	0,4	0,8
Total	**19,7**	**40,0**	**37,0**	**61,6**	**51,0**	**65,5**
Dépenses totales						
Maternelle	—	—	—	—	—	1,3
Primaire	50,7	63,2	73,2	111,1	106,2	135,3
Collège	13,6	23,5	14,4	20,5	18,9	25,8
Lycée	7,9	9,7	6,1	11,1	10,0	12,8
TVET	3,7	4,2	4,7	5,1	3,8	5,7
Supérieur	21,7	27,4	17,1	24,6	28,2	31,5
Administration	21,8	38,3	27,0	21,5	13,9	34,9
Total	**119,5**	**166,4**	**142,4**	**193,9**	**181,1**	**247,4**

Remarques : 1. Budgets exécutés (sur la base des engagements). 2. Les données 2007 sont provisionnelles. 3. Enseignement supérieur inclut la recherché scientifique.
Sources: 1. Pour 2002–05, MEN, 2008b. *Rapport d'Etat du Système Educatif National Malgache.*
2. Pour 2006 et 2007, MEN. 2008a. *Mise en œuvre du plan Éducation Pour Tous-Bilan annuel 2007.* Annexe 1. 3. Taux d'échange venant de la base de données en ligne de *World Bank Global Development Finance.*

Références

Documents de référence utilisés pour ce rapport

Banque mondiale

d'Aiglepierre, Rohen. 2008. "Enseignement post-primaire privé à Madagascar: Diagnostic de la Situation Actuelle et Analyse des Options Envisageables de Partenariats Public-Privé." Étude financée conjointement par la Banque mondiale et l'AFD.

Johanson, Richard. 2006. "A Preliminary Assessment of Technical-Vocational Education and Training (TVET) in Madagascar." Non publié.

Lassibille, Gerard. 2007. "Éducation et marché du travail à Madagascar." Non publié.

———. 2008. "La productivité des entreprises malgaches: Résultats d'après l'enquête ICA." Non publié.

Mikhail, Sam. 2007. "Applied Science, Engineering and Technology (ASET) Education in Madagascar: Analysis of Issues, Challenges and Proposed Reforms Initiatives." Non publié.

Prasad, S. N. 2007. "Curriculum, Textbooks and Teacher Training in the Indian School System: Study of Four South Indian States." Mysore, Inde. Non publié.

Salmi, Jamil. 2008. "Madagascar: Financing and Governance of Tertiary Education." Non publié.

Ministère de l'Éducation nationale (MEN)

MEN. 2008a. "Mise en œuvre du plan Éducation Pour Tous-Bilan annuel 2007." Version provisoire.

MEN. 2008b. "Rapport d'Etat du Système Educatif National Malgache." En cours de rédaction.

Middleton, John. 2007. "Options for Re-structuring Secondary Education in Madagascar." Discussion Paper for MEN. Non publié.

Zaafrane, Hafedh. 2008. "Étude sur les coûts et le financement de l'enseignement supérieur à Madagascar." Consultancy Report for MEN. Non publié.

Autres sources

Alesi, Bettina, Burger, Sandra. Kehm, Barbara M. and Teichler, Ulrich. 2005. *Bachelor and Master Courses in Selected Countries Compared with Germany.* Federal Ministry of Education and Research, Berlin.

Banque mondiale. 2001. "Education and Training in Madagascar: Towards a Policy Agenda for Economic Growth and Poverty Reduction—A Summary of the Key Challenges." World Bank Africa Region Human Development Working Paper Series, Washington, D.C.

———. 2005a. *Expanding Opportunities and Building Competencies for Young People: A New Agenda for Secondary Education.* Washington, D.C.

———. 2005b. *Madagascar: Investment Climate Assessment.* Washington, D.C.

———. 2008. *The Challenge of Expanding Secondary Education and Training in Madagascar.* Washington, D.C.

———. 2008a. *At the Crossroads: Choices for Secondary Education and Training in Sub-Saharan Africa.* The SEIA Synthesis Report, Africa Human Development Series. Washington, D.C.

———. 2008b. *Curricula, Examinations, and Assessment in Secondary Education in Sub-Saharan Africa.* Washington, D.C.

———. 2008c. "Madagascar: Integrated Growth Poles Project." Project Paper. Washington, D.C.

Bashir, Sajitha. 2007. "Trends in International Trade in Higher Education: Implications and Options for Developing Countries." World Bank Education Working Paper No. 6, Washington, D.C.

Nathan Associates Inc. 2006. "Cambodia Garment Industry Workforce Assessment: Identifying Skill Needs and Sources of Supply." Prepared for USAID/Cambodia. Nathan Associates Inc. Arlington, Virginie. Non publié.

Riboud, Michelle, Savchenko, Yevgeniya and Tan, Hong. 2006. "The Knowledge Economy and Education and Training in South Asia: A Mapping Exercise of Available Survey Data." Banque mondiale. Document provisoire.

Salinger, Lynn. 2003. "Competitiveness Audit of Madagascar's Cotton, Textiles, and Garments Sector." Prepared for USAID/Madagascar. Nathan Associates Inc. Arlington, Virginie. Non publié.

Shah, Jalan S. A. and Baru, Bandar B. 2005. "Feasibility study for establishing an industry-led skills development program for the textile and garment industry in Madagascar." Penang, Malaysie. Non publié.

Stifel, David, Rakotomanana, Faly H. and Celada, Elena. 2007. *Assessing Labor Market Conditions in Madagascar, 2001–2005.* Washington, D.C.: Banque mondiale.

UNESCO. 2002. *Open and Distance Learning: Trends, Policy and Strategy Considerations.* Paris.

Site internet

Bologna Process National Reports website (http://www.bologna-bergen2005.no/)
Global Competitiveness Report 2007–2008 (http://www.gcr.weforum.org/)
National Institute of Open Schooling website (http://www.nos.org/)
UNESCO Institute for Statistics website (http://stats.uis.unesco.org)
World Bank EdStats website (http://sima.worldbank.org/edstats/)
World Bank, Enterprise Surveys website (http://www.enterprisesurveys.org/)
World Bank Knowledge Assessment Methodology (KAM) website (http://www.worldbank.org/kam)

Éco-audit

Présentation des avantages environnementaux

La Banque mondiale s'attache à préserver les forêts et les ressources naturelles menacées. Les études-pays et les documents de travail de la Banque mondiale sont imprimés sur papier non chloré, intégralement composé de fibres post-consommation. La Banque mondiale a officiellement accepté de se conformer aux normes recommandées par Green Press Initiative, programme à but non lucratif qui aide les éditeurs à utiliser des fibres ne provenant pas de forêts menacées. Pour de plus amples informations, consulter www.greenpressinitiative.org.

En 2007, l'impression de ces ouvrages sur papier recyclé a permis de réaliser les économies suivantes :

Arbres*	Déchets solides	Eau	Gaz à effet de serre, net	Énergie totale
264	5 645	364 000	10,6	184 mil.
*Hauteur : 12 m Diamètre : 15-20 cm	Kgs	Litres	Tonnes-équivalent CO_2	BTUs

www.ingramcontent.com/pod-product-compliance
Lightning Source LLC
Chambersburg PA
CBHW081233170426
43198CB00017B/2752